知行 财经类专业规划教材

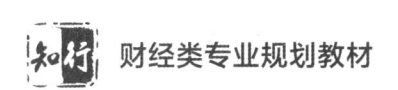

市场营销基础

以做带学　学以致用

周　庆　曾玉玲　黄章黎 ◎ 主　编

MARKETING

上海财经大学出版社

图书在版编目(CIP)数据

市场营销基础：以做带学　学以致用/周庆,曾玉玲,黄章黎主编．
—上海：上海财经大学出版社,2023.8
（知行·财经类专业规划教材）
ISBN 978-7-5642-4208-4/F.4208

Ⅰ.①市… Ⅱ.①周…②曾…③黄… Ⅲ.①市场营销学-高等学校-教材 Ⅳ.①F713.50

中国国家版本馆 CIP 数据核字(2023)第 122366 号

□ 责任编辑　徐　超
□ 联系信箱　1050102606@qq.com
□ 封面设计　贺加贝

市场营销基础

以做带学　学以致用

周　庆　曾玉玲　黄章黎　主　编

上海财经大学出版社出版发行
（上海市中山北一路 369 号　邮编 200083）
网　　址:http://www.sufep.com
电子邮箱:webmaster @ sufep.com
全国新华书店经销
江苏省句容市排印厂印刷装订
2023 年 8 月第 1 版　2023 年 8 月第 1 次印刷

787mm×1092mm　1/16　13.75 印张　352 千字
印数:0 001—3 000　定价:45.00 元

前　言

党的二十大报告全面阐释了"中国式现代化"的内涵，是"为全面建设社会主义现代化国家、全面推进中华民族伟大复兴而团结奋斗"的动员书、策划书和宣言书。这就为市场营销专业教学提供了基本指导和方向：

(1)脚踏中国的大地，认真总结中国市场、中国企业、中国品牌的实践经验，结合中国传统文化，创新相关理论，探索和思考有中国特色的市场营销理论，这是时代赋予中国营销人的使命！

(2)聚焦中国市场，用中国视角去解读"新时代"带来的市场结构性重构，用国际视野认识中国市场的新趋势、新机会和新变革，这其中"基于四个自信"的新思维将是关键，也是新时代营销教学要解决的焦点。本书五个项目各选择1个案例讨论和1个案例分析，全部是新时代以来，尤其是近两年来中国品牌和中国企业的最新成功实践。通过有效地将案例教学和"课程思政"融合，坚定对国家、民族和文化的自信，坚定对完善"中国特色社会主义市场经济"体制的自信，坚定对"中国式现代化"的自信。

(3)新时代，要求营销教学紧扣营销核心能力培养，通过中国案例、中国实践、中国创新，不断强化中国思维，强化学生创新能力。本书通过围绕传统产品现代创新式开发设计了贯穿全书的整体性五个项目任务组合成一个完整的创业项目营销策划进程(见下文)，将创新实践、国情认识、文化认知、理论学习、市场趋势融入教学全过程。

本书整体的体例安排是围绕着五个项目任务来设计的，通过我觅价值—我来创业—我定特色—我要成长—我和顾客五个项目任务组合成一个完整的创业项目营销策划进程，从而实现以项目带动理论学习，以项目激发学习兴趣，落实创新创业教育，实现"知行合一"。

同时，项目设计选择来自学生身边的传统产品，需要学生挖掘其中蕴含的传统文化内涵，并通过与现代消费者需求的结合，来激活产品价值；需要深入了解中国市场新时代的发展趋势，顺势而为，树立并不断提升品牌价值。

这个过程首先是对国情的深入认知，其次是对传统文化及其现代化的深刻理解，最后是对营销理念、理论、方法论、策略的全面掌握，也是课程思政的全面融入和"润物细无声"。

项目一　我觅价值

在传统节日里发现一个身边的传统产品(不限于实体产品，包括风俗、习惯、民间工艺等在内的广义产品)的价值，并推荐给你的同学。目的是让学生认识推销与营销的区别，确立正确的营销观念，并掌握以塑造"卖点"为核心的基本的营销技巧。

项目二　我来创业

以项目一任务设计选定的传统产品为对象,进行市场调查,完成市场营销宏观与微观环境分析,并据此制定出简易的创业计划书。目的是让学生认识市场分析的基本流程和方法,并初步建立如何通过市场分析提炼"特色"的基本思路。

项目三　我定特色

根据选定的传统产品和创业计划,开发属于自己的项目特色,完成品牌和产品定位陈述。目的是让学生认识STP的基本流程和方法,并初步建立"定位"观念,对品牌及品牌价值产生明确意识。

项目四　我要成长

以项目三中设计的产品、服务为基础,围绕品牌定位,选择和利用网络零售、直播、微信小程序、连锁专卖、特许经营等线上线下途径,为复制与扩张自己的市场制定市场营销策略,并拟定商务策划书,用以说服可能的投资人。目的是让学生初步掌握产品与价格的基础知识,认识产品、品牌的相互关系,理解品牌的深层意义,并对市场扩张途径产生基本认识。

项目五　我和顾客

以在项目四中设计的策划案为基础,围绕品牌定位,选择和利用线上线下等途径,为推广自己的项目制定整合营销传播方案,并拟定策划书。目的是让学生树立整合营销观念,初步掌握营销组合工具及其运用,并对市场推广产生明确意识。

本书各项目内的体例安排则遵循了"项目一体化"教学经验:

(1)案例讨论:主要是结合项目目的起引导作用的案例。

(2)基本知识点:提供项目所需的基本知识。

(3)任务设计:以项目实操带动对内容的主动学习。

(4)知识拓展:为任务设计提供知识扩充。

(5)案例分析(课程思政):为全项目的学习与训练提供总结、提炼与思考,起强化、引导和升华的作用。

(6)知识链接:这一部分是相关知识的延伸,建议主要由学生自主学习,培养主动学习的习惯。

本书是在总结过去20余年高职市场营销教学经验基础上的一次大胆尝试。整个设计突出了项目制教学以做带学"知行合一"的特点;突出了以学生为主体,学以致用的特点;突出了培养创业精神,锻炼创业能力的特点;突出了深入认识国情、认识新时代中国市场发展趋势的特点。同时又进一步突出了以下方面:

(1)力争对20世纪90年代以来,信息化革命的不断推进,导致市场、竞争、顾客等发生彻底的变革,进而推动市场营销实践出现的跨越式发展做一个全面梳理和总结。对企业营销,尤其是中国企业品牌和营销实践经验进行全面挖掘。

(2)植根于中国市场,植根于中国企业品牌和营销的实践,植根于中国文化和国情。伴随着新世纪以来中国的跨越式发展,伴随着中国从"全面小康"迈向"共同富裕"的"大同"时代,伴随着数字化、智能化、双碳化的技术与产业变革,伴随着新一代消费者基于"四个自信"的蜕变,伴随着"中国式现代化"的全面推进,中国市场和中国品牌正在发生革命性重构。我们试图记录、揭示、总结和提炼这一伟大进程!

(3)课程思政的要点在于"润物细无声",因此我们结合营销教学的特点,将课程思政融合于案例分析,构建了一个完整模式。通过:①触发:利用案例带来的社会或市场热点,触发学生讨论热情;②讨论:使学生成为学习和思政的主体,但老师要引导问题深入;③总结:通过深入探讨,师生共同总结,揭示案例背后的规律,引导学生主动建立对中国市场、文化、国情、改革等的认知和信心;④提炼:首先通过提炼完成从案例到理论的回归与升华,更要注意完成学生情感与信念的升华!

当然,由于编者水平与能力的限制,书中难免存在各种问题,希望得到大家的谅解和指点。最后对为本书编写提供无私帮助的各位同仁、编辑等致以深深的谢意!

编　者
2023年春于武汉

目 录

项目一 我觅价值 ………………………………………………………………… 1
  一、案例讨论 …………………………………………………………………… 1
    "东方甄选"——那些你不知道的新媒体数字营销内幕! …………… 1
  二、基本知识点 ………………………………………………………………… 4
    (一)市场营销的概念 ……………………………………………………… 4
    (二)价值增值与"卖点" …………………………………………………… 5
    (三)推销与营销 …………………………………………………………… 5
  三、任务设计 …………………………………………………………………… 6
    在传统节日里发现一个身边的传统产品(不限于实体产品,包括风俗、习惯、民间工艺等在内的广义产品)的价值
  四、知识拓展 …………………………………………………………………… 6
    (一)营销学的发展 ………………………………………………………… 6
    (二)市场营销的核心概念 ………………………………………………… 8
  五、案例分析(课程思政) …………………………………………………… 13
    可口可乐,会败给最难喝的国产饮料吗? ……………………………… 14
  六、知识链接 ………………………………………………………………… 16
    (一)市场营销管理 ……………………………………………………… 16
    (二)价值创造与传递系统 ……………………………………………… 17
    (三)市场营销管理程序 ………………………………………………… 18
    (四)市场营销调研 ……………………………………………………… 18

项目二 我来创业 ……………………………………………………………… 29
  一、案例讨论 ………………………………………………………………… 29
    开自助模式店铺真的"躺着赚钱"? …………………………………… 29

二、基本知识点 … 31
（一）市场营销环境 … 31
（二）SWOT 分析 … 50

三、任务设计 … 51
以项目一任务设计选定的产品为对象，进行市场调查和分析，并据此制定出简易的创业计划书

四、知识拓展 … 51
（一）竞争者分析 … 51
（二）消费者市场分析 … 56

五、案例分析（课程思政） … 65
史上最诗意的股东信里，隐藏着黄峥应对危机的三大思考！ … 65

六、知识链接 … 67
（一）公司的注册 … 67
（二）淘宝网店的开设 … 68
（三）组织市场分析 … 69

项目三　我定特色 … 72

一、案例讨论 … 72
（一）分析 25 家市值千亿美元以上公司，发现惊人规律 … 72
（二）现在美国下载量最高的 App，前三都是中国的 … 80

二、基本知识点 … 81
（一）市场细分 … 81
（二）选择目标市场 … 85
（三）市场定位 … 89

三、任务设计 … 91
根据选定的传统产品和创业计划，开发属于自己的项目特色，完成品牌和产品定位陈述

四、知识拓展 … 91
（一）品牌 … 91
（二）商标 … 94
（三）数字化时代的品牌营销 … 96

五、案例分析(课程思政) ······ 100
　　两极反转,消费品成功的秘诀被瑞幸玩明白了 ······ 100

六、知识链接 ······ 102
　　(一)新产品开发 ······ 102
　　(二)新产品扩散 ······ 105
　　(三)产品生命周期 ······ 107
　　(四)包装策略 ······ 109

项目四　我要成长 ······ 112

一、案例讨论 ······ 112
　　中国品牌二次出海,胜算何在? ······ 112

二、基本知识点 ······ 117
　　(一)产品策略 ······ 117
　　(二)定价策略 ······ 128

三、任务设计 ······ 138
　　以在项目三中设计的产品、服务特色为基础,围绕品牌定位,选择和利用网络零售、直播、微信小程序、连锁专卖、特许经营等线上线下途径,为复制与扩张自己的市场制定市场营销策略,并拟定商业策划书,用以说服可能的投资人

四、知识拓展 ······ 138
　　(一)"爆品"营销 ······ 138
　　(二)私域营销 ······ 141

五、案例分析(课程思政) ······ 148
　　"血洗北美"拼多多:中国"电商卷王"出海后到底有多恐怖? ······ 148

六、知识链接 ······ 152
　　(一)服务营销 ······ 152
　　(二)物流 ······ 158

项目五　我和顾客 ······ 161

一、案例讨论 ······ 161
　　对话中国玩具品牌巨头,学习与顾客互动的多向思维! ······ 161

二、基本知识点 ······ 163

（一）分销渠道策略 …………………………………………………………… 163
　　（二）促销策略 ……………………………………………………………… 178
　　（三）全渠道营销 …………………………………………………………… 189
三、任务设计 …………………………………………………………………… 192
　　以在项目四中设计的策划案为基础，围绕品牌定位，选择和利用线上线下等途径，为推广自己的项目制定整合营销传播方案，并拟定策划书
四、知识拓展 …………………………………………………………………… 192
　　（一）整合营销传播 ………………………………………………………… 192
　　（二）网络零售 ……………………………………………………………… 195
五、案例分析（课程思政） …………………………………………………… 197
　　年轻人不爱老干妈了 ………………………………………………………… 197
六、知识链接 …………………………………………………………………… 199
　　（一）关系营销 ……………………………………………………………… 199
　　（二）绿色营销 ……………………………………………………………… 203

参考文献 …………………………………………………………………………… 210

项目一　我觅价值

学习目标

1. 树立市场营销的基本理念。
2. 初步掌握个人推销的一般技巧与流程。
3. 明辨推销与营销的根本区别。

学习要点

1. 明确市场营销如何实现价值增值。
2. 明确为什么说营销就是用来取代推销的。

一、案例讨论

"东方甄选"——那些你不知道的新媒体数字营销内幕！

互联网电商的品牌营销像是围了一圈的透光单面镜，每有一个出圈的品牌，就多了一道耀眼的光束，这些光束在镜子上反复折射，镜面那侧只能看到纷繁杂乱的光束，视角转到另一边才会发现每一道光束都非偶然而至，一切有迹可寻。

首先东方甄选的成功离不开抖音FACT+全域经营。2021年5月，抖音电商推出"FACT经营矩阵"，通过阵地自营、达人矩阵、主题活动、头部大V为广大商家梳理出了内容供给的四条赛道。而随着用户购物心智的不断成熟，消费场景开始变得更加多元化。为帮助商家把握增长机遇，抖音电商以生意长效增长为核心命题，对FACT经营方法论进行了全面的升级。具体如图1—1所示。

图 1-1 抖音 FACT+全域经营

接下来,我们从人群策略、场域策略、货品策略三个方面,一起拆解下东方甄选的营销策略。

东方甄选的人群策略

QuestMobile(北京贵士信息科技有限公司)数据显示,整体用户画像特点鲜明:

性别:女性用户占比近七成

年龄:80后、90后成为其主要受众群体

城市:一二线城市占比51%

根据蝉妈妈数据平台可以查询到,东方甄选直播观众在广东、江苏、浙江、山东等地居多。可以推断,东方甄选和新东方的人群画像基本是一类群体,还是这些城市,而这些都是典型的高考大省。真是应了粉丝那句话,这些人"小时候上新东方的课,长大了买新东方的货"。东方甄选冷启动阶段,有可能是利用了新东方的学员群进行传播。另一方面账号运营起来后,抖音广场推荐、媒体的传播发酵,成功给更多用户种草,进而转化。

东方甄选的场域策略

咱们从账号策略、主播策略、直播策略、短视频策略、文案策略具体聊聊。

1. 账号策略。搭建细分账号矩阵,全网粉丝近2 300万,主播矩阵粉丝746万。

2. 主播策略。选择"英语好+有趣灵魂、多才多艺"的主播,搭建自家主播矩阵。当然高学历老师再就业,也会成为话题传播。

3. 直播策略。个人战+团队战协作,累计直播130场,打造日不落直播间。

4. 短视频策略。采用直播切片作为短视频的主要内容来源(比如直播中的才艺表演、搞笑、有料的切片等)。

5. 文案策略。对于出圈至关重要的就是直播文案,东方甄选直播文案的本质是共情。比如卖大米的文案,带普通人怀念过去,感受日常!是不是很有感触。

东方甄选的货品策略

1. 货品丰富度。由于尚处于早期,货品并不丰富,食品百货占比80%以上,图书娱乐等也有部分涉及。

2. 货品质量。由于农产品本身非标、品控难、物流难、利润低,加之经验不足,货品质量也不能完全保证,比如之前出现的霉烂长毛的桃子事件。

3.解决方案。自营产品质量配送相对更有保障些,为此他们也在开发自营产品,包括大米、玉米和榴莲。根据新浪财经新闻,东方甄选计划每个月推出 5—10 款自营产品,一年以内把自营产品数量做到 100 款。当然从货品洞察来看,目测也会根据目标用户的需求来选品。

4.关于货盘结构。

那他们的直播间是如何排品的呢? 具体如图 1—2 所示。

图 1—2　东方甄选直播排品

引流款:用各种低价"地图"来引流。

主力款:目前用"荞麦方便面"做主力,16.8 元的荞麦面已经卖了 76.2 万单。后期主力应该还是自营产品,这样更可控。

另外,看到那行小字了吗,"东方专属",啥意思? 专属计划/定向机会是达人和商家线下沟通好,达成的一种专享推广方式,佣金可以更高。

利润款:比如上面那款 99.6 元的小龙虾,还有被董老师带火的牛排。

潜力款:比如上面那款毛巾,价格不高,就是为了增加品类的丰富度。

直播+抖店是如今抖音的流量密码,也是想进入新媒体领域最好的通道! 东方甄选的成功肯定有其偶然性,但它的新媒体营销策略是我们可以通过学习来复制的。

资料来源:胡拾壹."东方甄选"——那些你不知道的数字营销内幕! [EB/OL].微信公众号"武汉星联星文化传媒有限公司",2023－03－08. https://mp.wcixin.qq.com/s/X_SEy5lb5-ZiYsns5-Tx8w.

思考与讨论:

1.如何做顾客素描—顾客描述—用户画像?

2.选择文中一个"潜力款"产品,试着为它设立"卖点",实现价值最大化。

(1)列出它的所有功能。

(2)结合顾客的喜好,按价值大小列出顾客看重的产品价值。
(3)将功能与价值结合,产生"卖点"。
(4)用一句话(广告词)概括出"卖点"。

3. 一家生产企业做直播和东方甄选能一样吗?为什么?应该如何卖呢?

二、基本知识点

(一)市场营销的概念

市场营销(Marketing)广义而言,可定义为以满足人类各种需要与欲望为目的,通过市场变潜在交换为现实交换的活动。简言之,市场营销就是解决交换所可能遇到的一切问题的一种人类活动。

人类满足自身需要与欲望的基本手段主要有以下四种:交换、自给自足、借、抢(包含一切带有强迫性质的暴力或非暴力手段)。这其中"借"和"抢"显然只能是补充性质的手段,受限制极其明显;而对比交换与自给自足,我们就会发现,人类文明的发展史其实就可以看作是一部人类不断通过专业化分工与合作扩大交换的历史。第二次工业革命后,社会化大分工大协作体系的确立,使交换已经彻底成为人类满足自身需要与欲望的基本手段。

尤其是在供给-需求这对关系中,由于供给过剩成为常态,如何促进交换,从而不断促进社会财富的创造和人民生活水平提高,就成为市场营销要承担的基本社会职能。

狭义市场营销是在创造、沟通、传播和交换产品中,为顾客、合作伙伴以及整个社会带来价值的一系列活动、过程和体系。(美国市场营销协会 AMA,2013)

菲利普·科特勒则将其定义为:市场营销是个人或组织通过创造并同他人交换产品和价值,以满足需求和欲望的一种社会和管理过程。

理解这个概念要注意:

(1)市场营销的对象是广义产品,包含了思想创意、实体产品、无形的服务。也就是说一切可以满足人们需要与欲望,并可以通过市场进行交换的标的都属于可营销的产品。

(2)市场营销的主体包括社会中的一切个人与组织,不仅有营利性组织,也包含非营利性组织。

(3)市场营销的目的是满足交换主体的需要与欲望,利润目标只是这个过程实现的必然结果。

(4)市场营销是一个共赢的社会性的互动行为,必须构筑在良好客户关系的基础之上。

(5)市场营销是一个管理过程,必须有良好的计划和控制。

市场营销过程如图1-3所示。

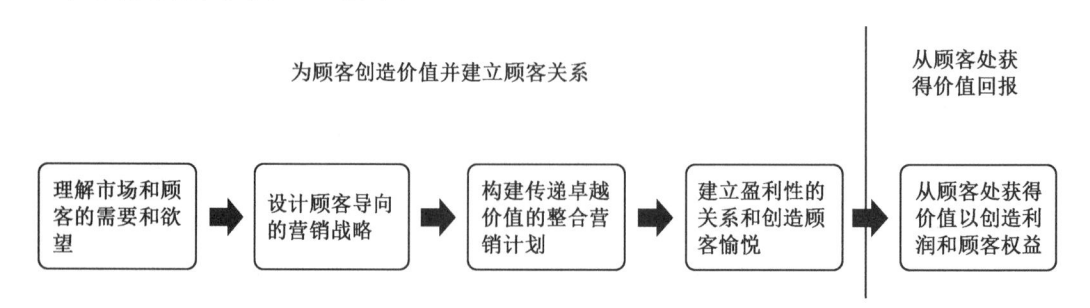

为顾客创造价值并建立顾客关系　　　　　　　　　　从顾客处获得价值回报

理解市场和顾客的需要和欲望 → 设计顾客导向的营销战略 → 构建传递卓越价值的整合营销计划 → 建立盈利性的关系和创造顾客愉悦 → 从顾客处获得价值以创造利润和顾客权益

图1-3 市场营销过程

（二）价值增值与"卖点"

"卖点"其实就是营销关于价值增值的一种通俗性的说法。

市场营销强调通过交换来实现价值增值的最大化，那么如何实现价值增值最大化呢？

1. 价值增值是顾客对产品的价值评价

通过以上关于市场营销的定义我们明白，价值增值的源泉在于顾客。因此必须首先明确在特定环境下，在特定的时间（When）、特定的地点（Where），特定顾客（Who）为满足何种需要与欲望（Why），使用何种方式（How），从而交换何种价值（What），其核心就是顾客的需要决定产品的顾客价值。

2. 价值增值是企业能力的具体体现

企业所拥有的资源要素水平决定了企业可以提供的产品，但企业能力即企业对资源要素的组织、运用的水平才能决定这件产品的使用价值。

3. 价值增值是面向竞争的优势创造的过程

现代市场是竞争激烈的买方市场，企业产品只有能充分满足特定顾客的顾客价值，而且其使用价值又高于竞争对手同样产品的使用价值，才有可能实现与顾客的交换，从而实现价值增值。迈克尔·波特（Michael Porter）用竞争优势这一概念对此做了最好的解释。

如果我们回忆赵本山《卖拐》这个经典的推销小品，我们会进一步发现价值增值最大化是一个过程。赵本山只卖一根拐棍，而一个营销者需要的是持续地与顾客交换。因此，市场营销的价值增值最大化，必须将其理解为一个保证交换持续发生（与顾客良好关系的建立、维护和发展是基础）的过程的价值最大化，而不是一次交易的价值最大化。

（三）推销与营销

推销观认为产品的销路是企业生存发展的关键，企业若不大力刺激消费者的兴趣，消费者就不会购买或不会大量购买它的产品，这种观念的典型用语是"我们卖什么，人们就买什么"。企业的主要任务是以销售为中心。推销观产生的背景是市场供过于求，市场竞争加剧，当企业担心生产出来的产品是否能全部销售出去时，就会产生推销观。

推销的起点在于企业已拥有的某个产品，终点是与顾客完成该产品的交易。从管理角度而言推销没有构成闭式循环系统；从"赢利最大化"角度而言，只注重了结果，没有关注过程。特别是，当竞争进一步加剧，从而趋向白热化时，竞争对手间必然会出现包括产品功能、质量、促销等方面高度一致的产品同质化，推销的效率将急剧下降。

正是在这一背景下，营销观应运而生。营销观是一种以顾客为中心的观念，它把企业的生产经营活动看作一个不断满足顾客需求的过程，认为实现企业各项目标的关键在于正确认识目标市场的需要和欲望，并且比竞争者更有效地传送目标市场所期望的产品，从而比竞争者更有效地满足目标市场的需要与欲望。其基本特点是在企业的一切生产经营过程中，运用产品、定价、分销、促销等多方面的手段，努力实现满足顾客需求的目标，通过满足需求换取合理利润。

营销观以顾客需要与欲望为起点，通过产品针对性的设计和开发来满足特定顾客的特定需求，从而形成自身有别于竞争对手的独特优势。并将企业经营从交易环节扩展到交换的全过程，通过售后服务等顾客互动环节强化与顾客的关系，从而为下一次与顾客交换做好准备，因此形成了一个结果与过程并重的闭式循环管理体系。

简言之，营销观从发现顾客需求出发，通过顾客需求满足的全过程，解决了竞争问题和与顾客再次交换的起点问题，是营销学走向成熟的标志。

三、任务设计

在传统节日里发现一个身边的传统产品(不限于实体产品,包括风俗、习惯、民间工艺等在内广义产品)的价值

(1)调查了解该传统节日的文化背景与风俗习惯,挖掘出你发现的传统产品其中蕴涵的特殊价值。

①通过对二手资料的收集,整理分析该节日的文化内涵,提炼出其蕴涵的特定文化价值。

②对你发现的传统产品进行功能分析,并结合当前市场特点定义产品价值。

③尝试将功能分析与节日的文化价值结合,跟现在的顾客喜好结合,产生"价值增值"列表。

(2)分析你身边的人群,找到理想的潜在顾客。

①对你身边的人群进行分类,针对性地进行顾客素描。

②根据顾客素描,进行顾客描述。

③将顾客描述与上面的"价值增值"列表结合确定"卖点"。

(3)在抖音发布一段短视频展示你发现的产品与"卖点":文化背景、魅力、价值、广告词——"卖点"。

(4)在B站记录以上过程,展示自己的努力!

四、知识拓展

(一)营销学的发展

市场营销学于20世纪初期产生于美国,伴随着第二次工业革命带来的生产力爆发性增长,从而导致市场供给超越需求,过剩成为市场常态。当今,市场营销学已成为同企业管理相结合,并同经济学、行为科学、人类学、数学等学科相结合的应用边缘管理学科。市场营销学自20世纪初诞生以来,其发展经历了五个阶段。

1. 萌芽阶段(19世纪末—20世纪初)

这一时期,第二次工业革命达到高峰,生产力迅速提高,城市经济迅猛发展,人类历史上首次出现了供需关系逆转的迹象,与此相适应市场营销学开始创立。

早在1902年,美国密执安大学、加州大学和伊利诺伊大学的经济系开设了市场学课程。在这一时期,出现了一些市场营销研究的先驱者,其中最著名的有阿切·W.肖(Arch W. Shaw),拉尔夫·斯塔尔·巴特勒(Ralph Starr Butler),约翰·B.斯威尼(John B. Swirniy)及J. E. 赫杰特齐(J. E. Hagerty)。这一阶段的市场营销理论同生产观、产品观相适应,是以供给为中心的。

2. 功能研究阶段(20世纪20—40年代)

这一阶段以营销功能研究为其特点。随着生产力水平的进一步提高,尤其是大萧条的出现,产品过剩成为企业经营要面对的首要问题。此阶段最著名的代表学者有:F. E. 克拉克(F. E. Clerk),L. D. H. 韦尔达(L. D. H. Weld),亚历山大(Alexander),瑟菲斯(Sarface),埃尔德(Ilder)及奥尔德逊(Alderson)。1942年,克拉克出版的《市场营销学原理》一书,在功能研究上有创新,把功能归结为交换功能、实体分配功能、辅助功能等,并提出了推销是创造需求的观点,实际上是市场营销的雏形。

3. 成熟时期(20世纪50—60年代)

战后西方发达国家进入经济发展黄金时期,以中产阶层为主体的社会结构转型初步完成,买方市场奠定,竞争的高度同质化导致推销的局限性彻底暴露。这一时期的代表人物有范利(Vaile)、格雷特(Grether)、考克斯(Cox)、梅纳德(Maynard)及贝克曼(Beckman)、罗·奥尔德逊(Wraoe Alderson)、约翰·A. 霍华德(John A. Howard)及 E. J. 麦卡锡(E. J. McCarthy)等。

这一时期已形成市场营销的原理及研究方法,营销观开始树立,市场营销学走向成熟。

4. 变革与革命时期(20世纪70—80年代)

第三次技术革命的出现,使得系统分析、系统管理成为可能。在此时期,乔治·S. 道宁(George S. Downing)于1971年出版《基础市场营销:系统研究法》一书,提出了系统研究法,认为公司就是一个市场营销系统,"企业活动的总体系统,通过定价、促销、分配活动,并通过各种渠道把产品和服务供给现实的和潜在的顾客"。他还指出,公司作为一个系统,同时又存在于一个由市场、资源和各种社会组织等组成的大系统之中,它将受到大系统的影响,同时又反作用于大系统。菲利浦·科特勒(Philip Kotler)的《市场营销管理:分析、计划与控制》更全面、系统地发展了现代市场营销理论。他对营销管理下了定义:营销管理就是通过创造、建立和保持与目标市场之间的有益交换和联系,以达到组织的各种目标而进行的分析、计划、执行和控制过程。并提出,市场营销管理过程包括分析市场营销机会,进行营销调研,选择目标市场,制定营销战略和战术,制定、执行及调控市场营销计划。

菲利浦·科特勒突破了传统市场营销学认为营销管理的任务只是刺激消费者需求的观点,进一步提出了营销管理任务还影响需求的水平、时机和构成,因而提出营销管理的实质是需求管理;还提出了市场营销是与市场有关的人类活动,既适用于营利组织,也适用于非营利组织,扩大了市场营销学的范围。

而巴巴拉·本德·杰克逊提出了"关系营销""协商推销"等新观点。同时"直接市场营销"也是一个引人注目的新问题,其实质是信息技术大发展使以数据为基础的实时分析、实时协调、实时回馈成为可能(这种思想在今天的大数据时代已放射其光芒)。

1986年,科特勒提出了"大市场营销"这一理论,即6P战略:原来的4P(产品、价格、分销及促销)加上政治权力及公共关系。他提出了企业不应只是被动地适应外部环境,而且也应该影响企业的外部环境的战略思想。

总结而言,消费个性化是这一时期营销变革的关键问题。随着高等教育的普及和中产阶层成为社会的主体,在西方发达国家,战后出生的新一代消费者掀起了消费个性化的浪潮(注意:我国正在经历这一过程)。消费个性化直接给企业营销带来两个最根本的挑战。

(1)成本:满足个性化消费就意味着必须变"单一品种、大规模生产"为"多品种、小规模生产"。由此产生的问题是,因此造成的规模效益损失如何得到弥补? 从本质而言方法只有一个,就是系统集成、系统优化。借助于信息技术的飞速进步,通过跨企业的供应链管理(SCM)和客户关系管理(CRM),企业竞争进入供应链、产业链、产业生态间竞争的时代。

(2)反应速度:消费个性化意味着顾客需求稳定的周期变短,但一定时期内企业生产经营的周期是不变的。由此产生的问题是,基于发现顾客需求从而展开一个生产经营周期的企业会尴尬地发现产品进入渠道时,很可能顾客需求已经消失或改变了。解决这一问题的办法只有一个,变发现需求为预测需求。此时预测的准确性就成为关键,由此基于与顾客间持续良好互动的关系营销体系的建设、维护和发展就成为营销最基本的问题。

5. 酝酿与升华时期(20世纪90年代以来)

尤其是移动互联和大数据时代以来,信息技术应用的迅猛发展正不断改变着消费者的生活模式和购买行为模式,从而也深刻地在引发市场营销从实践到理论的全方位变革,市场营销学正期待理论上的一次彻底的突破。

从营销实践来看,这一时期的变革大致呈现出以下几个阶段:

(1)从20世纪90年代初到21世纪初,是互联网的PC时代。信息的实时共享和基于信息管理系统的快速响应,推动着企业营销管理模式向着全球化系统化快速发展;而苏联解体、中国的改革开放等重大历史事件,又客观上为新一轮基于信息化的全球化打开了大门。企业通过高效的信息化体系,基于全球市场,重构供应链和产业链,从而最大限度地利用系统优化降低了成本,解决了"个性化"需求带来的成本挑战! 我们熟悉的耐克——一个"不事生产"的体育用品生产商,沃尔玛——全球采购,都是那个时代的典型案例。

(2)进入21世纪10年代,随着智能手机的迅速普及,"移动互联"时代到来。这一时期的基本特征是顾客得以通过移动终端(手机、平板、手环等)无缝地接入互联网,企业与顾客互动的方式、方法、体系发生了根本性变革! 以面向C端为特征的移动商务时代来临,以淘宝、京东、美团(以及后来的拼多多)为代表的平台型企业,通过系统化整合,为中小微企业搭建了直接面对顾客的系统化平台。解决了中小微企业无力构建系统化体系的难题,更为顾客提供了来自这些中小微企业的本身就是高度个性化的产品,供应链、产业链系统优化进入产业生态构建的新阶段;同时,移动互联的无缝连接特征,使顾客关系管理进入了一个开放且高度个性化的崭新时代! 营销组合(产品、价格、渠道、促销)由此发生彻底的变革。

(3)"数字化时代":进入20年代,"5G"的出现和快速普及补上了大数据实时传输的缺失,大数据存储、云计算,再辅以AI智能决策辅助,一个从数据产生-收集-传输-集成-计算-决策-执行的实时化的闭环体系已经成为现实。原来从发现需求或预测需求,然后再去满足需求的时代过去了;"实时响应"高度个性化需求的时代来临了! 其特征可以概括为:不仅是满足特定顾客的特定需求,而且是满足特定顾客在特定场景下的特定需求! 抖音(TikTok)的短视频、直播基于数据驱动的算法推荐和展现的高度个性化,拼多多(TEMU)在小微企业产品开发方面的支持体系的不断深化都让我们窥视到这个大幕徐徐拉开的新时代!

(二)市场营销的核心概念

1. 需要、欲望、需求

(1)基本概念

①需要(need),是指因某种欠缺未得到满足时的心理状态。

这个概念的关键在两点,首先需要来自"欠缺"的客观事实,缺乏这个事实基础则需要不可能出现;其次,需要是人的主观对"欠缺"这个事实的反映。也就是说仅有"欠缺"的事实,而人对这事实却没有明确意识时,需要同样是不成立的,或者我们把这种情况可称之为"潜在需要"。同时我们也可以明确地知道:需要是无法创造的。

②欲望(want),是指对某种需要迫切要求加以满足的心理状态。

人在某一个特定时点上,其需要我们可知是无限的,但其为实现需要所需耗费的资源(时间、体力、精力、资金等)却是有限的。因此,人们就会根据需要实现的紧迫性及其价值对其需要进行排序,急迫的需要——欲望因此产生。欲望是动机的源头,动机驱使人们采取行为。

③需求(demand),是指指向特定产品,并有购买力的欲望。

满足某种欲望,在市场上可能有无数的产品,而实际上人们只需其中一种就够了。因此,需求是指拥有支付能力,用某个特定化产品去满足某一欲望。由此可知,创造需求的实质是指诱导顾客选择特定产品满足特定欲望的行为。指向特定产品而缺乏支付能力的情况,我们可称之为"潜在需求"。

(2)需要的特征

①稳定性:需要来自"欠缺"的客观事实,是客观事物的反映,不以人的主观意志而改变。我们可以预测、发现需要却无法创造、发明需要。"欠缺"的客观事实存在的周期就是需要存在的周期。

②抽象性:需要又基于人们对"欠缺"事实的主观认知,是人的主观认识的结果。因此通过揭示"欠缺"的事实,可以激发人们的"潜在需要"转化为需要。

③层次性:马斯洛需要层次论(Maslow's hierarchy of needs)揭示了需要向欲望转化的基本规律。

马斯洛需要层次论是美国心理学家亚伯拉罕·马斯洛于1943年在《人类激励理论》论文中提出的。它将人类需要从低到高按层次分为五种,分别是:生理需要(Physiological needs)、安全需要(Safety needs)、社交需要(Love and belonging)、尊重需要(Esteem)和自我实现需要(Self-actualization)。如图1—4所示。

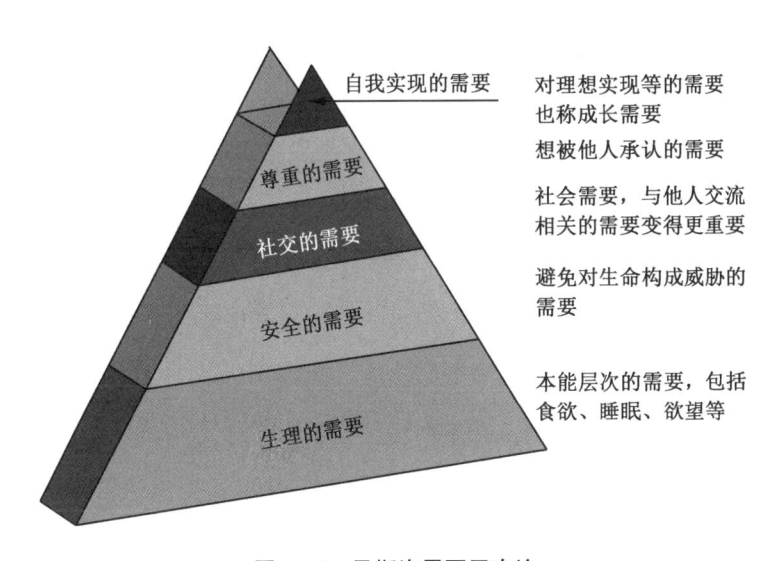

图1—4 马斯洛需要层次论

五种需要像阶梯一样从低到高,按层次逐级递升,但这个次序不是完全固定的,可以变化,也有种种例外情况(原因在于,需要的满足要素既是物质的也是精神的,越是进入高层次需要满足时,精神要素的重要性越突出)。

这个理论有两个基本出发点:一是人人都有需要,某层需要获得满足后,另一层需要才出现;二是在多种需要未获满足前,首先满足迫切需要,该需要满足后,后面的需要才显示出其激励作用。一般来说,某一层次的需要相对满足了,就会向高一层次发展,追求更高一层次的需要就成为驱使行为的动力。相应的,获得基本满足的需要就不再是一股激励力量。

五种需要又可以分为两级,其中生理上的需要、安全上的需要和社交上的需要都属于低一级的需要,这些需要通过外部条件就可以满足;而尊重的需要和自我实现的需要是高级需要,它们是通过内部因素才能满足的,而且一个人对尊重和自我实现的需要是无止境的。同一时期,一个人可能有几种需要,但每一时期总有一种需要占支配地位,对行为起决定作用。任何一种需要都不会因为更高层次需要的发展而消失。各层次的需要相互依赖和重叠,高层次的需要发展后,低层次的需要仍然存在,只是对行为影响的程度大大减小。

2. 市场、交换、市场营销者

(1)市场

我们知道在经济学中,市场是交换各方及其交换关系的总和,它是站在第三者的角度去研究市场的。

而现代市场营销学是站在企业的立场,从企业的角度去观察市场,解释市场的。因此在市场营销学中,市场是指具有特定需要和欲望,愿意并能够通过交换来满足这种需要或欲望的全部潜在和现实顾客的集合。

分析市场时,要注意:市场的大小不仅要看构成现实市场的人口、购买欲望、购买力三个要素(市场＝人口＋购买欲望＋购买力);还要分析具备了购买欲望,但缺乏购买力的潜在市场的大小;更要关注潜在市场向现实市场转化的可能性与速度。

任何市场在特定时间内,都有其极限,这就是市场最大量。市场不仅有最大量,也有最小量。所谓市场最小量是指仅将产品投放到渠道中,却不进行任何促销时对应的一个产品市场销量,市场最小量肯定大于零。

(2)交换

交换(exchange)是指通过提供某种标的作为回报,从别人那里获得所需标的的行为。在交换的过程中,如果双方达成一项协议,我们就称之为发生了交易(transaction)。交易一般包括谈判、协议签署、协议执行三阶段,是交换的组成部分。

交换成立的要件:

①存在买方与卖方;

②每方都有可供交换的标的;

③每方都能沟通信息和传送物品;

④每方都有表达的自由;

⑤每方都认为交换是适当的。

市场营销是研究交换行为的,因此交换成立的五要件也就构成了营销活动的基本内容。在这五个要件中,前四个要件构成潜在交换向现实交换转换的必要条件,而第五个要件构成唯一的充要条件。我们将在第三与第四组核心概念里集中讨论,顾客在什么样的条件下会认为交换是适当的。

(3)市场营销者

是指希望从别人那里取得资源并愿意以某种有价物作为交换的人。市场营销者既可能是买方也可能是卖方,只要在一个交换中积极寻求交换的一方,都是市场营销者。

现代营销的基本背景是买方市场,卖方可视为都是市场营销者,而作为买方的顾客是在欲望驱使下寻求交换的,因而也是积极的。但现代高度个性化的顾客,又极其反感在自己做出基本的交换选择的决策前,有任何来自外界的干预影响自己的决策和判断。因此创造"让顾客主动"的环境,再在顾客主动基础上全力响应顾客的"能动地营销"成为现代营销基本的模式。比如我们看到零售商业从柜台式售货转向开架式售货,其原因正在于此。

3. 顾客价值、顾客成本、顾客让渡价值

(1)顾客价值,指交换带给顾客的一切利益的总和,一般包括:产品价值、服务价值、人员价值、形象价值等。

(2)顾客成本,指交换中顾客要付出的所有代价的总和,一般包括:精力成本、体力成本、时间成本、货币成本等。

(3)顾客让渡价值就是指通过交换,顾客获得的所有顾客价值与顾客成本的差值。即顾客让渡价值＝顾客价值－顾客成本。

要使顾客认为交换是适当的,显然要满足"顾客让渡价值＝顾客价值－顾客成本≥0"这一基本条件。即提升顾客价值,降低顾客成本是达成交换的关键。

这一概念告诉我们,在企业营销中,成本和价值分析不仅针对企业,更要针对顾客进行。

例如,移动支付的迅猛发展,大幅度降低了因携带现金或持卡支付的顾客成本,迅速取代了现金支付,并且使中国跳过了西方发达国家依赖信用卡支付的阶段。

4. 顾客满意、顾客忠诚、关系营销

(1)顾客满意(Customer satisfaction)

菲利普·科特勒认为,顾客满意"是指一个人通过对一个产品的实际感受效果与他的期望值相比较后,所形成的愉悦或失望的感觉状态"。亨利·阿塞尔也认为,当产品的实际消费效果超过消费者的预期时,就导致了满意;否则,则会导致顾客不满意。

从上面的定义可以看出,顾客满意度是实际感受值和期望值之间的差异函数。如果实际感受值低于期望,顾客就会不满意;如果实际感受值与期望相匹配,顾客就满足;如果实际感受值超过期望,顾客就会满意,从而就会对顾客产生正激励。即顾客满意要满足以下条件:顾客满意度＝实际感受值－期望值＞0。

顾客满意这一概念,可以帮助我们理解一些常见市场现象:

①留住老顾客重于开发新顾客。消费者获取信息的主要渠道包括商业渠道(如广告)、中立渠道(如新闻)、个人渠道(如朋友)、经验渠道(自身体验)。四个信息渠道的可信度呈由低到高排列,其中经验渠道和个人渠道属于私人性质的渠道,其可信度远高于属于公众渠道性质的商业和中立渠道。满意的顾客产生的正激励将驱使其采取重购、交叉购买、口碑(通过个人渠道影响其首要相关群体,如朋友)等行动,所以"留住老顾客重于开发新顾客"。

②"创名牌容易,保名牌难"。普通品牌顾客期望值设为60,实际感受值达到70,其顾客满意度就是10;名牌则意味着顾客期望值100,即使实际感受值为90(远高于70),但顾客满意度为－10。

③促销要有度。"王婆卖瓜,自卖自夸",在营销中促销几乎是不可或缺的一个环节。但顾客满意度这个公式告诉我们,过度地促销将会使期望值提高到实际感受值难以超越的高度,从而降低顾客满意度,搬起石头砸自己的脚。

④服务为本。这个式子还告诉我们,当满意的顾客重购时,其上一次购买后的实际感受值将成为此次重购的期望值,并不断循环,也就是说顾客满意是一个精益求精的过程。由于物力有时而穷,因此要不断让顾客满意的关键只能是服务。

(2)顾客忠诚

顾客忠诚可以定义为顾客购买行为的连续性,它是指客户对企业产品或服务的依赖和认可从而坚持长期购买和使用该企业产品或服务所表现出的在思想和情感上的一种高度信任和忠诚的程度,是客户对企业产品在长期竞争中所表现出的优势的综合评价。顾客忠诚度指顾客忠诚的程度,是一个量化概念。顾客忠诚度是指,由于质量、价格、服务等诸多因素的影响,使顾客对某一企业的产品或服务产生感情,形成偏爱并长期重复购买该企业产品或服务的程度。

从顾客满意到顾客忠诚是一个渐进的过程,如图1-5所示。

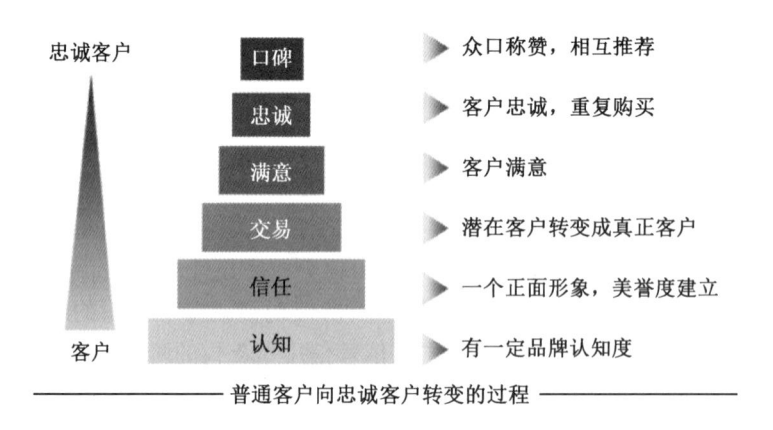

图1-5 由顾客满意到顾客忠诚

顾客忠诚度可以分为基本的四层:最底层是指顾客对企业没有丝毫忠诚感,他们对企业漠不关心,仅凭价格、方便性等因素购买。第二层是顾客对企业的产品或服务感到满意或是习惯,他们的购买行为更多是受到习惯力量的驱使。一方面,他怕没有时间和精力去选择其他企业的产品或服务;另一方面,转换企业可能会使他们付出转移成本。第三层是顾客对某一企业产生了偏好情绪,这种偏好是建立在与其他竞争企业相比较的基础之上的。这种偏好的产生与企业形象、企业产品和服务体现的高质量以及顾客的消费经验等因素相关,从而使顾客与企业之间有了感情联系。最上层是顾客忠诚的最高级阶段。顾客对企业的产品或服务忠贞不贰,并持有强烈的偏好与情感寄托。顾客对企业的这种高度忠诚,成为企业利润的真正源泉。

顾客忠诚和顾客满意的关系受行业竞争状况的影响(见图1-6),影响竞争状况的因素主要包括以下四类:限制竞争的法律;高昂的改购转移成本;专有技术;有效的常客奖励计划。

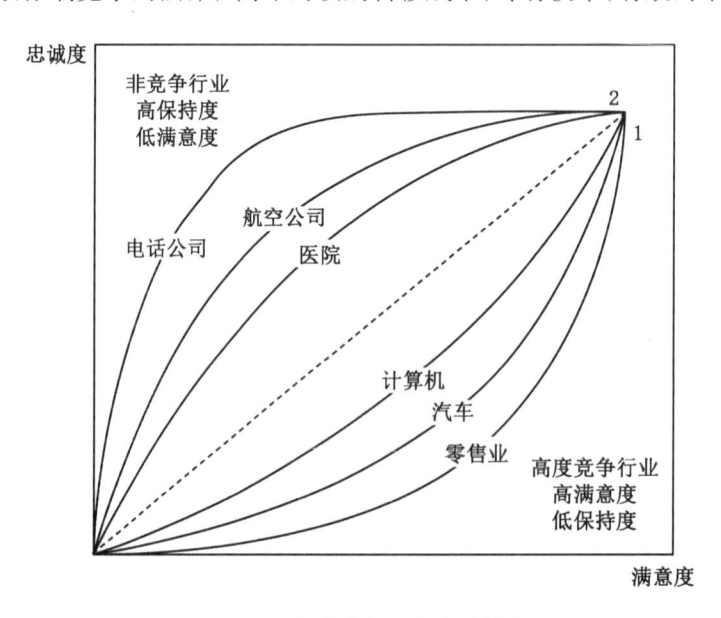

图1-6 顾客满意与顾客忠诚的关系

虚线左上方表示低度竞争区,虚线右下方表示高度竞争区,右下曲线1和左上曲线2分别表示高度竞争的行业和低度竞争的行业中顾客满意程度与顾客忠诚可能性的关系。

如曲线1所示,在高度竞争的行业中,满意度与忠诚度之间的正比关系并非一条直线,而是呈现一种抛物线上升的样子。根据统计数据,当顾客给出的满意评价为较差或一般的时候,往往只有低于20%的忠诚度,即使当满意评价较好的时候,其忠诚度也只有40%,只有当评价为极好或十分优秀的时候,满意度才会达到90%以上,也只有这时候,他们才会真正地成为你的忠实客户。也就是说完全满意的顾客远比满意的顾客忠诚。在曲线右端(顾客满意程度评分5),只要顾客满意程度稍稍下降一点,顾客忠诚的可能性就会急剧下降。这表明,要培育顾客忠诚,企业必须尽力使顾客完全满意。

在低度竞争的行业中,曲线2描述的情况似乎表明顾客满意程度对顾客忠诚度的影响较小。但这是一种假象,限制竞争的障碍消除之后,曲线2很快就会变得和曲线1一样。因为在低度竞争情况下,顾客的选择空间有限,即使不满意,他们往往也会出于无奈继续使用本企业的产品和服务,表现为一种虚假忠诚。随着专有知识的扩散、规模效应的缩小、分销渠道的分享、常客奖励的普及等等,顾客的不忠诚就会通过顾客大量流失表现出来。因此,处于低度竞争情况下的企业应居安思危,努力提高顾客满意程度,否则一旦竞争加剧,顾客大量"跳槽",企业就会陷入困境。

上面的分析表明,顾客满意和顾客的行为忠诚之间并不总是强正相关关系。但有一点毋庸置疑,那就是无论在高度竞争的行业还是低度竞争的行业,顾客的高度满意都是形成顾客忠诚感的必要条件,而顾客忠诚度对顾客的行为无疑会起到巨大的影响作用。

(3)关系营销

所谓关系营销,就是把营销活动看成是一个企业与消费者、供应商、分销商、竞争者、政府机构及其他公众发生互动作用的过程,其核心是建立和发展与顾客及这些公众的良好关系。

发现正当需求—满足需求并保证顾客满意—营造顾客忠诚,构成了关系营销中的三部曲。

贝瑞和帕拉苏拉曼归纳了三种建立顾客价值的方法:一级关系营销(频繁市场营销或频率营销):维持关系的重要手段是利用价格刺激对目标公众增加财务利益;二级关系营销:在建立关系方面优于价格刺激,增加社会利益,同时也附加财务利益,主要形式是建立顾客组织,包括顾客档案,和正式的、非正式的俱乐部以及顾客协会等;三级关系营销:增加结构纽带,同时附加财务利益和社会利益。与客户建立结构性关系,它对关系客户有价值,但不能通过其他来源得到,可以提高客户转向竞争者的机会成本,同时也将增加客户脱离竞争者而转向本企业的收益。

五、案例分析(课程思政)

本案例的探讨,应聚焦于以下问题:

1. 如何认识和理解顾客价值?
2. "爆品"是如何打造的?
3. "潮品""爆品"如何常青并转化为品牌价值?
4. 最后,也是最关键的一点,如何将传统文化与现代消费者紧密结合?利用传统文化丰厚的底蕴,打造持久、醇厚的品牌内核,这是中国品牌走向世界的关键!

可口可乐,会败给最难喝的国产饮料吗?

六年前,被消费者评为中国最难喝饮品Top5的东方树叶,却在六年后突然火了。

随着控糖声量越来越高,"无糖茶"的消费风向,似乎成为主打0糖0脂0卡的元气森林之后,另一个逐渐崭露头角的"新物种"。数据显示,在过去的12个月里,东方树叶的营收增速接近70%,超过行业的8.5倍。无糖茶的忠实粉丝们,正从便利店和商超里,把整箱的东方树叶搬回家……

"难喝"差评不断

对大多数农夫山泉的经销商来说,东方树叶从被嫌弃到"火",简直就是个谜。早在2011年,东方树叶就开始进入市场。其主打的核心卖点,除了产品0糖0脂0卡,还有0香精和0防腐剂。

但是,2011年前后,正是雪碧、可乐等一众碳酸饮料受宠的红利期。

背靠农夫山泉这个头部品牌的影响力,令人耳目一新的东方树叶,却并没有受到追捧,反而在一片"难喝"的差评声中败下阵来。

中国茶文化源远流长,对爱茶懂茶的消费者来说,东方树叶"像泡乏了的隔夜茶水""只加了一片茶叶的矿泉水",缺少茶叶应有的回甘和浓醇。而那些不懂茶的消费者,在冲着新奇买单尝试后,发现缺少甜味辅佐的饮料,不能愉悦味蕾,于是果断弃选。因此,在很长一段时间里,东方树叶都稳居最难喝的饮品榜单,品牌销量也几乎年年垫底。在新品迭出的快消市场,每一个新生产品诞生,都将面对消费者的审视和评判。

更多的时候,爆红出圈或销声匿迹,检验的是一个品牌对所处赛道的坚定,以及对本身产品力的足够自信。

"含糖量"改变"持瓶率"

东方树叶的销量转机,出现在消费者健康意识的转变之后。

2016年,随着一则《中国居民膳食指南》的发布,添加糖摄入量对身体的伤害,受到了前所未有的重视。相较于口感的愉悦,消费者越来越在意"含糖量"对身体造成的伤害。

于是,当元气森林0糖0脂0卡的广告满天飞,拿下1.8亿元的年销售额,顺带成功普及了"健康饮品"概念后,消费者把关注的目光,更多投向了无糖饮品领域。市场的需求激增,带动了东方树叶的重新回归。从2019年开始,此前坐"冷板凳"的东方树叶,实现了高达28.9%的增长。

进入2021年,这一数据更是直接翻倍。今年(指2021年,下同)上半年,东方树叶在唯一正增长的即饮茶细分赛道,贡献了近七成的增量。

媒体采访中,有农夫山泉的经销商表示,今年以来,在其所负责的区域里,东方树叶销量已经超过1 200万箱,卖出200箱以上的超市小店不在少数。其中,很多经销商都提到了"持瓶率"。所谓持瓶率,即一个区域里手持某款饮料的消费者,占所有携带饮料消费者的比例。这种适用于观察同一个地区不同品牌影响力的方式,在人流密集的商业街区见证了东方树叶的翻红——"偶尔有人会提着别的(茶饮料),但十之七八手上拿的是东方树叶"。

同样的状况,也发生在便利店和连锁超市场景中。据说,在永辉超市江西某门店,东方树叶已经成为茶饮类销售额最高的产品,门店每月进货额达到10万元。

喝完就戒不掉

"对我来说,囤东方树叶就是寻宝。"身为无糖茶忠实粉丝的某位网友,最大的爱好就是把整箱的东方树叶搬回家。

在茶饮需求旺盛的夏季,不少有车一族走进超市,一买就是好几箱。有人说,东方树叶很神奇,第一口觉得难喝,但喝完一整瓶,就戒不掉了。或许,"喝完就戒不掉"的口感,正是一个老牌产品重新翻红的"密码"。

前面提到,东方树叶在0糖0脂0卡之外,还有着0香精和0防腐剂的核心卖点。

对于中偏碱性的饮料来说,0防腐剂时至今日仍然有着非常高的技术门槛,而农夫山泉早在11年前就实现了。

值得一提的是,东方树叶在推出新品的频率和节奏上并不激进。上市十周年后,才又加推两款新品。而在原料的选取上却又极为严苛。比如,青柑普洱要用著名的"新会柑皮"和云南大叶种优质普洱;限定口味龙井新茶,从茶叶采摘到瓶装出厂只用5天。这种对原料和产品的严格把控,再加上兼具年轻化和艺术感的品牌宣发,在国潮焕新的消费语境中,有效实现了与目标受众的一次次连接。

从另一个角度来看,东方树叶这一"小众"产品的逆势起飞,也反映出无糖茶影响着整个饮品行业的变革。

"口粮化"的无糖茶

中国产业信息数据显示,从2014年到2019年,无糖茶年均复合增长率达到32.6%。当年东方树叶上市时,有人认为,在消费者追求口味差异的茶饮市场,无糖茶的单一定位根本没有未来。

事实上,随着健康观念的深入人心,近两年无糖茶的消费趋势已逐渐形成。在农夫山泉今年上半年的财报中,茶饮品同比增速达到51.6%。

尽管新消费风潮瞬息万变,却有越来越多的现象表明,无糖茶在朝着瓶装水的增长"靠拢"。

在消费者眼中,饮料分为"尝鲜"和"口粮"两大类。"尝鲜"是对市面上所有新推单品的好奇尝试,而"口粮",则拥有着稳定的复购率。

此前,市面上公认的最强"口粮"是矿泉水。而眼下,东方树叶这类超级单品的出现,带动了无糖茶相关产品的"口粮化"趋势。来看一组数据,2021年,中国瓶装水市场规模约为2 350亿元。截至2020年,我国无糖茶市场规模仅为49亿元,茶饮料整体无糖化率仅为5.2%。

同时,随着饮品的健康化趋势,渠道终端与消费群体也将迎来更多转变,有利于实现高忠诚度、高复购率的"健康饮品"市场培育。相关经验表明,超级单品的诞生是品类即将上行的铺垫。比如,拥有成熟的消费者、切实可行的市场方向、稳定的渠道利润……

随着品类跨过蛰伏期,无糖茶已然成为炙手可热的新兴赛道。

这也意味着,在中国市场,极有可能从"无糖茶"中诞生打败可口可乐的国产饮料。

没准,正是"最难喝"的东方树叶。

资料来源:李砚.可口可乐,败给了最难喝的国产饮料[EB/OL].微信公众号"品牌头版",2022-10-11. https://mp.weixin.qq.com/s/g2stkNWxfnQY4OI0bCxLlw.

案例点评:

农夫山泉2年前在港IPO上市时,网上出现一片质疑声:"一个卖水的怎么成了中国首富?"其实,首先水是最基本的消费品,理论上拥有最广阔的市场,只要做对了就可以拥有最大和最忠诚的顾客群体,看看可口可乐就明白了。

那么农夫山泉做对了什么呢？

1."农夫山泉有点甜"，我们往往只关注它因为"活水"—"死水"的针对性定位带来的爆火，而忽视了它深植于"天人合一"的中国传统文化自然观，天然地从心底唤醒中国人的亲近感。而更关键的是农夫山泉自创立以来，对这一品牌内核矢志不渝的坚守和不断厚植（也可以理解为对国运的坚定信心，因为只有收入、受教育水平、城市化持续快速的推进，才能有效地将这种潜在需要转化为现实需要）。"东方树叶"很明显是这一思路和战略的具体体现。

2."茶饮料"这个品类，是中国国产品牌率先突破可口可乐壁垒之所在。但很明显，"茶饮料"更是饮料，而离底蕴丰厚的传统中国茶和茶文化相距甚远，那么"东方树叶"这个尝试就理所当然了。

3."东方树叶"也成为农夫山泉一个关键的创新试验田，技术上除了本文提到的无防腐剂技术，我们更熟悉的应该是植物萃取技术的突破，正是这一技术造就了"茶π"这个现象级的爆品。其实我们还可以期待的是，通过"东方树叶"的成功，农夫山泉能不能有效整合中国茶业的供应链、产业链甚至是产业生态，打造出无愧世人的世界级的中国茶品牌！

六、知识链接

（一）市场营销管理

市场营销管理是指为创造达到个人和组织目标的交换，而规划和实施创意、产品和服务的构思、定价、分销和促销的过程。市场营销管理的主要任务是刺激消费者对产品的需求，同时帮助企业在实现其营销目标的过程中，影响需求水平、需求时间和需求构成。因此，市场营销管理的任务是刺激、创造、适应及影响消费者的需求。从此意义上说，市场营销管理的本质是需求管理。

任何市场均可能存在不同的需求状况，市场营销管理的任务是通过不同的市场营销策略来解决不同的需求状况。

1. 负需求（Negative Demand）

负需求是指市场上众多顾客不喜欢某种产品或服务，如许多老年人为预防各种老年疾病不敢吃甜点心和肥肉，又如有些顾客害怕冒险而不敢乘飞机，或害怕化纤纺织品有毒物质损害身体而不敢购买化纤服装。市场营销管理的任务是分析人们为什么不喜欢这些产品，并针对目标顾客的需求重新设计产品、定价，作更积极的促销，或改变顾客对某些产品或服务的信念，诸如宣传老年人适当吃甜食可促进脑血液循环，乘坐飞机出事的概率比较小等。把负需求变为正需求，称为改变市场营销。

2. 无需求（No Demand）

无需求是指目标市场顾客对某种产品毫无兴趣或漠不关心，如许多非洲国家居民从不穿鞋子，对鞋子无需求。通常情况下，市场对下列产品无需求：人们一般认为无价值的废旧物资；人们一般认为有价值，但在特定环境下无价值的东西；新产品或消费者平时不熟悉的物品等。市场营销者的任务是刺激市场营销，即创造需求，通过有效的促销手段，把产品利益同人们的自然需求及兴趣结合起来。

3. 潜在需求（Latent Demand）

这是指现有的产品或服务不能满足许多消费者的强烈需求。例如，老年人需要高植物蛋白、低胆固醇的保健食品，美观大方的服饰，安全、舒适、服务周到的交通工具等，但许多企业尚未重视老年市场的需求。企业市场营销的任务是准确地衡量潜在市场需求，开发有效的产品和服务,即开发市场营销。

4. 下降需求(Falling Demand)

这是指目标市场顾客对某些产品或服务的需求出现了下降趋势,如城市居民对电风扇的需求已饱和,需求相对减少。市场营销者要了解顾客需求下降的原因,或通过改变产品的特色,采用更有效的沟通方法再刺激需求,即创造性的再营销,或通过寻求新的目标市场,以扭转需求下降的格局。

5. 不规则需求(Irregular Demand)

许多企业常面临因季节、月份、周、日、时对产品或服务需求的变化,而造成生产能力和商品的闲置或过度使用。如在公共交通工具方面,在运输高峰时不够用,在非高峰时则闲置不用。又如在旅游旺季时旅馆紧张和短缺,在旅游淡季时,旅馆空闲。再如节假日或周末时,商店拥挤,在平时商店顾客稀少。市场营销的任务是通过灵活的定价、促销及其他激励因素来改变需求时间模式,这称为同步营销。

6. 充分需求(Full Demand)

这是指某种产品或服务需求水平和时间等于期望的需求,但消费者需求会不断变化,竞争日益加剧。因此,企业营销的任务是改进产品质量及不断估计消费者的满足程度,维持现时需求,这称为"维持营销"。

7. 过度需求(Overfull Demand)

是指市场上顾客对某些产品的需求超过了企业供应能力,产品供不应求。比如,由于人口过多或物资短缺,引起交通、能源及住房等产品供不应求。企业营销管理的任务是减缓营销,可以通过提高价格、减少促销和服务等方式使需求减少。企业最好选择那些利润较少、要求提供服务不多的目标顾客作为减缓营销的对象。减缓营销的目的不是破坏需求,而只是暂缓需求水平。

8. 有害需求(Unwholesome Demand)

这是指对消费者身心健康有害的产品或服务,诸如烟、酒、毒品、黄色书刊等。企业营销管理的任务是通过提价、传播恐怖及减少可购买的机会或通过立法禁止销售,称之为反市场营销。反市场营销的目的是采取相应措施来消灭某些有害的需求。

(二)价值创造与传递系统

1. 价值的筛选

主要在于发现企业自身的营销机会,确定相关的营销管理重点、目标市场及提供给顾客的商品"价值"。一个企业不但要选定它所要服务的目标市场,而且还要有一个能满足此目标市场的价值定位。即确定用什么样的"价值"来满足市场的需求,而这离不开对顾客需求的研究,离不开与顾客的沟通。

2. 价值的提供

主要是开发产品,提供服务项目,定价、分销渠道的设计等。在此阶段,观念上所存在的"需求价值"被开发成为一个真正有实体的、可转换的产品。

3. 价值的沟通

一个具有价值的产品必须通过有效的沟通渠道进行介绍和宣传,才会被消费者所了解和接受。营销沟通方法包括推销人员的介绍、营业推广、广告、促销活动、媒体介绍等。要注意的是沟通具有信息双向流通和平等交流的基本属性。

(三)市场营销管理程序

市场营销管理程序与价值创造及传递程序是密切联系在一起的。营销管理程序就是通过系统性营销策略及方法去开发和创造价值,并将其传递给顾客的过程。它包括分析营销环境,确定营销机会,研究和选择目标市场,拟定营销战略,编制营销方案,执行和控制营销方案。

1. 分析营销环境,确定营销机会

确定营销机会可通过如下步骤完成:

(1)发现市场机会

市场机会是指没有被满足的顾客需求。这种未被满足需求给企业营销提供了市场机会。市场机会广泛地、客观地存在于市场中,企业营销人员可以经常通过广泛阅读新闻、参加展览会、剖析竞争者产品、访问顾客等方式,从市场需求总量的饱和程度中,从消费需求结构与市场供应的产品品种结构、规格结构等不一致中,从消费需求与时尚变化信息中去寻找和发现市场机会。

(2)评价市场机会,确定营销机会

市场机会是向所有的企业提供的机会。但是,针对某一个企业来说,市场机会不一定是该企业的营销机会。因为该企业不一定具备实现某个市场机会的必要条件,市场机会也不一定与企业的任务、目标相一致。因而,营销人员不但要善于发现市场机会,更主要的是要对所发现的市场机会进行评价,确定哪些市场机会是能够发挥企业优势并有利可图的营销机会。

2. 研究和选择目标市场

任何企业都难以满足所有顾客的需求,也难以在整个市场中长期占有优势。为了提高营销效果,企业必须根据顾客需求的差异,经过与竞争者比较,结合企业自身优势,确定企业最适宜的服务对象,这就是目标市场的选择。

3. 拟定营销战略

企业的营销战略核心是进行市场定位。所谓市场定位就是在这一市场的所有竞争对手中间确定本企业的独特地位,树立本企业的独特形象,确定自己的特色。

4. 编制营销方案

营销战略和策略的实现,必须有具体的营销方案来支持。营销方案涉及营销费用、营销组合和营销资源的分配。营销费用的高低要与营销目标相适应,还要参考竞争对手的费用投入额。营销组合就是综合地、动态地把各种营销策略有机地配合运用。在营销方案中,应使各种营销策略具体化,在营销方案中还应明确企业的人、财、物配置,包括一个营销行动的组织结构和领导体系。

5. 执行与控制营销方案

确定营销方案之后应具体地组织实施,并对实施过程进行有效控制,从而最终实现目标。营销过程应有有效的领导,营销组织包括协调全体营销人员的工作,对各类营销人员进行选择、培训、指导、激励和评价。营销控制则主要指年度计划、盈利能力控制以及评估企业的营销战略是否适合市场条件,只有对营销方案作有效的控制,营销目标才会最大限度地得到实现。

(四)市场营销调研

1. 市场营销调研的定义与方法

美国市场营销协会(AMA)把市场营销调研定义为:把消费者、用户、大众和市场人员通过信息联系起来,而营销者可借助这些信息发现和确定营销机会和威胁,开展、改善、评估和监控营销活动,并加深对市场营销过程的认识。简言之,市场营销调研是指系统地设计、收集、分析并报告与企业有关的市场营销信息数据和研究结果。

市场营销调研是一个包括认识收集信息的必要性,明确调查目的和信息需求,决定数据来源和取得数据的方法,设计调查表格和数据收集形式,设计样本,数据收集与核算、统计与分析等内容的复杂过程。定量分析是市场营销调研的基本方法。而定性研究虽不能给出精确的结果,但其探索性、诊断性和预测性的特点,为找出问题所在,摸清情况有重要的意义。常用的定性研究方法有焦点小组、深度访谈和各种投影技术等。

2. 市场营销调研的内容

(1)市场需求调研

包括:①现有顾客需求;②现有顾客对企业的满意度;③影响需求的各因素变化情况;④顾客购买行为和动机;⑤潜在顾客需求等。

(2)产品调研

包括:①设计情况;②产品系列和产品组合;③产品生命周期;④老产品改进与新产品开发等。

(3)价格调研

包括:①市场供求及其趋势,影响价格的相关因素;②价格弹性;③替代品;④新产品定价策略;⑤目标市场对企业价格水平的反应等。

(4)促销调研

包括对各种促销手段、促销政策的可行性、效果等的调研。

(5)分销渠道调研

包括:①渠道选择的合理性;②运输与储存的合理性等。

(6)竞争调研

包括:①对手数量及其分布;②市场营销能力;③竞争产品特性及其市场占有率;④竞争对手的优势与弱点;⑤对手的营销组合策略;⑥营销战略及其效果;⑦竞争的发展趋势等。

当然,实际上调研应涉及营销所需的一切信息,这里列举的只是一般最常涉及的领域而已。

3. 数据及其收集

(1)二手数据处理与收集

二手数据是经过编排、整理过的数据。二手数据的来源主要有:政府出版物;商业及贸易出版物;企业内部(企业信息系统);供应商、经销商、广告代理商等商业伙伴及行业协会等。使用二手数据可省去大量时间和费用,因此在可能的情况下,在市场营销调研中应尽可能有效地利用二手数据。网络的普及,为我们收集二手数据提供了越来越大的便利。但由于二手数据是经人整理过的资料,由于研究目的和条件的不同,其适用性必然受到限制,营销调研人员必须对其进行认真的审核。主要注意以下三点:

①公正性,即二手数据的整理者是否怀有偏见或恶意。一般可以认为,政府及商业组织提供的数据公正性较高,或者与数据反映的事实无直接利益相关的中立者提供的数据公正性较高。

②有效性,即数据整理者收集数据的方式、方法是否具备有效性,如统计口径是否恰当、抽样设计是否合理等。

③可靠性,即数据能否准确反映整体的情况,显然在抽样中样本量越大,对整体的反映越准确。

(2)原始数据的收集

①观察法,即通过观察正在进行的某一特定营销过程,以解决某一市场营销调研问题。观察法最常见的应用,是用于跟踪记录消费者的购物行为、反应,以改善售货的技巧。观察法的优点在于客观真实,能较准确地反映个体的行为(因为此时被观察者不会受到调查者任何的主观影响)。但其缺点也很明显,即运用此法很难反映被观察者的内在信息,如心理状态、动机、对产品的信念和印象,以及收入、受教育水平、家庭状况等。因此观察法在实际应用中应侧重于以下情况下使用:对调查结果针对性和准确性要求较高的;对已有信息存有疑问时;其他必需使用的情况。

②实验法,是指将选定的刺激措施引入适当的环境中,进而系统地改变刺激程度,以测定顾客的行为反应。实验法的应用主要有两个方面:一是解释一定变量之间的关系;二是研究这种关系变化的性质。在使用实验法时,关键在于对实验的恰当设计。

实验的设计,无非是两种基本形式:

A. 时间序列设计,即实验在无控制组(即不施加刺激的对比组)的情况下进行,只对比实验对象在施加刺激前与施加刺激后(包括不同刺激程度)的不同反应。这种对比既可只进行一次(简单时间序列设计),又可反复进行(重复时间序列设计)。

B. 控制组设计,即在同一时间段,设立实验组与控制组,对比在这一时间段内两组的反应差异。控制组设计可有效消除时间因素及参与实验者熟练性对实验结果的影响。因为在时间序列中,显然用于对比的结果,是实验者在不同时间里做出的反应;而在重复时间序列设计中,参与实验者多次重复同一实验,面对同样的刺激,其反应不可能不出现变化。但控制组设计,必须慎重选择控制组,使之与实验组要有可比性。即应选择在各方面条件都基本接近的对象作为实验组与控制组。此外,实验设计还涉及同时施加多重刺激及多重刺激水平的问题,常用于解决这一问题的办法是使用阶乘设计和拉丁方格设计。

不可控因素的影响。在营销实验中,必须考虑以下一些不可控因素的影响,在设计中应设法加以有效的抑制:

● 时间的影响:表现为历史和成熟。所谓历史指随时间变化带来的环境变化(如季节、温度、光照等)对实验结果的影响;成熟是指随时间变化带来的人的变化。

● 重复的影响:重复带来的熟悉和心理的好奇感丧失等因素对实验结果必然会有影响。

● 研究者本身的变化。

● 参加者的减少:时间较长的实验,很可能碰到这种情况,如何找到与减少者相应的替补,是实验者必须考虑的。

● 选择性错误:选择实验对象的方式必须科学,避免其不能代表调查整体。此外,竞争者在价格、促销策略上的反应,会产生额外刺激,也会对实验结果产生重大影响。

③调查法,是原始数据收集最重要和使用范围最广泛的方法,主要包括:

A. 电话访问。这是最快捷及时的调查方式,费用也相对低廉。但电话访问的缺点也很明显:时间限制性大;无法借助视觉观察;态度测量较困难;信息有效性难以判断和核实。提高电话访问有效性的方法,是提前告知被访者:访问的发生时间和访问的目的。

B. 个人访问。即面对面的交流。其优点是访问的深度和准确度较高,且灵活性高,特别是可以察言观色,这一点有重要意义。但过于高昂的成本,是其使用的主要障碍,一般只用于补充性的典型调查。

C. 邮发问卷。送达性与可接近性都较好，尤其对不愿接受访问的对象，邮发问卷就极为有效了。总体而言，邮发问卷是三种方法中最经济、实用的方法。但其缺点也十分明显，即反应速度慢，特别是反应率最低（群发电子邮件的出现，虽解决了反应速度慢的问题，但对反应率低并无帮助。同时，由于普及性的问题，电子邮件分发问卷也大大降低了可送达性）。反应率过低，必然损害调查结果的代表性，甚至会产生偏见。

4. 问卷设计

调查问卷是市场调研的基本工具，设计问卷是调研的基础，其设计的好坏，直接决定调研成功与否。成功的问卷设计应符合以下原则：主题明确、结构合理、通俗易懂、长度适宜、便于统计，并遵循以下步骤进行。

（1）确定调查内容及分析方法

①建立假设。和写文章确定主题一样，面对一个调研题目，需要确定影响调研内容的相关因素及其联系。建立假设，实际上就是明确这种相关，进而明确调研的主题。比如调研消费者的支出，就不可避开消费者收入，而是必须将二者联系起来，共同研究，找到相关联系，从而找到消费者支出的一些规律。

②建立指标体系。所谓指标体系就是确定调研内容涉及的各方面内容构成及相互关系，并确定整个调研的主次、方向。其作用类似于写文章时，拟定大纲一样。如消费者收入，可能包括实物收入与货币收入，而货币收入又可能包括工资、奖金、福利性货币收入、各种投资性收入、储蓄利息等。其中货币收入肯定会是主体。而货币收入中工资、奖金、福利因其制度性成为最稳定的来源，而其他收入则因人因时而异。我们在收入调研中一定要区别对待，正确取舍。

③确定分析方法。对调查内容及其主次安排心中有数后，还应考虑所涉及的调研内容的分析方法，以正确选择适当的提问形式。就是说，要根据调研内容，选择定量或定性及具体的分析模型和方法，以便问卷收回后可以顺利地进行数据分析。

（2）确定调研方案

确定调研方案主要涉及以下几个方面：

①调研目的。目的决定内容和方向。

②调研预算与时间。它将直接影响调研的范围、深度。

③抽样方案，即调研对象样本的选择，涉及抽样比例、抽样形式、抽样原则等。其要旨在于既要保证抽样能准确反映整体的情况，又要最大限度地节省费用与时间。

（3）选择提问形式，拟定问题

①常用的提问形式

常用的提问形式，主要三大类型：

A. 封闭式，即由提问者设计好答案，只允许回答者在其中选择一个，作为最后答案。封闭式问题便于数据回收后的处理、分析，但回答的伸缩性较小。包括：

● 是非题：即提出一个问题，给出两个相互排斥的答案。如：

请问您家有电脑吗？ a. 是　b. 否

● 多项选择：给出多个答案（一般不超过 5 个），任选其一。如：

请问您家有几台电脑？ a. 1 台　b. 2 台　c. 3 台　d. 3 台以上

● 等距排列法：即将一些可量化的问题，以数量形式给出答案，等距顺序排列，给回答者挑选。如：

您认为合适的电脑价格是：

a. 3 000元以下　b. 3 000~5 000元　c. 5 000~7 000元

d. 7 000~9 000元　e. 9 000元以上

一般在调研中，为打消回答者关于隐私权的顾虑，年龄、收入等涉及个人隐私的问题都可使用此方法提问。

● 程度评价法：对一些答案难以量化的问题，可使用此法，进行态度测量。如：

您在购买电脑时，对价格的看法是：

a. 很重要　b. 重要　c. 一般　d. 不重要　e. 很不重要

● 语言差别法：列出若干组相反的答案，让回答者在每一对答案中选择一个。如：

您对××牌电脑的印象是：

a. 式样新颖(　)式样陈旧(　)　b. 价格高(　)价格低(　)

c. 质量稳定(　)故障较高(　)　d. 服务优良(　)服务一般(　)

B. 开放式，即只提出问题，但不设计答案，允许回答者自由回答。此种提问方式的主要缺点是不易进行数据的统计、分析，在问卷中应尽量少用。

● 自由式：答案是完全无限制而自由的。如：

请问您印象最深刻的电脑品牌是：_____

● 语句完成式：给出一个不完整的句子，要求回答者完成该句子。如：

电脑是：_____

● 词语联系式：给出一些词语，要求回答者说出其最先联想到的一个或多个词语。如：

电脑品牌：_____

● 顺位式：这种方法，要求回答者根据自己的态度排定答案的顺序。如：

请根据您的喜爱程度，将以下电脑品牌进行排序_____

a. Acer　b. Dell　c. 联想　d. 浪潮　e. 海信

C. 封闭式和开放式相结合。例如：

请问你家有电脑吗？有(　)无(　)

如果有，请问是什么品牌？(　)

②拟定问卷时应注意的问题

A. 隐私权保护。凡可能涉及隐私的问题，应尽可能避免。在无法避免时，也应模糊处理（如前述年龄、收入使用等距排列法，确定范围即可）。

B. 中立性原则。在用词上，一定要注意避免暗示或带有倾向性，以免误导被调查者。如：

为增加税收，是否应提高个人所得税税率？

C. 简明原则。包括两方面：一是用词准确、扼要且通俗易懂，令人一目了然；二是全卷长度适宜（以回答时间不超过30分钟为宜）。同时，在问题排序上，应尽量由易到难，以吸引被调查者，顺利完成答卷。

D. 激励措施。为提高问卷回收率，还可采取各种激励措施，如金钱、物质激励，提前通知，跟踪提醒等。同时，在问卷首部附上一封说明信也是重要手段。

(4)抽样设计

由于普查成本高昂，令人望而却步。因此，市场调研主要是抽样调查，抽样设计主要涉及两个方面：

①样本量的确定。确定样本的大小，首先应对目标总体进行准确的定义，其次则应对目标

总体的结构进行分析。

A. 对目标总体的定义。不对目标总体进行准确定义，显然就无法确定样本对象。例如企业的消费者显然只指该企业的目标市场现实和潜在顾客，而不包括其他消费者。

B. 目标总体结构分析。为保证样本能准确反映母本的情况，样本结构应尽可能与总体结构相符合，因此，目标总体结构分析就极为重要。例如在一所理工院校调查学生消费水平，其男、女性比例就绝不会是通常的1∶1，而可能是3∶1。

C. 样本大小的确定。

● 调查预算与时间的限制。样本越大，虽然对总体反映的准确度越高。但显然，所需的费用与时间也越多，在这里调查者需要找到平衡。

● 样本的代表性与结果精确度。样本代表性即样本结构与母本结构的相似性，越相似则代表性越强。因此，一般情况下，随机抽样，特别是分层随机抽样的样本代表性较高。

结果精确度是对调查结果允许的误差范围。在随机抽样时，只要知道母本大小和误差范围、置信区间就可以准确地计算出样本大小。而在非随机抽样时，则只能估算，其一般原则是绝对量不少于30个，相对量不少于母本的10%。

②抽样方式。

A. 随机抽样。即选择样本时，应排除一切主观干扰，使母本中每一个体成为样本的机会完全相同。

● 简单随机抽样即完全随机抽样，以客观且完全任意（如抽签）的形式选择样本。一般用于母本不庞大且母本中个体差异小的情况下。

● 等距随机抽样即根据一定的抽样距离，均衡地从母本中有规律地抽取样本。

抽样距离＝母本量(N)/样本量(n)

多用于母本中个体差异较小的情况，如产品质量检验。

● 分层随机抽样即将母本按不同特征进行分组，再根据各组在母本构成中的比例，按比例从各组中随机抽取相应数量的样本。如前例理工院校学生消费调查，因男、女生消费情况差异较大，就可按男、女生对母本分组，如其比例确为3∶1，则样本分布也应满足这一比例，即样本中男生占75%，女生占25%。

● 分群随机抽样对于那些总体异质性高且又难以确定分层标准的母本，可根据其分布范围等情况进行分群，使不同的"群"在母本分布范围内尽可能分布均衡，以保证样本的代表性。如对学生消费的调查，可以系甚至班级为单位进行分群。

B. 非随机抽样。这是一种主观抽样方式。

● 任意非随机抽样，此时调查者的方便性是决定样本选择的主要因素，如在街头散发问卷或询问。该方法的基本假定显然是母本中各个体是完全同质的无差异的，但显然这是很难出现的情况。此法与简单随机抽样的区别只在于，样本选择是调查者主观决定而不是抽签决定。

● 判断非随机抽样，即调查者根据自己的经验，而不是客观数据对母本进行分层，并确定样本在母本中的分布结构的方式。使用该法，需注意的一点是应避免抽取"极端"样本。

● 配额非随机抽样，与分层随机抽样一样，以客观的分层为基础，确定样本分布。但抽取样本时，则取决于调查人员根据"控制特征"的要求自行选取样本而非随机原则。

(5) 数据分析

①数据分析的程序。完成访问与调查后，调研的最后一个工作就是对调查搜集的一手、二

手数据进行处理。处理的基本过程包括：

A. 整理。对所得数据进行筛选，剔除无效的数据。如可疑数据（公正性、可靠性），相互矛盾的数据，对缺乏有效性的数据的修复等。

B. 分类。对整理后的数据，按调研的目的，依一定标准进行归类，统一编码储存。（主要应建立相应的数据库或数据仓库）

C. 列表。依所得数据，编制各类图表，以供下一步分析之需。

D. 统计和计算。对所得数据利用数理统计技术和统计模型进行深入分析，以发现隐含其中的规律。现代计算机技术的发展为我们进行统计分析提供了极大的便利，特别是数据挖掘、联机数据处理和数据库、数据仓库技术，使数据的分析变得简明而直观，生动而有趣。

②数据分析技术。多变量统计技术是含有两个或两个以上变量间关系的各种统计技术。在此我们只简介以下几种分析技术：

A. 回归分析。是处理自变量 $x_1、x_2\cdots、x_n$ 与因变量 y 之间的相关关系的方法。它从定量的角度寻找变量间的因果关系，从而判断某些因素的变化对其他因素的影响。在营销调研中，几乎每一个问题都会涉及一组变量。而我们所关注的因变量的变化情况又受到其他变量（自变量）的影响。因此当因变量与自变量都是数值型变量时，就可利用回归分析进行因变量分析。

其主要步骤如下：首先，从一组原始数据出发，确定变量间的定量关系，即确定分析模型的具体形式和模型参数的估计值；其次，对这些定量关系式的可信度进行检验；然后，从影响因变量的诸多变量中选择最重要的影响因素，确定自变量；最后，利用模型，代入数据进行计算。

B. 判别分析。在许多情况下，因变量往往不是数值型变量，而只能是分类型变量（定性变量），此时就无法使用回归分析，而需使用判别分析。判别分析是用于判别样本所属类型的分析方法。如分析顾客是可能购买者或非可能购买者；对顾客根据其行为结果总结其特征等。

C. 因子分析。是一种用来确认一组相关变量中真正造成相关的基本因素的统计技术，即发现众多原始变量中内含的共同因子，从而可以有效地合并原始变量，简化分析模型。其在营销中的作用主要是确定对航空旅行、企业、产品及广告媒体态度的基本因素，从而大量减少回归分析中的自变量个数。

③态度测量。另外，在统计分析时有时要进行态度测量。所谓态度测量就是给有关态度的定性资料配以适当的数值以便利用上述统计技术进行分析。态度由以下几方面组成：首先是人们对某个目标所了解的信息；其次是对该目标的主观感觉、印象；最后则是由此而引起的对未来行动或意向的期望。态度测量的方法很多，但其基础在于建立态度测量的尺度，以便于正确地应用这些数值。

类别尺度即将一些数字分配给目标，以便辨认和区别他们。如身份证号用于区别个人；学号用于区别学生等。显然类别尺度数值提供的信息是极为有限的。

顺序尺度即利用某一特征将目标进行排序。如可将受教育水平分别对应相应数值，从而将顾客进行分类并排序——教育水平量度：

1—文盲；2—小学；3—初中；4—高中；5—大专；6—本科；7—硕士；8—博士及以上

顺序尺度使调查者能进行排列比较目标等级，从而发现最重要的因素。

等量尺度在度量单位上的间隔是相等的，即等量尺度不仅表示目标具有的量的大小且表示它们大小的程度即间隔大小。但需注意，等量尺度只代表大小间隔，不代表倍数关系。如在等量尺度下，4比2大，但不能说4是2的2倍（显然类别尺度、顺序尺度数值是无大小含义

的,而只是用于区别),请看下例:

你是否想买一台空调?

a. 很想　b. 较想　c. 说不清　d. 不太想　e. 不想

比率尺度的意义是绝对的,即它具有含义为"无"的量的原点0。其数值不仅可以比较大小,还具有倍数关系。在态度测量中这种情况极为稀少。

(五)市场预测

1. 市场预测综述

(1)市场预测的定义

市场预测是在市场调研基础上,运用科学方法,对市场需求、企业需求及影响需求变化的因素进行分析研究,对其未来发展趋势做出判断,并据此调节市场营销活动,为企业决策提出依据。

(2)相关概念

从上述概念可知,市场预测实际上就是关于市场需求与企业需求的预测。因此,要正确地理解市场预测,就必须准确把握市场需求与企业需求这两个基本概念,及影响它们变化的相关因素。

①市场需求。某产品的市场需求是指一定的顾客在一定的空间、一定的时间、一定的市场营销环境和一定的市场营销方案下购买的总量。正确理解市场需求,就必须注意以下几点:

A. 市场需求受市场营销力量的影响。所谓市场营销力量(marketing efforts)是指企业刺激市场需求的活动,包括:市场营销的支出水平;市场营销组合,即一定时期内企业所用的市场营销工具的类型和数量;市场营销配置(marketing allocation),即市场营销力量在不同顾客群体及销售区域的配置;市场营销的效率。

B. 市场需求是一个受以上因素影响的函数,而非固定值。随着营销费用投入增加,市场需求以一定的曲线形式增长。但当市场需求达到其边际时,营销费用的增长就无法再刺激其上升了。这个市场需求的最高点,我们称为市场潜量。市场潜量与市场最小量的距离代表市场灵敏度。它反映了行业市场营销力量的投入对市场需求的影响力。市场营销灵敏度接近为零的市场,我们称为不可扩张市场,它往往是产品价值很低的必需品的市场,如食盐。

C. 市场需求受一定的市场营销环境条件制约。市场需求受到市场营销力量的刺激而变化,但必须明白市场需求的基本制约条件仍是市场营销的环境。简言之,不同的环境条件下,市场潜量与市场最小量都不会相同。市场营销力量只能在市场营销环境条件制约下发挥其对市场需求的调节作用。

总之,我们可以这样认为,所谓市场需求预测表示的是在一定的市场营销环境条件下和市场营销力量投入下的估计的特定时间、空间下特定顾客的市场需求。

②企业需求。企业需求就是在市场需求中企业所占的需求份额。即企业在特定时间内,在特定市场上某产品销售额占该产品总销售额的比例。它不仅受市场需求决定因素的影响,还受任何影响企业市场占有率因素的影响。市场营销理论认为,在市场总需求既定的情况下,各竞争者的市场占有率同其市场营销力量成正比。也就是说企业需求表示的是不同水平的企业市场营销力量刺激产生的企业可能的销售额,因此,企业需求预测就是根据企业确定的市场营销计划(计划投入的市场营销力量)和假定的市场营销环境确定的关于企业销售额的估计水平。

(3)市场预测的基本原则

①惯性原则。所谓惯性原则,即从时间上考察事物的发展,其各阶段具有连续性,其实质是事物的发展是继承性与变异性的统一。量变阶段更主要的表现继承性,即使是质变阶段,仍然不能否认继承性的存在。因此,把握事物发展的继承性,可以帮助我们有效地把握事物发展的规律。

②类推原则。事物具有普遍的联系性,因此,只要掌握事物发展的普遍规律(即共性),再结合具体事物的具体特点和具体环境(即个性),就能够举一反三,减少预测的盲目性。如新产品上市的市场预测,就完全可以借鉴老一代产品的销售历史。

③相关原则。事物的普遍联系性还告诉我们,事物之间或构成某一事物的各因素之间存在着种种的联系即相关性。只要把握这一点,我们就可以从某一事物入手,推测其相关事物的变化规律。如从分析造成某种市场现象的原因入手,就可以探求预测目标的发展规律。

2. 定性预测方法

定性预测偏重于事物发展性质和发展程度的分析,主要凭知识、经验和人的分析能力,在市场预测中应用极为广泛,特别适用于涉及因素较多的复杂情况下使用。如宏观分析、战略决策等。

(1)经验估计法

①厂长、经理评判法。就是由最高决策人把与市场经营有关或熟悉市场情况的各职能部门负责人和业务骨干召集起来,共同研讨,做出判断。最后通过汇总、整理、分析与综合,形成预测结果。

运用这一方法的关键是如何集思广益,特别是要鼓励具有创新性的想法和反对性的意见,以通过争论,激发"思想的火花"。为做到这一点,有时也可请一些经验较少,年纪较轻,因而敢想敢干的人参与讨论。

这一方法的优点是迅速、及时、经济。在面对不可控因素较多的市场情况预测时最为有效,如战略决策。缺点是受主观因素影响大,缺乏量化指标与准确测算。因此,应尽可能以量化分析的数据为讨论的基础。

②销售人员估计法。即由企业销售人员、商业代表等,根据其掌握的情况,提出对自己负责的工作的未来趋势性的判断,通过汇总、综合,最后形成整个企业销售的前景预测。

现在这种方法已逐渐制度化,即要求每个销售人员按周、月、季提交市场分析和预测报告,然后通过计算机软件汇总分析,综合处理。

使用该方法,一定要注意对不同销售人员的主观性差异(如个性)进行控制。方法主要是通过对每个销售人员预测值与实际发生值的一个较长时间的对比分析,通过统计找出规律性,给每个销售人员的预测值,加上一个适当的修正系数。

③专家意见法。现在应用最普遍的是德尔菲(Delphi)法。其基本过程是,先由各专家针对预测问题独立地提出自己的估计和假设,经中间人(调查主持者)综合、处理,再反馈给各位专家,由各位专家修改意见,开始新一轮循环,直到各位专家的预测基本一致为止。其优点主要是最有效地避免了人情、面子的影响,使各种不同观点可以充分表达并互相调和。在缺乏基本数据时,是一种有效的弥补手段。而缺点则同前两种方法类似。

(2)调查与实验预测法

客观性强、针对性强是这一方法的两大优势。

①预购预测法。即主要依据预购订单和合同来测算产品的市场需求量。

②用户调查法。即通过对用户需求和订购意向的调查结果测算需求变化趋势和市场销售前景。

如能较充分地满足以下三个条件,则该方法较有效:购买意向清晰而明确;意向可转化为购买行为;购买者愿意反映这种意向。常用于耐用消费品和产业用品的需求预测,且用于后者准确性更高。

其缺点是费时、费力、费钱。但优点也很多:可弥补无公开发布的二手数据的缺点;可树立和加强企业关心购买者需求的正面形象;在对总需求的预测中,也可以同时获得各行业、各地区市场的需求预测值。

③市场试验法。在购买者无明确计划和意向,或专家意见不可靠、不统一时,可利用市场试验法。它特别适用于新产品进入市场和老产品采用新的营销组合或进入新的市场区域时的需求预测。

④典型调查法。"麻雀虽小,五脏俱全",典型调查法是由点到面的推算,因此关键就在于典型对整体的代表性,而绝不能选择极端性的样本。

⑤展销调查预测法。即通过产品展销的手段,直接了解顾客需求和顾客对产品的反应,从某种意义上也可视其为一种市场试验法。要点是要采取各种手段在展销过程中与顾客充分接触,收集信息。

(3)定量预测方法

①时间序列预测方法(主要用于销售额预测)。时间序列预测是以过去的连续资料来推算未来。其前提,一是过去的统计资料存在联系,且这种联系可以通过统计显示出来;二是过去的情况对未来趋势有决定性影响。即销售额只是时间的函数,不受其他因素的影响。

其具体方法有简单平均法、加权平均法、指数平滑法、移动平均法以及直线趋势法等。

但必须注意的是,产品销售的时间序列实际包含四个因素。因此要通过对过去资料的统计分析,掌握这四种因素变化的规律性,再加以综合考虑,建立分析模型,才能较准确地进行时间序列预测。这四个因素是:

● 趋势。它是人口、资本积累、技术发展等各方面共同作用的结果,可利用过去资料描绘出销售曲线来加以判断。

● 周期。因为企业销售总会受到宏观经济活动波动的影响,因此在时间序列分析中必须考虑周期变化的影响。在中期预测时,尤为重要。

● 季节。指一定时间段内销售量变动的规律性。主要受气候、节假日、贸易习惯等因素的影响。它对短期预测有重要影响。如"假日经济"现象。

● 不确定事件。包括灾害、战争、流行时尚等。这些因素一般无法预测,应从历史数据中加以剔除。但需考虑到时间越长发生不确定事件的可能性越大这一点。

这些因素可构成加法模型——$Y=T+C+S+E$;也可构成乘法模型——$Y=T\times C\times S\times E$,或 $Y=T\times C(S+E)$。式中 Y 是过去的销售序列,T 是趋势,C 是周期,S 是季节,E 是不确定事件。

②常用简易预测方法。

A. 市场潜量测算法。

$$Q=n\times q\times p$$

式中,Q——市场潜力;n——在既定条件下,某产品的购买者数量;q——购买者单位购买量;P——产品单位价格。

B. 连锁比例测算法。当估计一个需求量的各组成部分比直接估算更容易时,可使用该法。如某啤酒厂开发一种新啤酒,在预测其市场潜量时,可使用下式:新啤酒需求潜量＝人口×人均可任意支配收入×个人可任意支配收入中用于购买食物的百分比×食物花费中用于饮料的平均百分比×饮料花费中用于酒类的平均百分比×酒类花费中用于啤酒的平均百分比。

在计算出总市场潜量后,还应将其与现有市场规模对比。显然,正常情况下总市场潜量应大于现有市场规模,但大多少对于正确的市场决策有重要的意义。

C. 市场累加法。指先确认某产品在每个市场的可能购买者,再将每个市场的估计购买潜量加总合计。

D. 购买力指数法。是指借助与区域购买力有关的各种指数,如区域购买力占全国购买力的比例、区域个人可支配收入占全国平均水平的百分比、区域零售额占全国的百分比及人口占全国人口的百分比,来估计市场潜量的方法。但该法不适用于高档奢侈品。另外,该法在实际使用中需利用权数,权数大小随产品不同而有所变化,最好利用回归分析求出。

E. 统计需求分析法。统计需求预测就是运用一套统计学方法发现影响企业销售的关键性因素及这些因素影响的相对性。常见的分析对象主要有价格、收入、人口、促销等。前述的回归分析就是这样一种数理统计方法,多元线性回归分析的方程为:$Y=a+b_1x_1+b_2x_2+\cdots+b_nx_n$,其中 $a,b_1,b_2,\cdots,b_n$——回归系数;$x_1,x_2,\cdots,x_n$——自变量;Y——因变量。

非线性回归模型常见的有:倒数模型;对数模型;幂函数模型;指数模型。

在使用统计需求分析时,应充分注意有效性问题,如观察值是否过少？各变量是否高度相关？变量与销售量之间是否因果关系不清楚？是否考虑了新变量的出现问题？

需求预测是高度复杂的问题,其中的技术性问题一般均需专业人员解决,特别是建立模型问题。市场营销人员主要应掌握各种预测方法的长处、短处和适用范围、条件。

项目二　我来创业

学习目标

1. 进一步强化"以顾客为中心"的营销理念。
2. 初步掌握自我创业的基本分析思路和实施步骤。
3. 初步掌握SWOT分析的方法。

学习要点

1. 明确"差异化"是营销的基本方法。
2. 明确环境对营销的影响作用。

一、案例讨论

开自助模式店铺真的"躺着赚钱"？

武汉出现了一批自助模式店铺，覆盖服装、健身、舞蹈、茶社等行业，这种创业模式无需投入太多精力和资金。有创业者表示"每月挣个生活费毫无压力"，旺季甚至能月入过万元。

记者近日在位于江汉路正信大厦4楼的PLAY! DANCE自助舞蹈室看到，全部4个舞蹈练习室里有空调、灯光、镜子、音响和投影，但没有服务人员。顾客只需在门口拿出手机扫码，几秒钟后就能拿到进门密码，使用自己预订的练习室。

与PLAY! DANCE自助舞蹈室一样，位于江汉路长盛公寓16楼的OOTD自助服装工作室也没有店员。这家店主打女装。大门上贴着一张告示，到店顾客可以添加老板微信或者拨打电话获取进门临时密码，全程自助购物。店里的衣架上挂着各种款式的女装，有适合白领工作场合的衣服，也有年轻人喜爱的各种网红装。价格便宜的39元一件或69元两件，贵的单件79元或两件139元。店里有一张沙发供顾客休息，还有空调、试衣镜、卫生间等设施，顾客可以根据需要自己使用。选好衣服后，顾客只用现场扫码支付即可。

29岁的张梦是PLAY！DANCE舞蹈室的创办人之一，去年（2021年，以下类推）10月份开业。这家店由她和一位大学同学合开。去年6月，她们在网上看到外地出现了自助舞蹈室，非常振奋，还专门到青岛和上海现场考察。两人随后一起投资开起了这家店，开业后迅速成为网红店。

因为全程都由顾客在线自助操作，店主基本上不用来店里，可以腾出精力做自己的日常工作，"最多会将30%的精力放在店里"。兼顾了本职工作和业余创业，张梦觉得这种模式契合了自己这种工作繁忙职场人的创业需求。

"我们花在店里的时间和精力大概也不到30%。"柳加新与张梦有着类似的感受。

OOTD自助服装工作室今年5月开业，创办人是柳加新和25岁的王旭情。柳加新原在一家服装公司跑采购，王旭情则是一名在读硕士研究生。开店后，两人平时很少来店里，一般每周来两次打扫卫生、补充和整理衣服，平时就各人忙各人的事情。

既然从进门到结账离开可以顾客全程自助，那么老板是不是可以"躺着数钱"？事实上，创业者还是有大量隐性工作需要完成。

"灯具和投影经常坏，所有的空调不久前都重修了一遍，花了几千元。"张梦说，舞蹈室的租金每小时50~110元不等，较之传统舞蹈室更优惠，吸引了很多学生，一些舞蹈教培机构的老师也会带学员来上课。

使用的人多了，有人会自己调灯具角度，一些设备出现故障、地板破损，这些都需要她到现场来解决。相较张梦，柳加新和王旭情的工作更繁杂一些。服装需要换季和补货，两人会自己采购，然后补充到店里，一般每周需要来店里两三次。

"经常有顾客深夜下单要我们发快递。"王旭情告诉记者，店里的顾客主要是学生和职业女性，70%以上都是晚上到店，主要集中在18—21时。"也有人零点左右来店里。"有人临时需要参加活动，但发现穿的衣服不合适，就深夜紧急进店购买。

虽然面临着种种问题，但几位创业者都承认，目前这种自助方式很受年轻顾客欢迎，也给了她们丰厚的回报。

"最近一周的预订情况还不错，时长达到了140个小时。"张梦说，开业以来平均每天预订时间不少于26小时，最多时一天达到40个小时。但她表示，受疫情影响，前期投资目前还没完全收回，"但这个周期肯定比常规舞蹈室要短得多"。她透露，很多人慕名找上门希望做加盟，目前正在洽谈中。她希望能将分店或加盟店开到外地。

张梦的梦想柳加新和王旭情已经完成，不久前她们在岳阳开了一家加盟店，完全复制了现在的自助模式。"每月挣个生活费毫无压力。"王旭情透露，现在是淡季，每月利润近万元，秋冬季时每月利润轻松过万元。"店铺面积不能超过100平方米，否则收支很难平衡。"王旭情透露了一条心得。

"这是青年创业的一种新趋势，值得鼓励。"人社部二级创业咨询师、湖北大学商学院创业导师秦科龙告诉记者，同时他提醒广大年轻创业者，创业时一定要心怀热爱，要有技术积累，同时还要有一定的人脉关系等资源，不能盲目创业。

你去过这种自助店铺吗？

资料来源：新奇！开店没店员还能月入过万？[EB/OL]．百家号"青瞳视角"，2022—09—04．

思考与讨论：

网络零售的迅猛发展，对传统线下店造成了巨大冲击，叠加疫情3年的困境，这一态势更为明显。通过开放式的讨论,探讨后疫情时代线下店的发展之路,同时展望线上线下融合的可能路径和模式。

二、基本知识点

(一)市场营销环境

市场营销环境(marketing environment)是指影响企业市场营销活动的不可控制的各种参与者(actors)和影响力(forces),包括宏观市场营销环境和微观市场营销环境。宏观营销环境对企业的影响通常是间接的,微观环境的影响是直接的。宏观环境通过微观环境对企业的营销活动产生影响。

市场营销环境是在不断变化的,这些变化有可能给企业的营销活动提供市场机会,也有可能带来威胁。从这个意义上说,市场营销环境等于机会加威胁。市场营销环境对企业营销起着基础性作用,营销成败的关键就在于企业能否主动适应动态的营销环境变化。

市场营销环境的基本构成如图2-1所示。

图中营销中介主要包括:中间商、物流企业、金融服务企业、营销服务性企业(如广告公司)等;公众主要包括:融资公众、政府公众、媒体公众、社团公众、社区公众、一般公众和内部公众。

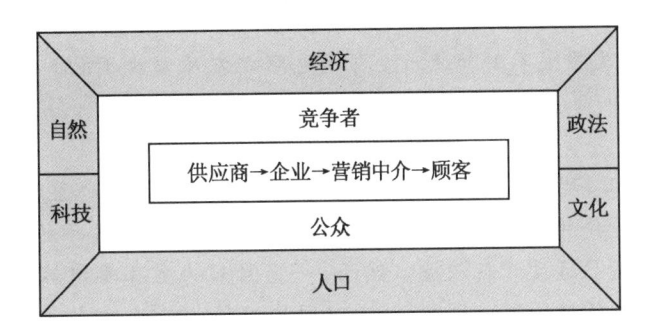

图 2-1 市场营销环境的基本构成

宏观市场营销环境是指企业不可控制的,并能给企业的营销活动带来市场机会和环境威胁的主要社会力量,包括人口环境、经济环境、自然环境、技术环境、政治法律环境以及社会文化环境。

在营销中分析宏观环境的基本目的是准确把握顾客需求的变化趋势,掌握宏观环境变迁对企业营销带来的机会和威胁。

1. 人口环境(Demographic Environment)

(1)人口总量

市场是由那些具有购买愿望与购买能力的人构成的。人口的多少直接决定着市场潜在的容量。而人口的自然构成、地理分布、婚姻状况、出生率、死亡率、人口密度、流动性、文化教育程度等人口结构特性,又会对市场需求格局产生深刻影响。

分析人口环境可从人口的数量、质量、结构、分布等方面的变动趋势着手。范围可以是企业的目标市场、企业所在地区、所在国家,乃至更大的范围。

在我国,统计区域市场人口总量时,要注意相应人口统计口径:

区域市场人口总量=常住人口+流动人口

常住人口=现有常住人口+暂时外出人口

我国规定常住人口指实际经常居住在某地区一定时间(半年以上,含半年)的人口。按人口普查和抽样调查规定,主要包括:除离开本地半年以上(不包括在国外工作或学习的人)的全部常住本地的户籍人口;户口在外地,但在本地居住半年以上者,或离开户口地半年以上而调查时在本地居住的人口;调查时居住在本地,但在任何地方都没有登记常住户口,如手持户口迁移证、出生证、退伍证等尚未办理常住户口的人,即所谓"口袋户口"的人。

流动人口是在中国户籍制度条件下的一个概念,从常住人口概念看,流动人口主要指非本地户籍人口,在本地居留不超过半年者,主要包括因工作、旅游、短期学习等原因在外地居留的人员。同时,还应包括外籍居留人员。

世界人口总量

人口增长

当前世界人口数量是20世纪中期的3倍多。1950年,全球人口约为25亿,到2022年11月中旬,这一数字已达80亿,自2010年以来增加了10亿,自1998年以来增加了20亿。预计在未来30年,世界人口将增加近20亿,从目前的80亿增至2050年的97亿,并可能在21世纪80年代中期达到近104亿的峰值。

全球人口急剧增长的主要原因是存活到生育年龄的人口数量不断增加、人类寿命逐渐延长、城市化不断发展以及移徙不断加速。生育率也随之发生重大变化。这些趋势将对子孙后代产生深远影响。

80亿人口日

2022年11月15日,世界人口达到80亿,这是人类发展的一个里程碑。全球人口从70亿增长到80亿花了12年的时间,而从80亿到90亿则需要大约15年的时间(到2037年),这表明全球人口的总体增长速度正在放缓。然而,一些国家的生育率仍然很高。生育率最高的国家往往是人均收入最低的国家。因此,随着时间的推移,全球人口增长会越来越集中在世界上最贫穷的国家,其中大多数位于撒哈拉以南非洲。

中国和印度:人口最多的国家

全球人口中有55%(44亿)生活在亚洲,17%(13亿)生活在非洲,14%(11.2亿)生活在欧洲和北美洲,8%(6.58亿)生活在拉丁美洲及加勒比(地区),其余1%生活在大洋洲(4 300万)。中国(14亿)和印度(14亿)仍然是世界上两个人口最多的国家,其数量均超过了10亿,分别占世界总人口的近18%。预计到2023年,印度将超过中国成为世界上人口最多的国家,而中国的人口将在2019年至2050年间减少4 800万,即2.7%左右。(资料来源:《2022年世界人口展望》和人口基金数据门户网站)

2100年的世界

预计世界人口到2030年将达到85亿,之后人口将继续增长,于2050年达到97亿,到2100年达到104亿。任何预测都存在一定程度的不确定性,最新的人口预测也不例外。上述人口预测结果是根据中位预测变量得出的,假定仍旧普遍存在大家庭的国家未来生育率会下降,同时妇女平均生育少于两个子女的一些国家未来生育率会略微上升。该预测还假定未来所有国家人民的生存机会都会有所增强。

非洲:人口增长最快的大陆

预计从现在到2050年,非洲将占全球人口增长的一半以上。非洲是所有主要地区中人口增长率最高的地区,预计到2050年,撒哈拉以南非洲的人口将翻一番。据估计,即使非洲的生育水平在不远的将来出现大幅下降,该地区的人口仍将继续高速增长。虽然非洲生育率未来的趋势存在一定的不确定性,但是有一点是肯定的:非洲大陆当前有大量青年,他们将在未来几年进入成年期并生育子女,因此,非洲在未来几十年将在世界人口规模和分布方面发挥核心作用。

欧洲:人口减少

与非洲形成鲜明对比的是,到 2050 年,世界上有 61 个国家或地区的人口预计将会减少,其中 26 个国家或地区的人口将减少 10% 以上。预计波斯尼亚和黑塞哥维那共和国、保加利亚、克罗地亚、匈牙利、日本、拉脱维亚、立陶宛、摩尔多瓦共和国、罗马尼亚、塞尔维亚和乌克兰等国人口到 2050 年将减少 15% 以上。目前,所有欧洲国家的生育率都低于实现全面人口更替的水平(大约每名妇女平均生育 2.1 个子女),数十年来,大多数欧洲国家的生育率一直低于人口更替水平。

影响人口增长的因素

生育率

未来的人口增长很大程度上取决于未来生育率的变化。据《2022 年世界人口展望》预测,全球生育率将从 2021 年每名妇女生育 2.3 个子女下降到 2050 年的 2.1 个。

人口寿命延长

近年来,总体预期寿命呈现了大幅增长,全球出生时预期寿命从 2019 年的 72.8 年增长到 2050 年 77.2 年。虽然在缩小国家之间的寿命差距方面取得了相当大的进展,但仍然存在巨大的差距。2021 年,最不发达国家出生时的预期寿命比全球平均少 7 年,主要原因是居高不下的儿童和孕产妇死亡率、暴力、冲突和持续的艾滋病。

国际移徙

相较于出生或死亡,国际移徙对人口变化的影响要小很多。但在有些国家和地区,移徙对人口规模的影响还是非常巨大的,包括有计划移出或接受大量经济移民或受难民潮影响的国家。2010 至 2021 年,17 个国家或地区的移民净接受人数超过 100 万,而 10 个国家的净移出人数也将达到类似规模。

资料来源:https://www.un.org/zh/global-issues/population.

总的来看,世界人口变化受教育及收入影响巨大,表现为:在全球总人口继续快速增长的情况下,经济发达国家人口出生率呈现下降趋势。从中国人口总量变化情况看,由于生育观转变,造成总和生育率过低已成为未来经济与社会发展的重要制约性因素。

中国人口总量

根据国家统计局公布的第七次全国人口普查结果,2020 年 11 月 1 日零时大陆 31 个省、自治区、直辖市和现役军人的人口共 1 411 778 724 人(不包括香港特别行政区、澳门特别行政区和台湾地区)。2022 年年末这一数字为 141 175 万人,比 2021 同期减少 85 万人,中国进入总人口趋势性减少的全新阶段。

资料来源:国家统计局,有编辑。

1949 年新中国成立时,中国大陆人口为 54 169 万人。由于社会安定、生产发展、医疗卫生条件改善等各种因素致使人口迅速增长,到 1969 年已达 80 761 万人,随之而来的就是计划生育政策的实施。而进入20世纪90年代后期,随着收入及教育水平的快速提升,中国人的生育观迅速转变,中国的计划生育事实上已从强制性政策转变为自觉性行为,从"独生子女二胎"到"全面二胎",再到鼓励生育,短短几年生育政策急速地调整并没有遏制人口出生率的快速下滑,而人口的净减少到来的时间比此前普遍预计的这个10年末大大提前了。

(2) 人口结构

人口结构,又称人口构成,是指将人口以不同的标准划分而得到的一种结果。其反映一定地区、一定时点人口总体内部各种不同质的规定性的数量比例关系,构成这些标准的因素主要包括年龄、性别、教育程度、人种、民族、宗教、职业、收入、家庭人数等。以下为第七次全国人口普查公报公布的中国大陆地区截至2020年11月1日零时的教育程度、性别构成、年龄构成。

全国人口中,拥有大学(指大专及以上)文化程度的人口为218 360 767人;拥有高中(含中专)文化程度的人口为213 005 258人;拥有初中文化程度的人口为487 163 489人;拥有小学文化程度的人口为349 658 828人(以上各种受教育程度的人包括各类学校的毕业生、肄业生和在校生)。与2010年第六次全国人口普查相比,每10万人中拥有大学文化程度的由8 930人上升为15 467人;拥有高中文化程度的由14 032人上升为15 088人;拥有初中文化程度的由38 788人下降为34 507人;拥有小学文化程度的由26 779人下降为24 767人。

各地区每10万人口中拥有的各类受教育程度人数如表2-1所示。

表 2-1 　　　　　各地区每10万人口中拥有的各类受教育程度人数　　　　　单位:人/10万人

地区	大学（大专及以上）	高中（含中专）	初中	小学
全　国	15 467	15 088	34 507	24 767
北　京	41 980	17 593	23 289	10 503
天　津	26 940	17 719	32 294	16 123
河　北	12 418	13 861	39 950	24 664
山　西	17 358	16 485	38 950	19 506
内蒙古	18 688	14 814	33 861	23 627
辽　宁	18 216	14 670	42 799	18 888
吉　林	16 738	17 080	38 234	22 318
黑龙江	14 793	15 525	42 793	21 863
上　海	33 872	19 020	28 935	11 929
江　苏	18 663	16 191	33 308	22 742
浙　江	16 990	14 555	32 706	26 384
安　徽	13 280	13 294	33 724	26 875
福　建	14 148	14 212	32 218	28 031
江　西	11 897	15 145	35 501	27 514
山　东	14 384	14 334	35 778	23 693
河　南	11 744	15 239	37 518	24 557

续表

地区	大学（大专及以上）	高中（含中专）	初中	小学
湖　北	15 502	17 428	34 280	23 520
湖　南	12 239	17 776	35 636	25 214
广　东	15 699	18 224	35 484	20 676
广　西	10 806	12 962	36 388	27 855
海　南	13 919	15 561	40 174	19 701
重　庆	15 412	15 956	30 582	29 894
四　川	13 267	13 301	31 443	31 317
贵　州	10 952	9 951	30 464	31 921
云　南	11 601	10 338	29 241	35 667
西　藏	11 019	7 051	15 757	32 108
陕　西	18 397	15 581	33 979	21 686
甘　肃	14 506	12 937	27 423	29 808
青　海	14 880	10 568	24 344	32 725
宁　夏	17 340	13 432	29 717	26 111
新　疆	16 536	13 208	31 559	

全国人口中，男性人口为 723 339 956 人，占 51.24%；女性人口为 688 438 768 人，占 48.76%。总人口性别比（以女性为 100，男性对女性的比例）为 105.07，与 2010 年第六次全国人口普查基本持平。见图 2—2。

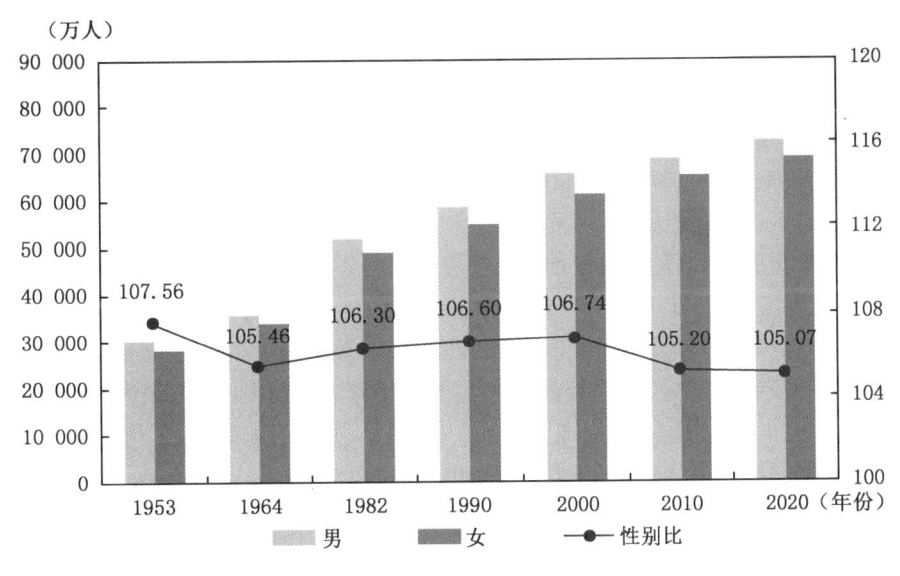

图 2—2　全国人口性别构成

全国人口中，0—14 岁人口为 253 383 938 人，占 17.95%；15—59 岁人口为 894 376 020

人,占 63.35%;60 岁及以上人口为 264 018 766 人,占 18.70%,其中 65 岁及以上人口为 190 635 280 人,占 13.50%(见表 2—2)。与 2010 年第六次全国人口普查相比,0—14 岁人口的比重上升 1.35 个百分点,15—59 岁人口的比重下降 6.79 个百分点,60 岁及以上人口的比重上升 5.44 个百分点,65 岁及以上人口的比重上升 4.63 个百分点。

表 2—2　　　　　　　　　　　全国人口年龄构成

年龄	人口数	比重
总　计	1 411 778 724	100.00
0—14 岁	253 383 938	17.95
15—59 岁	894 376 020	63.35
60 岁及以上	264 018 766	18.70
其中:65 岁及以上	190 635 280	13.50

人口老龄化是指总人口中因年轻人口数量减少、年长人口数量增加而导致的老年人口比例相应增长的动态。两个含义:一是指老年人口相对增多,在总人口中所占比例不断上升的过程;二是指社会人口结构呈现老年状态,进入老龄化社会。国际上通常看法是,当一个国家或地区 60 岁以上老年人口占人口总数的 10%,或 65 岁以上老年人口占人口总数的 7%,即意味着这个国家或地区的人口处于老龄化社会。

有关专家预测,到 2050 年,中国老龄人口将达到总人口的三分之一。老年人口的快速增加,特别是 80 岁以上的高龄老人和失能老人年均 100 万的增长速度,对老年人的生活照料、康复护理、医疗保健、精神文化等需求日益凸显,养老问题日趋严峻。

(3)家庭规模和家庭生命周期

家庭是消费者市场的主体,因此家庭规模就成为影响家庭消费的基本要素。单人居住、同居、丁克、单亲、共同租住等新家庭形式快速增长,其消费特征明显区别于传统家庭。

在 20 世纪 50 年代前,中国家庭户均人数基本上保持在 5.3 人,1990 年缩减到 3.96 人,2010 年缩减到 3.10 人,2020 第七次人口普查这一数据降低为 2.62。据分析,家庭户规模小型化是社会、经济、文化、人口等多方面因素共同作用的结果。结婚年龄的推迟,不婚率和离婚率的提高,低生育率、寿命的延长、人口流动等,都导致了家庭户均规模的不断缩小。

数据显示,进入 21 世纪以来,中国 1 人户和 2 人户的微型家庭数量迅速增加。2000 年至 2010 年,1 人户数量翻倍,2 人户数量增加 68%。2000 年这两类家庭户占全部家庭户的 1/4,到 2010 年已接近 40%,共计 1.6 亿户。据预测,在未来一个时期,中国微型家庭数量将继续保持快速增长的势头,平均家庭规模将会进一步缩小。单人家庭的迅速增长,已经成为中国城乡家庭变化的普遍趋势。单人家庭数量增长主要是由于 30 岁以上大龄未婚人口增长、离婚率提高和丧偶独居老人数增长。相关研究显示,中国 30 岁以上未婚人口中有 43.2% 是独居。中国 80 岁及以上的高龄老人中有四成以上是单人家庭户主。

家庭生命周期(family lifecycle)反映一个家庭从形成到解体呈循环运动过程的范畴。美国学者 P.C.格里克最早于 1947 年从人口学角度提出比较完整的家庭生命周期概念,并对一个家庭所经历的各个阶段作了划分。许多学者主张用一个包括更多内容的新概念即"家庭生命历程"来取代比较狭隘的"家庭生命周期"。它应包容核心家庭、扩大家庭、离婚与丧偶形成的单亲家庭,以及无孩家庭等多种现实生活中存在的家庭生活形式。较细的划分将家庭生命历程分为：只结过一次婚的结发夫妇；夫妇双方均是再婚的；一方是初婚而另一方是再婚的夫妇；离婚或丧偶后未再婚的；从未结过婚的，等等。以上每一种又按孩子数（0,1,2,3,4⁺）分为5类。

在家庭生命周期的不同阶段，消费者的行为呈现出不同的主流消费特性：

①单身期：处于单身阶段的消费者一般比较年轻，几乎没有经济负担，消费观念紧跟潮流，注重娱乐产品和基本的生活必需品的消费。

②新婚期：经济状况较好，具有比较大的需求量和比较强的购买力，耐用消费品的购买量高于处于家庭生命周期其他阶段的消费者。享乐性的娱乐消费及提升自身工作能力的教育性投资是单身期及新婚期消费的一大共同特征。

③满巢期Ⅰ：指最小的孩子在6岁以下的家庭，年幼的孩子限制了父母需要消耗大量时间及精力成本的消费选择。处于这一阶段的消费者往往需要购买住房和大量的生活必需品，常常感到购买力不足，对新产品感兴趣并且倾向于购买有广告的产品。

④满巢期Ⅱ：指最小的孩子在6岁以上但未成年的家庭。处于这一阶段的消费者一般经济状况较好但消费慎重，已经形成比较稳定的购买习惯，极少受广告的影响，倾向于购买大规格包装的产品。在中国，这个阶段家庭消费的重心明显显示出围绕孩子教育的情况。

⑤满巢期Ⅲ：指夫妇已经上了年纪但是仍有子女需要抚养的家庭。处于这一阶段的消费者经济状况尚可，消费习惯稳定，可能购买富余的耐用消费品。在中国这类家庭还有一大经济压力，即要为孩子结婚做好准备。

⑥空巢期Ⅰ：指子女已经成年并且独立生活，但是家长还在工作的家庭。处于这一阶段的消费者经济状况最好，可能购买娱乐品和奢侈品，对新产品不感兴趣，也很少受到广告的影响。

⑦空巢期Ⅱ：指子女独立生活，家长退休的家庭。处于这一阶段的消费者收入大幅度减少，消费更趋谨慎，倾向于购买有益健康的产品。在中国由于"隔代亲"这一文化现象的存在，空巢期Ⅰ、空巢期Ⅱ的划分还可以考虑有无孙辈这个重要因素。

⑧鳏寡期：尚有收入，但是经济状况不好，消费量减少，集中于生活必需品、医疗、健康产品的消费。

（4）人口分布及流动

根据第七次全国人口普查公报，中国的城乡人口分布及变迁如表2-3所示。

表2-3　　　　　　　　　　中国的城乡人口分布及变迁

序号	统计时间	年末人口（万人）	城镇人口（万人）	乡村人口（万人）	城镇人口占总人口比重（%）
1	2006年	131 448	58 288	73 160	44.3
2	2007年	132 129	60 633	71 496	45.9
3	2008年	132 802	62 403	70 399	47.0
4	2009年	133 450	64 512	68 938	48.3
5	2010年	134 091	66 978	67 113	49.9
6	2011年	134 916	69 927	64 989	51.8
7	2012年	135 922	72 175	63 747	53.1
8	2013年	136 726	74 502	62 224	54.5
9	2014年	137 646	76 738	60 908	55.8
10	2015年	138 326	79 302	59 024	57.3

续表

序号	统计时间	年末人口(万人)	城镇人口(万人)	乡村人口(万人)	城镇人口占总人口比重(%)
11	2016 年	139 232	81 924	57 308	58.8
12	2017 年	140 011	84 343	55 668	60.2
13	2018 年	140 541	86 433	54 108	61.5
14	2019 年	141 008	88 426	52 582	62.7
15	2020 年	141 212	90 220	50 992	63.9
16	2021 年	141 260	91 425	49 835	64.7
17	2022 年	141 175	92 071	49 104	65.2

今天中国人口分布及流动的核心问题是城市化问题及中产阶层化问题。在未来15~20年左右有限的时间中，中国要达成经济与社会发展目标，缓解日益突出的社会矛盾，为国家崛起奠定一个坚实基础，必须全力推进城市化进程。这场城市化进程具有突出的两大特点：

巨大的规模——量的问题：参照发达国家85%以上的城市化水平，我国现在的城镇化率为65.2%(见表2-3)，还有20%的空间；如果考虑到2020年我国户籍人口城镇化率仅为45.4%，则要从农村(含乡镇)迁入城市的人口规模更为巨大。其解决的前提是经济规模的相应扩大，尤其是第二、三产业规模的快速增长。当然，如此规模的城市化问题将是前所未有的，它在提出问题的同时，也在创造着巨大的市场机会。

社会基本结构变化——质的提升：大规模快速城市化，从而导致因社会(首先是城市)承受能力不足，引发社会矛盾激化，进而导致经济与社会发展停滞，乃至崩溃的例子，我们已经看到过太多。再考虑到，20世纪90年代末期开始，中国城市中低收入群体日益扩大，城市内部两极分化已日渐严重的现实，意味着这场城市化进程，必须同时是一场培育中产阶层，使中产阶层成为社会主体的进程。

所以中国的城市化进程不仅仅是农村人口向城市有效迁移的进程，同时也是社会结构从金字塔型向以中产阶层为主体的橄榄型完成历史性转变的进程，是"共同富裕"的必然要求。

党的十九届五中全会强调"扎实推动共同富裕"，在描绘2035年基本实现社会主义现代化远景目标时，明确提出"全体人民共同富裕取得更为明显的实质性进展"。共同富裕是社会主义的本质要求，是人民群众的共同期盼。我们推动经济社会发展，归根结底是要实现全体人民共同富裕。

2. 经济环境(Economic Environment)

经济环境分析首先要从整体上把握经济与社会发展的宏观状况。经济成长阶段理论把各国的经济发展归纳为五种类型：传统经济社会，经济起飞前的准备阶段，经济起飞阶段，迈向经济成熟阶段，大量消费阶段。

因此要深入理解今天的中国经济与社会发展的现状，必须从一个更大的历史纵深来观察。现代国家的发展无不证明(如果我们回顾一下美、日、德及苏联的发展，这一点更加明确)，国家的崛起，从传统经济社会走向现代社会，首先要完成民族独立，它是经济起飞前前提性的准备阶段。回顾中国的发展，1840年无疑是中国向现代国家转型的起点，中国人经过百余年的努力才艰难地完成了民族独立这一命题，这期间抗日战争、抗美援朝是显著的关键性事件。

大致以"第一个五年计划"的实施开始,中国进入经济起飞前的正式准备阶段,这一时期可以认为延续到了20世纪90年代以前。其中改革开放前的所谓"计划经济"时期,其主要经济成就表现在,在极其落后的基础上,建立起一个基本完整的工业体系,尤其是重工业体系(而轻工业,尤其是基本消费工业体系在80年代的改革开放初期迅速得到了完善和补充发展);同时,大规模彻底的社会体系重构,最大限度地集聚了社会资源,提升了要素质量,为大规模工业化、城市化打下了坚实基础,如土改、扫盲、教育医疗的普及等。

20世纪90年代后至近年来,中国完成了经济起飞阶段。以1992年邓小平南方谈话和中共十四大为标志,中国开始全面市场化改革。通过大量吸收外资,依靠廉价而高素质的劳动力、稳定的社会环境、巨大的市场潜力等优势,中国牢牢抓住了90年代以美国为首的发达国家经济结构升级的机遇,搭上了经济全球化的快车,国家经济实力迅猛增长。这一时期,中国普通人的收入迅速提高,以城市为主体,中国基本形成以4亿中等收入群体为核心的一个超大规模的消费市场。消费者基本消费能力从90年代初的千元级,上升到21世纪初的十万元级,子女教育、住房、家庭轿车成为消费的新热点(即所谓新三大件,相对于70年代的手表、自行车、收音机,80年代后的电视、洗衣机、冰箱这些旧三大件而言),我们形象地称之为"从温饱到小康"的阶段。

2019年中国彻底消灭"绝对贫困",进入全面小康的新阶段,这是中国迈向经济成熟阶段的重要标志。而党的二十大确立的2035年目标将是中国进入大量消费阶段的标志。

其次,分析经济环境主要是分析社会购买力。影响收入向购买力转化的因素主要是消费者收入与支出、消费信贷及居民储蓄、消费结构变化等因素。

(1)消费者收入

国家统计局发布《中国统计年鉴2021》披露中国各阶层收入及人数占比数据。详细阶层人均收入如下:①极低收入层,月收入在1 000元以下,有5.6亿人。②低收入层,月收入在1 000~2 000元之间,有3.1亿人;月收入在2 000~5 000之间,有3.8亿人。③中等收入层,月收入在5 000元~1万元之间,有0.8亿人;月收入在1万~10万元之间,有0.4亿人。④高收入层,月收入10万~50万元之间,有0.25亿人;月收入50万~100万元之间,有500万人;月收入100万~500万元之间,有100万人;月收入500万元以上,有10万人。

中国社会目前90%的人月收入在5 000元以下;62%的人月收入在2 000元以下;月收入过万元的只有7 110万人。

消费者总收入＝实物收入＋货币收入

货币收入＝可支配收入＋固定扣款(含个人所得税、社会保障和福利扣款)

可支配收入＝可任意支配收入＋基本生活开支

在实际计算消费者收入时,要注意:

消费者总收入是实物收入与货币收入之和,而不仅是货币收入。比如我国现阶段城乡差距中,因社会福利、社会保障和公共服务水平落差产生的差距就绝不亚于货币收入差距。

固定扣款是基于国家法律的规定,有统一的项目和计算规则。

而基本生活开支则基于个人理解,同一收入水平的个人或家庭对此可能有完全不同的定义,必须针对特定人群进行特定分析。

(2)消费者收入与支出

消费者收入水平及对收入与支出的预期决定现实购买力水平,也就是说消费者现实收入状况、现实支出状况、对未来收入预期和对未来支出的预期共同决定消费者现实购买力水平。

我们以表 2-4 为例进行分析。

表 2-4　　城乡居民人均可支配收入比较

城乡居民人均可支配收入增长比较

年份	城镇居民人均可支配收入 绝对数（元）	比上年实际增长（%）	农村居民人均可支配收入 绝对数（元）	比上年实际增长（%）	相对差距（倍）	绝对差额（元）
2012	24 126.7	9.7	8 389.3	10.7	2.88	15 737.4
2013	26 467.0	7.0	9 429.6	9.3	2.81	17 037.4
2014	28 843.9	6.8	10 488.9	9.2	2.75	18 355.0
2015	31 194.8	6.6	11 421.7	7.5	2.73	19 773.1
2020	43 833.8	1.2	17 131.5	3.8	2.56	26 702.3
2022	49 283.0	1.9	20 133.0	4.2	2.45	29 150.0

按五等份（20%）分组的城乡居民人均可支配收入及差距

指标名称	2011年 农村	2011年 城镇	2021年 农村	2021年 城镇
低收入组家庭人均可支配收入（元）	2 000.5	8 788.9	4 855.9	15 597.7
高收入组家庭人均可支配收入（元）	16 783.1	47 021.0	43 081.5	96 061.6
高收入组家庭人均可支配收入/低收入组家庭人均可支配收入（倍）	8.39	5.35	8.87	6.16

数据来源：国家统计局。

国民财富分配机制不合理因素：由于长期贫弱的经济基础和快速追赶的现实需要，构成双重压力，使得中国长期以来都是重积累、轻消费，"勒紧裤腰带"是对这一状况的生动写照；这一点并未因改革开放而根本改变，为鼓励和充分调动投资主体的积极性，我们长期坚持了"效率优先、兼顾公平"的分配原则。因此，经济与社会发展的成果显然没有充分反映到居民收入增长上，而这一情况的长期化、模式化，又影响到对收入的预期。2011年以来这一问题开始得到高度重视，城乡居民收入增速整体稳定超越同期GDP增速已成常态，但冰冻三尺非一日之寒，从"国富民强"到"民富国强"，使经济发展从投资拉动到消费推动还有一个过程，还需要基于经济结构升级的全面结构化改革。

贫富差距不断拉大：市场经济的发展过程中，如果没有建立起完善的市场干预机制，贫富差距不断拉大是一个必然的结果，而中国市场发育正处于这一阶段。众所周知，随着财富迅速集中在少数人手中，其对消费的抑制作用就会明显地体现出来。也就是说，居民相对有限的收入增长总量又因贫富差距问题仍然无法充分转化为消费能力。从表2-4可看出，城乡可支配收入相对差距不断在缩小，但绝对差额仍在不断扩大；同时，五等份组中，无论城乡高收入组和低收入组收入比不断扩大。党的二十大报告对此明确提出了增加城乡居民要素性和财产性收入的方针！

社会福利和保障体系改革的不到位和公共服务水平不足：20世纪90年代市场化改革以来，社会福利、社会保障和公共服务体系的改革就同步展开。但由于当时改革指导思想的一系列错误，这一改革整体上走上了全面走向市场、一推了之的道路。其表现在：财政收入中用于社会保障与公共服务的支出比例长期处于下降中；社会公益性服务体系没有得到有效培育与发展。结果就是由此带来的负担被转移给普通百姓,教育、医疗、住房、就业保障等矛盾日益激化,居民对未来预期支出地增长产生恐惧。十七大,尤其是十八大以来,这一问题得到高度重视,医疗、房地产、教育为焦点的一系列改革正在艰难推进,但在短时间内还无法根本扭转。因此,"共同富裕"成为新时代改革建设的一个基本指南。

在不同国家间,因法律、文化等差异,进行收入和支出对比时,首先要注意购买力平价(Purchasing Power Parity,PPP)这一概念。简单地说,购买力平价是国家间综合价格之比,即两种或多种货币在不同国家购买相同数量和质量的产品和服务时的价格比率,用来衡量对比国家之间价格水平的差异。例如,购买相同的一件产品,在中国用了80元人民币,在美国用了20美元,对于这件产品来说,人民币对美元的购买力平价是4∶1。也就是说,在这件产品上,4元人民币购买力相当于1美元,而不是当前汇率显示的约7∶1。当然,实际购买力平价计算需要建立一个复杂的评价体系,而不是简单的几种产品价格的比较。购买力平价实质上是一个特殊的空间价格指数,与比较某一国家两个时期价格水平的居民消费价格指数(CPI)不同,它是比较某一时期内两个国家的综合价格水平。

此外,还有税收制度的差异,比如美国消费者是先交税(主要税收是固定扣款中的个人所得税),中国消费者是后交税(主要税收不是个人所得税,而是消费过程中的流转税,如增值税、消费税、关税等)。

(3)消费者支出模式

所谓消费者支出模式,是指消费者收入变动与需求结构之间的对应关系,也就是常说的支出结构。在收入一定的情况下,消费者会根据消费的急需程度,对自己的消费项目进行排序,一般先满足排序在前也即主要的消费,如温饱和治病肯定是第一位的消费,其次是住、行和教育,再次是舒适型、提高型的消费,如保健、娱乐等。

消费者支出模式与恩格尔系数(Engel's Coefficient,是食品支出总额占家庭消费支出总额的比重)从长期来看有密切关系,其反映为"恩格尔定律"。

恩格尔定律的表述一般如下:

①随着家庭收入增加,用于购买食品的支出占家庭收入的比重就会下降;

②随着家庭收入增加,用于住宅建筑和家务经营的支出占家庭收入的比重大体不变;

③随着家庭收入的增加,用于其他方面的支出和储蓄占家庭收入的比重就会上升。

消费者支出模式还受以下两个因素影响:

①家庭生命周期的阶段;

②消费者家庭所在地点。

国际上常常用恩格尔系数来衡量一个国家和地区人民生活水平的状况。根据联合国粮农组织提出的标准,恩格尔系数在59%以上为贫困,50%~59%为温饱,40%~50%为小康,30%~40%为富裕,低于30%为最富裕。

国家统计局公布的《中华人民共和国2022年国民经济和社会发展统计公报》(以下简称《公报》)显示,2022年全年全国居民人均可支配收入36 883元,比上年增长5.0%,扣除价格因素,实际增长2.9%。全国居民人均可支配收入中位数31 370元,增长4.7%。

按常住地分,城镇居民人均可支配收入49 283元,比上年增长3.9%,扣除价格因素,实际增长1.9%。城镇居民人均可支配收入中位数45 123元,增长3.7%。农村居民人均可支配收入20 133元,比上年增长6.3%,扣除价格因素,实际增长4.2%。农村居民人均可支配收入中位数 17 734 元,增长 4.9%。城乡居民人均可支配收入比值为 2.45,比上年缩小 0.05。

从收入结构来看,按全国居民五等份收入分组(也就是将所有调查户按人均收入水平从低到高顺序排列,平均分为五个等份,处于最低 20% 的收入家庭为低收入组,依此类推依次为中间偏下收入组、中间收入组、中间偏上收入组、高收入组),低收入组人均可支配收入 8 601 元,中间偏下收入组人均可支配收入 19 303 元,中间收入组人均可支配收入 30 598 元,中间偏上收入组人均可支配收入 47 397 元,高收入组人均可支配收入 90 116 元。

全国农民工人均月收入 4 615 元,比上年增长 4.1%。全年脱贫县农村居民人均可支配收入 15 111 元,比上年增长 7.5%,扣除价格因素,实际增长 5.4%。

从消费支出来看,2022 年全国居民人均消费支出 24 538 元,比上年增长 1.8%,扣除价格因素,实际下降 0.2%。其中,人均服务性消费支出 10 590 元,比上年下降 0.5%,占居民人均消费支出的比重为 43.2%。

按常住地分,城镇居民人均消费支出 30 391 元,增长 0.3%,扣除价格因素,实际下降 1.7%;农村居民人均消费支出 16 632 元,增长 4.5%,扣除价格因素,实际增长 2.5%。

《公报》显示,2022 年全国居民恩格尔系数为 30.5%,其中城镇为 29.5%,农村为 33.0%。

值得注意的是,2021 年,全国居民恩格尔系数为 29.8%,2022 年该数据有所升高,为 2016 年以来的最高值。2017 年、2018 年、2019 年和 2021 年,该数据均低于 30%,2020 年和 2022 年该数据均重回到 30% 以上。

在我国运用这一标准进行国际和城乡对比时,要考虑到那些不可比因素,如消费品价格比价不同、居民生活习惯的差异,以及由社会经济制度不同所产生的特殊因素。对于这些横截面比较中的不可比问题,在分析和比较时应做相应的剔除。另外,在观察历史情况的变化时要注意,恩格尔系数反映的是一种长期的趋势,而不是逐年下降的绝对倾向,它是在熨平短期的波动中求得长期的趋势。

(4)消费者储蓄和消费信贷

从收入向购买力转化的角度看,消费者储蓄可以理解为将现在的收入用于未来的支出,而消费信贷则可以理解为将未来的收入用于现在的支出。当然,这里还要考虑消费者投资的可能。

因此分析消费者储蓄水平和原因,是在收入既定情况下,预判消费者购买能力的重要一环。中国居民储蓄率一直居高不下,究其原因一方面是因前述社会保障、社会福利和公共服务水平低,从而导致人们对预期支出产生恐惧,存钱以备万一;另一方面又涉及农村家庭以土地为核心的要素资产流动性低下,而城市家庭资产过于集中于房产(70% 以上),投资渠道狭窄的问题,这一点也是分析当前中国消费者储蓄时要注意的。

而中国消费信贷,则涉及国家经济,尤其是金融体系建设与完善的问题,而 2023 年的党和国家机构改革方案已经让我们明显看到这一点。

创造条件增加农村居民财产性收入

党的二十大报告提出,"探索多种渠道增加中低收入群众要素收入,多渠道增加城乡居民财产性收入"。当前,增加居民财产性收入,既有总量问题,也有结构问题,且解决结构问题特别是城乡失衡问题更为紧要。全面推进乡村振兴,促进农民农村共同富裕,财产性收入既是需要加快补齐的短板,同时也蕴含着很大增长潜能。

城乡居民财产性收入不平衡问题现状

我国城乡发展不平衡的直观体现是收入差距,而收入差距中财产性收入差距又较为突出。改革开放以来,尽管我国农村居民财产性收入不断增长,但因总体偏少,占可支配收入的比重不高,对农民增收的贡献也比较弱。2021年,我国农村居民人均可支配财产净收入为469元,只占到农村居民人均可支配收入的2.5%左右,低于全国平均8.8%的水平,更低于城镇居民10.7%的水平。同期,城镇居民人均可支配财产净收入达到5 052元,是农村居民的10余倍。2010年以来,农村居民人均可支配收入增速连续12年高于城镇居民,但财产性收入对人均可支配收入增长的贡献率较低。

农村居民财产性收入长期偏低,不仅制约了农民收入增长,同时也加剧了城乡收入不平衡。近年来,我国城乡居民收入比持续下降,但收入绝对差距并没有缩小,仍在持续扩大。城乡居民收入绝对差距自2008年突破1万元后,到2021年扩大至2.8万元,其中,城乡居民人均可支配财产净收入差值占城乡人均可支配收入差值的比重达到16.1%。2010至2021年间,城乡居民可支配财产净收入差值增量对城乡人均可支配收入差值增量的贡献率较高。财产性收入差距扩大,成为城乡居民收入绝对差距扩大的重要因素。

从财产性收入构成来看,我国农村居民的财产性收入来源也比较单一。尽管农村居民的可支配收入持续增长,农民家庭拥有的资产总量不断增多,形式也越来越多样,但与其能够形成的收入明显不对称。农村居民的金融资产主要表现为银行存款,财产性收入中利息、租金、土地征用补偿占绝大部分,土地等重要资产的价值没有充分发挥出来。另外,从农村居民内部收入差距看,财产性收入差距对收入不平等的影响也在增强。农村居民群体之间的财产性收入呈现出"两小两大"特征,差距存在扩大趋势,即大多数农民家庭财产性收入基数小、增幅小,少数高收入组家庭农村居民财产性收入基数大、增幅大,表现出显著的非均衡特征。

我国农村居民财产性收入增长是本来就没有太大潜力空间,还是一些关键性制约没有破除造成潜能无法释放所致,对此不同人有着不同的看法。笔者认为,不论是基于我国农村居民收入增长的长期态势,还是从收入分配制度、农村集体产权制度等改革进程来看,我国农村居民财产性收入未来会有很大增长空间,而且目前已经处于潜能释放的关键时期,但需要积极创造条件。否则,财产性收入的不平衡可能进一步加剧城乡收入差距,给农民农村共同富裕带来更大挑战。

农村居民财产性收入增长面临制约

研究表明,居民财产性收入不仅受财产存量、人力资本等个人禀赋影响,同时还受到收入分配政策、产权安排等制度性因素以及市场化水平的影响。结合农村居民财产性收入看,除个体因素外,需要重点关注财产积累、资产转化和收益分配机制的影响。

农村居民家庭财产积累的收入来源不足。财产与财产性收入是存量和流量的关系,财产是前提和基础,有了财产才能有财产性收入。我国农村居民财产性收入偏低的原因,首先在于缺乏市场价值较高的财产,而财产积累主要通过持续性和稳定性的收入增长来实现。我国农村居民家庭财产积累速度慢,与收入水平不高以及非经营性债务增长过快、农村社会保障体系不健全有较大关系。农村居民收入在扣除必要的消费支出后,净剩余已经很少。据《中国家庭财富调查报告(2019)》,2018年我国家庭人均财产约为20.9万元,其中,城镇和农村家庭人均财产分别为29.3万元和8.8万元,城镇家庭人均财产是农村的3.3倍,且城镇家庭人均财产增长速度快于农村。

农村大量资源不能有效转化为资产。主要原因是一方面我国农村居民的财产权利不完整,限制了资源向资产的有效转化以及收益的合理分配,这在农村土地上表现最为突出。另一方面在于市场化转化通道不畅。市场化程度与城乡财产性收入差距有较强关联性,市场化水平提高会抑制差距扩大。我国农村市场体系不健全,特别是要素市场建设滞后,产权保护、市场准入等基础制度还存在短板,要素价格形成机制不健全,农村资源资产化、资本化转化通道不畅通,居民财产参与产生收入的机会不多。

农村集体资产增值富农机制不畅。我国农村集体资产规模可观,据农业农村部的数据,截至2021年底,全国清查核实集体账面资产7.7万亿元,其中,经营性资产3.5万亿元,占到45.5%。但是,资产价值还没有充分激活。从理论上而言,农民财产性收入很大一部分可以来源于农村集体经济资源性资产的用益物权和收益分配,但实际情况并不理想。从部分发达地区实践看,通过发展农村混合所有制经济等方式有效运营集体资产,做大做强新型农村集体经济,兑现集体资产收益权,农民通过分享集体资产增值收益实现了增收。由此表明,通过集体资产增值提高农民财产性收入还有较大空间。

多渠道增加农村居民财产性收入

推进中国式现代化,让更多农村居民跻身中等收入群体,离不开财产性收入增长的贡献。但是,短时间大幅提高农村居民财产性收入也并不现实,这必然是一个改革深化、政策优化和市场进化共同作用的过程,也是一个持续的渐进过程。

进一步拓宽农村居民增收渠道,促进财产积累。财产与收入相辅相成。从收入着手增强财产积累,需要更加关注收入增长质量或成长性,以及收入安全性。一方面,加快培育新的增收动力源,将收入增长转向主要依靠农业劳动生产效率提升、人力资本积累上来,通过广泛应用现代技术和创新农业经营组织模式,大幅提高农业劳动生产率;开展更加高效的农村人力资本投资,提高非农就业能力和收入等等。另一方面,建立健全农民收入风险应对机制,包括完善农业保险、最低生活保障制度和救灾救济制度等,增强应对突发事件能力,提高收入稳定性和安全性。健全农村社会保障体系,推进替代性减支,有效降低农村家庭医疗、养老等支付负担。

赋予农民更加充分的财产权益。土地是农民最重要的资产,提高农村居民财产性收入,首先必须深化农村土地制度改革,维护和实现农民土地财产权益,推动城乡土地"同权同价"和农地"增值归农"。目前,我国农村"三块地"改革进展总体有序,但各有难点、各有侧重。关于农村承包地,应该在土地承包关系长久不变的有效实现形式、土地承包经营权永久退出机制等深层次领域加快改革探索。关于集体经营性建设用地,重点应该放在入市增值收益合理分配机制建设,以及农村闲置宅基地、废弃的集体公益性建设用地转变为集体经营性建设用地入市的路径方式等方面。农村宅基地制度改革最为复杂,需要在保障农村宅基地用益物权的前提下,建立健全农村宅基地有偿使用和退出机制。

建立健全农村集体资产增值富农机制。为此,需要进一步深化农村集体产权制度改革,发展壮大新型农村集体经济,促进集体资产保值增值,并着力打通农民从集体资产中获取收益的通道。一方面,加快推动赋予农村集体经济组织特别法人资格政策落地,进一步厘清集体经济组织与村级组织的职能,推进农村集体经济组织法人化改造,使其成为真正的现代市场竞争主体,提高市场化运营能力。另一方面,健全政策支持体系,着力探索农村集体经济的有效实现形式,完善农村集体经济组织"抱团"发展机制,鼓励打破地域界限实现共同发展。健全社企合作长效机制,鼓励农村集体经济组织以集体资产资源参股经营稳健的工商企业,或与工商企业组建混合所有制经营实体,发展混合所有制经济,促进农村集体经济多元化发展。

提高农村金融支持服务水平。持续改善农村金融服务,着力提升金融服务覆盖广度和深度,鼓励金融机构创新农村金融产品和金融工具,根据农村居民资金数额小、金融知识有限、风险承受能力不强等特点,开发出更多兼顾安全性、流动性和盈利性的金融理财产品,为农村居民提供更多、更安全的投资渠道。同时,加大政策支持力度,健全农村产权流转交易市场,稳妥有序推进农村承包土地经营权、林业经营收益权、农民住房财产权、农村集体资产股权等抵质押融资,切实增强农村产权融资权能。

资料来源:涂圣伟.创造条件增加农村居民财产性收入[N].农民日报,2023-01-14.

讨论:
农民财产性收入增长主要要解决以土地为核心的流动性问题,那么城市居民如何增加财产性收入呢?

3. 自然环境(Natural Environment)

自然环境是指能够影响社会生产过程的自然因素,包括自然资源、环境保护等方面的动态。在宏观环境各要素中,自然环境是基础性要素,对其他各要素起支撑和限制的作用,例如在《舌尖上的中国》中我们可以清晰地感受到自然环境对文化、经济等的影响作用。

目前国际上自然环境变化的主要趋势是气候变化危机加剧、环境破坏与污染程度越来越严重等,以"双碳"为核心的产业升级、技术开发、社会政策等已成为必然。

双碳,不只是环保战略

一、何为"双碳"?

碳达峰与碳中和的简称。

碳达峰: 指在某一个时间,二氧化碳的排放达到峰值不再增长,之后逐步回落,标志着碳排放与经济发展实现脱钩。

碳中和: 指国家、企业或个人等主体在一定时间内直接或间接产生的二氧化碳或温室气体排放总量,通过植树造林、节能减排等形式抵消,达到相对"零排放"。

中国承诺,在2030年前非化石能源消费比重达到25%左右,单位国内生产总值二氧化碳排放比2005年下降65%以上,实现碳达峰目标;2060年前实现碳中和。

二、为何"双碳"?

在"十四五"规划中,国家对能源与环境问题明确提出了阶段性的目标,展现出中国对于实现碳中和的决心与魄力。但不少人都有疑惑,环保问题如何一跃进入国家战略位置呢?本次,我们将从以下3个方面进行解读。

1. 弯道超车,构建全球竞争力

英美从第一、二次工业革命中崛起,一跃跻身世界强国之列。可以说,主导工业革命是引领全球经济发展,抢占国际话语权的重要砝码。

如今,化石能源不断消耗并带来了重大环境问题,探索发展绿色低碳的新能源已经是全球经济发展的大趋势。所以"双碳"战略不仅仅是应对环境问题的解决方案,更是助力中国将经济推向更高质量、更有效率、更可持续发展,引领新一轮产业变革,实现弯道超车的绝佳机会。

2. 中国经济的内在需求

从能源主要品种进口消费来看,除电力基本稳定,其余均总体呈现上升趋势。基于新冠疫情对国际社会经济产生的冲击和俄乌冲突为代表的政治环境波荡来看,启动能源资源内循环发展,保障稳定国内能源供需是很有必要的。而面对化石能源不可再生与环境影响问题,发展绿色新能源才是保障中华民族永续发展的重要手段。

3. 全球难得的政策与利益一致点

气候变化带来的温度升高、海平面上升、极端气候等频发事件,给人类生存和发展带来严峻挑战,减少碳排放量已成为全球主要经济体的共识。我国积极推动碳达峰、碳中和工作正是作为世界最大的发展中国家对全球生态负责的决心与担当。

三、我国碳排放源头行业结构

探其根源,二氧化碳和常规污染物的排放大部分来自化石能源的燃烧和利用。我国是高耗能、高碳能源结构和高碳产业结构,刻不容缓的碳中和目标对我们来说既是产业升级的压力也是动力。

在碳排放量结构方面,目前发电已成为我国的高碳排放占比最高的部门。除此之外,工业、交通运输也是我国温室气体排放的主要来源。通过控制煤炭能源消费,加速石化、化工、钢铁等重点行业转型升级,减污降碳与绿色能源稳步研用更替,将有力有序有效支撑做好"双碳"工作。

四、碳中和的探索

目前全球实现碳达峰国家一共54个,大部分承诺于2050年实现碳中和,以欧盟、美国与日本为例,转型时间分别有71年、43年、42年。而我国正处于发展阶段,不足10年的时间实现"碳达峰",在2060年完成"碳中和"无疑是一项艰巨的任务,调整产业结构转型、推进绿色能源发展将是我们迈向"碳中和"道路的重要倚仗。

数研院认为,要想有针对性地进行产业结构调整,首先就要监测核算清楚"谁在排放、排放多少"。从大数据角度出发,可通过建立双碳数据库,综合遥感监测法、设备监测法和数据核算法三种双碳核算方法,形成联合校准机制。在此基础上建立自动化运行监测平台,开展双碳达标监测、双碳产业规划、环境经济协同分析、双碳相关咨询服务等,以辅助高碳排放行业平稳度过转型阵痛期,并为推进全国碳排放权交易市场工作打好碳核算基础。

要想弯道超车实现碳中和目标,最关键的还是能源转型。从目前的新能源发展方向来看,清洁电力预计将成为能源系统的配置中枢。供给侧以风、水、核、太阳能为主,通过特高压技术提升解决电力输送及成本问题,配合锂电池储存技术克服储存的障碍。同时,加大新能源在各行业领域的应用与延伸,实现经济效益、环境效益的双赢格局。

资料来源:双碳,不只是环保战略[EB/OL]. 知乎号"成都大数据产业技术研究院",2022—04—08. https://zhuanlan.zhihu.com/p/495189806.

4. 技术环境(Technological Environment)

技术环境是指企业在产品的设计、开发、制造和营销过程中所受到科技发展的影响。这种影响主要表现在:(1)产品寿命周期越来越短,加速了新产品上市的竞争,使很多企业被迫加大技术开发投入,同时企业的产品营销周期也必须大大缩短。(2)微电子技术和信息技术的应用普及,数据化、智能化进入发展快车道,给世界经济和企业竞争带来了深刻变化。产品的科技知识含量越来越高,企业的利润高低在很大程度上同它的科技投入成正比。"知识营销"已经成为营销理论中的一个新概念。(3)专利技术和知识产权的保护日益加强,使企业产品仿制和应用已有技术时的限制条件增多,产品开发成本加重,须处理的法律事务增多,从而加大了产品开发和营销的难度。

技术进步是经济和社会发展的原动力。新技术的引进引起经济结构的变化,为企业提供了新的机会;新技术革命使创新机会增多;新技术引起企业市场营销策略的变化;新技术有利于改善企业经营管理、提高工作效率。随着当前技术变革的步子加快,这种影响越来越大,越来越不可忽视。必须对科技环境给予足够的关注,善于把握机会,尽量减轻威胁。

加快科技自立自强步伐

"你们尽管想象,我们负责实现。"前不久,中核集团"喊话"《流浪地球2》的一条微博引发网友关注。随后,中国航天科技集团等也加入"喊话"行列,纷纷亮出硬核科技。央企"国家队"致力于将科幻变为现实,背后是我国科技长足发展的硬实力。科技自立自强,才能托举起新发展格局的构建,增强发展的安全性主动权。

实现高水平科技自立自强是国家强盛和民族复兴的战略基石,是应对风险挑战和维护国家利益的必然选择,是贯彻新发展理念、构建新发展格局、推动高质量发展的本质要求。习近平总书记强调:"要加快科技自立自强步伐,解决外国'卡脖子'问题。"当前,科技创新成为国际战略博弈的主要战场,围绕科技制高点的竞争空前激烈。加快科技自立自强,是确保国内大循环畅通、塑造我国在国际大循环中新优势的关键。新时代新征程,我国经济社会发展和民生改善比过去任何时候都更加需要科学技术解决方案,都更加需要增强创新这个第一动力。

新时代十年,我国科技事业密集发力、加速跨越,实现了历史性、整体性、格局性重大变化,取得历史性成就。量子计算原型机"九章""祖冲之号"问世,500米口径球面射电望远镜(FAST)建成使用,基础前沿方向重大原创成果持续涌现;首架C919大飞机正式交付,5G移动通信技术率先实现规模化应用,高质量源头科技供给为建设现代化经济体系注入强劲动能;新型核电技术走在世界前列,系统掌握高铁建造成套技术,战略必争领域历史性突破有力支撑国家重大需求;从医药到种业,更多更好的社会民生科技创新成果为人民健康福祉提供有力保障;143项科技体制改革任务高质量完成,推动科技创新的基础性制度基本建立……我国科技实力跃上新的大台阶。实现高水平科技自立自强,才能为构建新发展格局、推动高质量发展提供新的成长空间、关键着力点和主要支撑体系。

看国内,实现高水平科技自立自强是构建新发展格局的需要;观世界,科技创新是百年未有之大变局中的一个关键变量。谁牵住了科技创新这个"牛鼻子",谁走好了科技创新这步先手棋,谁就能占领先机、赢得优势。当前,国际环境错综复杂,不稳定性不确定性明显增加,而我国科技发展正处在将强未强、不进则退的关键阶段。只有加快实现高水平科技自立自强,把发展的主动权牢牢掌握在自己手中,我国的现代化进程才不会被迟滞甚至被打断,我们才能有效应对前进道路上的重大挑战、抵御重大风险,维护国家安全和战略利益。

在全面建设社会主义现代化国家、向第二个百年奋斗目标进军新征程上,要把科技自立自强作为我国现代化建设的基础性、战略性支撑,健全新型举国体制,强化国家战略科技力量。要实现科教兴国战略、人才强国战略、创新驱动发展战略有效联动,坚持教育发展、科技创新、人才培养一体推进,形成良性循环;坚持原始创新、集成创新、开放创新一体设计,实现有效贯通;坚持创新链、产业链、人才链一体部署,推动深度融合。着力营造良好政策环境,加大多元化科技投入,加强知识产权法治保障,形成支持全面创新的基础制度,我们有信心有能力使我国在重要科技领域成为全球领跑者,在前沿交叉领域成为开拓者,力争尽早成为世界主要科学中心和创新高地。

纵观人类发展史,创新始终是一个国家、一个民族发展的不竭动力和生产力提升的关键要素。中国要强大、中华民族要复兴,必须大力推进科技创新。研发经费支出居世界第二位,研发人员总量居世界首位;全社会研究与试验发展经费投入强度达2.55%,再创新高;全球创新指数排名升至第十一位……今天的中国,创新能力强、发展后劲足。面向未来,锚定战略目标,勇攀科技高峰,破解发展难题,我们一定能够不断增强我国的生存力、竞争力、发展力、持续力,以高水平科技自立自强的"强劲筋骨"支撑民族复兴伟业,在日趋激烈的国际竞争中把握主动、赢得未来,创造更多发展奇迹。

资料来源:周珊珊.加快科技自主实践——加快构建新发展格局,增强发展的安全性主动权[N].人民日报,2023—02—27(05).

5. 政治法律环境(Political & Legal Environments)

政治与法律环境主要是指国家政局、政体、经济管理体系及与其相关的法令、法规、方针政策对企业经营活动产生的影响。政体主要是指国家(或地区)的性质、体制、政治倾向、与他国的国际关系等;政局是指执政当局的稳定的程度、与邻国的关系、边界安全性、社会安定性等。法律因素是指与市场营销有关的法规、条例、标准、惯例和法令等。

政治法律环境对企业市场营销会产生重大的影响,现代国家政治法律环境有三种基本变动趋势:(1)管制资本的立法增多;(2)政策机构执法更严;(3)公众利益团体的力量不断增强。

企业的营销人员既要认真研究法律,遵循法律的规范,同时也应充分利用法律规范和政策条件来推进市场营销活动,实现营销目标。

6. 文化环境(Cultural Environment)

文化环境是宏观环境诸多变量中最复杂、最深刻、最重要的变量。社会文化是某一特定人类社会在其长期发展历史过程中形成的,它主要由特定的价值观念、行为方式、伦理道德规范、审美观念、宗教信仰及风俗习惯等内容构成,它影响和制约着人们的消费观念、需求欲望及特点、购买行为和生活方式,对企业营销行为产生直接影响。

(1)价值观

价值观是指人们对于事物的评价标准体系和崇尚风气,它直接决定人们的行为选择。如在经济发达地区,人们的时间观念很强,"时间就是金钱""今天能做的事决不拖到明天"已成为人们生活的准则。因此,交通、通信工具、快餐、速溶咖啡、成衣等能节约时间的产品和服务的需求比较旺盛。

(2)知识水平

知识水平主要指人们的文化素质,它对人们的消费行为产生影响。经济发达的国家和地区教育水平较高,人们对新产品鉴别能力较强,购买产品时富有理性、注意广告的科学性和各种说明。

(3)审美观

审美观是一定文化背景下形成的美学观念。一个国家、一个地区、一个民族的审美观与它的文化背景紧密联系。不注意消费者的审美观,就很难提供适销对路的产品。如不同国家的人对同一种图案和色彩的理解可能存在着很大的差异。如我国赞颂的梅花在日本却被认为是不祥之花。我国认为红色象征吉祥,有的国家认为红色代表妖魔。

(4)信仰

人们的信仰不同,对事物的认识和行为标准也不同。其中宗教信仰的影响最为明显,它不仅决定人们的社会观、生活观,而且还影响对产品的要求和购买方式。

(5)物质基础设施

物质基础设施直接制约着人们的需求及需求水平。如当前我国南方城市冬季取暖市场发展就与天然气供应有着密不可分的关系。

营销者要充分考虑当地的文化,要研究不同社会阶层和相关群体的需求特点和购买者行为,要努力去适应区域文化,而不可轻易试图改变它。

Z世代为什么追捧国潮消费?

近日,有机构发布的《2022 Z世代消费指数报告》显示,2022年以来,Z世代购买"中国红"元素商品的销量同比增长326%,这引发关注。近年来,随着Z世代消费能力的提升,国潮产品在日常的消费场景中越来越受到推崇。他们将中国本土的传统文化元素融入日常生活消费场景之中,展现出了相当丰富的内涵。本质上,这种现象背后其实是Z世代个性化消费需求的崛起,并在市场经济的语境下,创造了新的消费潮流。他们迫切希望中国的传统文化元素能够进入日常的消费场景之中,并且能够占据一席之地,进而树立在日常领域的文化自信。

与此同时,他们也试图以某种自我创造的文化消费景观去展示自身的独特性,进而在日常的文化消费场景中彰显和张扬自我所认同的价值立场。因此,在这个过程中,"跟风"以前的消费模式反而不太受待见。而这种现象的出现,也体现出Z世代对于当前文化消费的一种新型认知——文化是和消费、生活紧密相连的,而非高高在上。众所周知,文化和日常生活中的消费行为从来都是紧密相连的,一个地方的文化本就深深扎根于日常生活的泥土中,因而才具有了绵长的生命力进行延续。

换言之,文化从来都是深深嵌入在普通人的日常生活中,与人们的日常生活细节紧密相连。因此,年轻人所推崇的国潮消费,本质上依旧是对于社会生活日常性的体认;比如,上述报告就显示,Z世代购买"中国红"元素商品中,销量最高的是个护健康、白酒、服饰内衣、手机、茗茶等品类。这些消费产品所涉及的领域依旧是日常性的。

当然,这种消费现象的出现以及蓬勃发展,除了近年来国潮产品不断创新之外,其根源一方面在于,Z世代正在逐步走入社会,步入职场,脱离校园后自身有了一定的经济基础,日益成为社会发展和促进消费的中坚力量。另一方面,受益于中国改革开放这40年来的经济发展成就,Z世代的父母一辈大都有着较为殷实的经济基础,Z世代之中的大多数人暂时不用像父母一辈那样,为了柴米油盐而奔忙。因而,物质层面的丰富性成为其可以放心追逐个体价值的重要基础,也是国潮产品创新日渐多元、丰富的基础之一。更重要的在于,Z世代自身有着对于本土文化的高度认同。作为一种群体性的选择,国潮消费的火热除了需要有优质的产品外,还需要一定的群体文化认同基础。Z世代生长于一个物质相对丰富的年代,因而其对精神层面的消费更为注重。而随着对这个世界的认知逐渐形成,他们更多受到本土文化习性的影响,其也开始有了属于这个时代的文化消费需求。

而且,他们有着自身的价值立场和主张,善于运用互联网,也更容易利用在互联网上所获得的话语权彰显自身的个性主张。因此,在参与社会的日常中,他们有着极强的创造性,并通过醒目、新颖的款式强调、标识自我,引领着当下的多维文化消费场景,进而为文化消费市场注入了新的活力。说到底,国潮消费的火热,不仅仅是一种经济现象,也是一个文化心理的演变过程,其中蕴含的,则是Z世代对日常性的极度追求与渴望,并以此张扬个性与自我价值。

资料来源:祁诗.Z世代为什么追捧国潮消费."光明日报"微信公众号,2022-4-30。

(二)SWOT 分析

所谓 SWOT 分析,是基于内外部环境和竞争条件的一种态势分析。具体做法是将与企业密切相关的相对于主要竞争对手的优势、劣势,和因宏观环境变迁带来的机会和威胁等,通过调查分析一一列举出来,并依照矩阵形式排列。最后使用系统分析的方法,把各种因素综合起来加以分析,从中得出一系列相应的结论,用于寻找和塑造企业特色。SWOT 矩阵模型如图 2-3 所示。

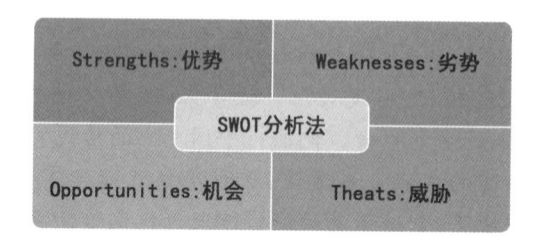

图 2-3　SWOT 矩阵模型

S 优势(strengths)、W 劣势(weaknesses)是内部因素,是一个企业"能够做的",来自对竞争对手、企业内部和顾客的针对性分析。注意在做优劣势分析时必须从整个价值链的每个环节上,将企业与竞争对手做系统的对比分析。同时衡量一个企业及其产品是否具有竞争优势,只能站在现有潜在用户角度上,而不是站在企业的角度上。

O 机会(opportunities)、T 威胁(threats)是外部因素,是一个企业"可能做的",来自对宏观环境的分析。

1. SWOT 分析基本做法

(1)分析环境因素

运用各种调查研究方法,分析出公司所处的各种环境因素,即外部环境因素和内部能力因素。外部环境因素包括机会因素和威胁因素,它们是外部环境对公司的发展直接有影响的有利和不利因素,属于客观因素,内部环境因素包括优势因素和弱点因素,它们是公司在其发展中自身存在的积极和消极因素,属主动因素。在调查分析这些因素时,不仅要考虑到历史与现状,而且更要考虑未来发展问题。

(2)构造 SWOT 矩阵

将调查得出的各种因素根据轻重缓急或影响程度等排序方式,构造 SWOT 矩阵。在此过程中,将那些对公司发展有直接的、重要的、大量的、迫切的、久远的影响因素优先排列出来,而将那些间接的、次要的、少许的、不急的、短暂的影响因素排列在后面。同时,在构造时一定要关注各因素之间的相互关联,用系统分析的办法构造矩阵。

(3)结论

做结论时要注意:发挥优势,克服劣势,利用机会,化解威胁;考虑过去,立足当前,着眼未来。运用系统分析的综合分析方法,将排列与考虑的各种环境因素相互匹配起来加以创造性组合,力争实现劣势向优势、威胁向机会的转化。

2. 应用 SWOT 分析法的基本注意事项

(1)对优势与劣势有客观的认识。

(2)对机会和威胁要有趋势性认识。

(3)SWOT 分析必须是系统分析。

(4)进行 SWOT 分析的前提是确定主要竞争对手。
(5)保持 SWOT 分析法的简洁化,避免复杂化与过度分析。
(6)SWOT 分析法是在特定环境下,针对特定对象的分析。

三、任务设计

以项目一任务设计选定的产品为对象,进行市场调查和分析,并据此制定出简易的创业计划书。

(1)针对不同潜在顾客群体,围绕家庭结构、年龄、受教育程度、收入等基本要素进行一次全面的问卷调查,并整理分析形成调查报告。调查报告要注意对顾客群体进行有效分类,并进行顾客素描。

(2)针对不同顾客群体对其消费观念和消费行为特点进行补充调查(访谈、观察为主),根据调查分析结果,调整补充,初步确定目标顾客,并进行顾客描述。

(3)确定自己创业经营的具体项目,并进行宏观环境分析,列出选择本项目的理由,明确机会与威胁,陈述项目价值和实现途径。

(4)针对竞争环境进行调查,在此基础上进行竞争分析,找出主要竞争对手,列出相对于主要竞争对手的优势与劣势。

(5)进行 SWOT 分析,明确创业项目关键特色,针对特色实现制定可行的策略和措施。

(6)制作一张海报,讲一个故事,在朋友圈里展示你心中的创业项目,并借助抖音和 B 站传播。

四、知识拓展

(一)竞争者分析

竞争者分析是指企业通过识别出主要竞争对手,进而对它们的目标、相对竞争优势、市场战略和竞争反应模式等要素进行的评价。其目的是为了准确判断竞争对手的战略定位和发展方向,并在此基础上预测竞争对手未来的战略,准确评价竞争对手对本组织的战略行为的反应,估计竞争对手在实现可持续竞争优势方面的能力。竞争者分析一般包括以下内容和步骤。

1. 识别企业的竞争者,目的是明确主要竞争对手

我们可以从不同的角度来划分竞争者的类型。

(1)从行业的角度来看,企业的竞争者有:

①现有厂商:指本行业内现有的与企业生产同样产品的其他厂家,这些厂家是企业的直接竞争者。

②潜在进入者:指现在还未进入本行业,但有实力随时进入本行业的潜在竞争者。当行业前景乐观、有利可图时,会引来新的竞争企业,使该行业增加新的生产能力,并要求重新瓜分市场份额和主要资源。

③替代品厂商:与某一产品具有相同功能、能满足同一需求、提供相同或类似价值的不同性质的其他产品,属于替代品。随着科学技术的发展,替代品将越来越多,某一行业的所有企业都将面临与生产替代品的其他行业的企业进行竞争。

(2)从市场方面看,企业的竞争者有:

①愿望竞争者:提供不同产品,满足消费者的不同愿望,但目标顾客相同的企业可称为愿望竞争者。如目标顾客可以把钱用于旅游,也可用于购买汽车,或购置房产,因而提供这些产

品的企业间存在相互争夺顾客购买力的竞争关系。

②需要竞争者:提供不同种类的产品,但满足和实现目标顾客同种需要的企业称为需要竞争者。如航空公司、铁路客运、长途客运汽车公司都可以满足顾客外出旅行的需要,当火车票价上涨时,乘飞机、坐汽车的旅客就可能增加,相互之间争夺满足顾客的同一需要。

③产品形式竞争者:我们把提供同种或同类产品,但规格、型号、款式不同的企业称为产品形式竞争者。产品形式竞争者虽是同行,但往往并不一定针对同一目标顾客群体,相互间竞争关系更多表现为潜在状态。如家用空调与中央空调的厂家、生产高档汽车与生产中档汽车的厂家之间的关系。

④品牌竞争者:我们把同一行业中以相似的价格向同一目标顾客群体提供类似产品或服务的企业称为品牌竞争者。品牌竞争者之间的产品相互替代性较高,竞争非常激烈,各企业均以培养顾客品牌忠诚度作为争夺顾客的重要手段。

(3)从企业所处的竞争地位来看,竞争者的类型有:

①市场领导者(leader):指产品在某一市场上占有最大市场份额的企业。市场领导者通常在产品开发、价格变动、分销渠道、促销力量等方面处于主宰地位。

②市场挑战者(challenger):指在行业中处于次要地位(第二、三甚至更低地位)的企业。市场挑战者往往试图通过主动竞争扩大市场份额,提高市场地位。市场挑战者与市场追随者最根本的区别在于主动性。

③市场追随者(follower):指在行业中居于次要地位,并安于次要地位,在战略上追随市场领导者的企业。市场追随者的最主要特点是跟随:在技术方面,它不做新技术的开拓者和率先使用者,而是做学习者和改进者;在营销方面,不做市场培育的开路者,而是搭便车,以减少风险和降低成本。市场追随者通过观察、学习、借鉴、模仿市场领导者的行为,不断提高自身技能,以图发展壮大。

④市场补缺者(nichers):多是行业中相对较弱小的一些中、小企业,它们专注于市场上被大企业忽略的某些细小部分,在这些小市场上通过专业化经营来获取最大限度的收益,在大企业的夹缝中求得生存和发展。市场补缺者通过生产和提供某种具有特色的产品和服务,赢得发展的空间,甚至可能发展成为"小市场中的巨人"。

2. 确认竞争对手的目标

在识别了主要竞争对手之后,企业经营者接着应回答的问题是:每个竞争者在市场上寻求什么?什么是竞争者行动的动力?

竞争者虽然无一例外关心其企业的利润,但它们往往并不把利润作为唯一的或首要的目标。在利润目标的背后,竞争者的目标是一系列目标的组合,对这些目标竞争者各有侧重。所以,我们应该了解竞争者对盈利的可能性、市场占有率的增长、资金流动、技术领先、服务领先和其他目标所给予的重要性权数,明了其竞争目标,从而准确判断其面对竞争时的反应。

如一个追求低成本领先的竞争者对于他的竞争对手因技术性突破而使成本降低所做出的反应,比对同一位竞争对手增加广告宣传所做出的反应会强烈得多。

3. 与竞争对手的优劣势对比

优劣势分析的主要内容:

(1)产品。竞争企业产品在市场上的地位;产品的适销性;以及产品系列的宽度与深度。

(2)销售渠道。竞争企业销售渠道的广度与深度;销售渠道的效率与实力;销售渠道的服务能力。

(3)营销能力。竞争企业市场营销组合的水平;市场调研与新产品开发的能力;销售队伍的培训与技能。

(4)生产与经营。竞争企业的生产规模与生产成本水平;设施与设备的技术先进性与灵活性;专利与专有技术;生产能力的扩展;质量控制与成本控制;区位优势;员工状况;原材料的来源与成本;纵向整合程度。

(5)研发能力。竞争企业内部在产品、工艺、基础研究、仿制等方面所具有的研究与开发能力;研究与开发人员的创造性、可靠性、简化能力等方面的素质与技能。

(6)资金实力。竞争企业的资金结构;筹资能力;现金流量;资信度;财务比率;财务管理能力。

(7)组织。竞争企业组织成员价值观的一致性与目标的明确性;组织结构与企业策略的一致性;组织结构与信息传递的有效性;组织对环境因素变化的适应性与反应程度;组织成员的素质。

(8)管理能力。竞争企业管理者的领导素质与激励能力;协调能力;管理者的专业知识;管理决策的灵活性、适应性、前瞻性。

但是要注意,通过以上对比产生的优劣,只是一种静态的优劣势对比(相对竞争优势),只有结合了目标顾客需求之后,相对竞争优势才能转化为竞争优势。比如说,茅台酒虽好,但对一个深夜独自看球的人来说不如一罐普通的啤酒。同理,一个大学中文教授很难上好小学一年级的语文课。

4. 确定竞争者的战略

(1)总成本领先战略

要求企业用系统、整体的眼光分析和创造企业成本优势。

①要素成本:人力资源、资金、原材料或零部件、设备、土地、技术等构成企业经营的基本要素。要素成本的控制是总成本领先的基础。

②要素集成:生产、研发、融资、营销、物流等则是基于要素集成的企业经营具体活动。因此有效的管理将有力地控制要素集成的成本,规模效益原理其实就是基于要素集成的一种创造成本优势的方法。

③系统整合:企业经营系统既是基于企业自身,更是基于"企业伙伴"的大系统,通过对企业经营系统的有效整合将最大化地实现成本优势。"供应链管理"(SCM)、"客户关系管理"(CRM)就是这种系统整合的具体体现。

(2)差异化战略

是将公司提供的产品或服务差异化,树立起一些全产业范围中具有独特性的东西。

企业创造差异化,包含有以下几种途径:

①增加独特性来源。包括在企业价值链中增加差异化的来源;使产品的实际使用与使用意向一致;用价值信号加强使用标准的差异化;将产品与信息紧密联系在一起以增强经营的差异化。

②变差异成本为优势。包括发掘经营差异化所有降低成本的来源;控制成本驱动因素,将经营差异化的成本最小化。

③重视经营差异化的形式,应用具有成本优势的方法形成经营差异化;在不影响买方价值的活动中减少成本。

④改变规则以创造独特性。包括提高决策者的作用,使企业独特性更有价值;揭示未被认

识的购买标准;优先对买方和销售渠道环境的改变做出反应。

⑤以全新方式重构独特的顾客价值链,一般涉及的领域有:一种新的分销渠道和销售方法;向前结合以替代买方功能或销售渠道;向后结合以控制产品质量的决定因素;采用全新程序的技术。

差异化还涉及一个持久性问题。其持久性决定于两个方面,一是差异化价值被顾客认可的稳定周期;二是竞争对手不模仿。换言之,在以下条件下,差异化就可以维持长久:企业独特性来源具有壁垒;企业在差异化方面具有成本优势;差异化具有多重来源,是一个组合;企业在形成差异化过程中,创造了顾客的转换成本。

企业在构建差异化过程中易犯的几个错误:无价值的独特性;过分强调差异化;溢价太高;忽视顾客价值需要;忽视差异化成本;只重视产品而忽视整个价值系统;不能正确认识细分市场。

(3)集中化战略

是主攻某个特殊的顾客群、某产品线的一个细分区段或某一地区市场。总成本领先与差异化战略都是要在全产业范围内实现其目标,集中化战略的前提思想是:公司业务的集中化能够以较高的效率、更好的效果为某一特定目标顾客全体服务,从而超过在较广阔范围内竞争的对手。公司或者通过满足特殊对象的需要而实现了差异化,或者在为这一对象服务时实现了低成本,或者二者兼得。这样的公司可以使其赢利的潜力超过产业的平均水平。

各企业采取的战略越相似,它们之间的竞争就越激烈。在多数行业中,根据所采取的主要战略不同,可将竞争者划分为不同的战略群体。例如,在美国的主要电气行业中,通用电气公司、惠普公司和施乐公司都提供中等价格的各种电器,因此可将它们划分为统一战略群体。

根据战略群体的划分,可以归纳出两点:一是进入各个战略群体的难易程度不同。一般小型企业适于进入投资和声誉都较低的群体,因为这类群体较易打入;而实力雄厚的大型企业则可考虑进入竞争性强的群体。二是当企业决定进入某一战略群体时,首先要明确谁是主要的竞争对手,然后决定自己的竞争战略。

5. 选好自己的营销策略

(1)市场领先者策略

①扩大总需求。扩大总需求的基本途径有:

A. 开发新用户:包括新的地域(地理扩展)、新的细分人群(市场渗透)和将公众转化为新的顾客(市场开发)。

B. 寻找新用途:为产品开发出新的功能和用途,从而开发出更广阔的市场。

C. 增加使用量:诱导顾客树立新的消费观念,从而增加顾客产品的使用量。主要包括,促使顾客在更多的场合使用该产品;增加顾客使用产品的频率;增加顾客每次消费的使用量。

②保持市场份额。市场领先者必须防备竞争对手的进攻和挑战,保护企业现有的市场份额;满足顾客需求,引领顾客需求;持续创新,不断提高顾客满意度;抓住竞争对手的弱点主动出击。当市场领先者不准备或不具备条件组织或发起进攻时,可以选择采用以下六种防御战略:

A. 阵地防御。市场领先者在其现有的市场周围建造一些牢固的防卫工事,构筑市场壁垒,如商标、专利技术、专营权、政府保护等。这是一种静态的、被动的防御,阵地防御是最基本的防御形式。

B. 侧翼防御。市场领先者建立一些作为防御的辅助性基地。对挑战者的侧翼进攻要准确判断,改变营销战略战术。用以保卫自己较弱的侧翼,防止竞争对手乘虚而入。

C. 先发制人防御。在竞争对手尚未动作之前,先主动攻击,并挫败竞争对手,在竞争中掌握主动地位。具体做法是当某一竞争者的市场占有率达到对本企业可能形成威胁的某一危险高度时,就主动出击,对它发动攻击,必要时还需采取连续不断的正面攻击。

D. 反攻防御。面对竞争对手发动的降价或促销攻势,主动反攻入侵者的主要市场阵地。可实行正面回击战略,也可以向进攻者实行"侧翼包抄"或"钳形攻势",以切断进攻者的后路。

E. 运动防御。市场领先者把自己的势力范围扩展到新的领域中去,而这些新扩展的领域可能成为未来防御和进攻的中心。市场扩展可通过两种方式实现:市场扩大化;市场多角化。

F. 收缩防御。市场领先者逐步放弃某些对企业不重要的、疲软的市场,把力量集中用于主要的、能获取较高收益的市场。

③提高市场占有率。市场领先者实施这一策略是设法通过提高企业的市场占有率来增加收益、保持自身成长和市场主导地位。企业在确定自己是否以提高市场占有率为主要努力方向时应考虑:是否会引发反垄断诉讼;经营成本增加是否会抵消收益;采取的营销策略是否准确。

需要注意提高市场占有率不一定能给企业增加利润。只有当具备以下两项条件时利润才会增加:产品的单位成本能够随市场占有率的提高而下降;产品价值的提高超过为提高产品质量提高所投入的成本,只有具有较高质量的产品才能得到市场的认可,并有可能获取较高的市场占有率。

(2)市场挑战者的竞争策略

大多数市场挑战者的战略目标是提高市场占有率,进而达到提高投资收益率和利润率的目标。

①确定谁是主要竞争对手。

A. 攻击市场领先者,一旦成功,挑战者的市场地位将会发生根本性的改变,因此颇具吸引力。进攻领先者需要满足的基本条件:拥有一种持久的竞争优势,比如成本优势或创新优势;在其他方面程度接近。挑战者必须有某种办法部分或全部地抵消领先者的其他固有优势;具备某些阻挡领先者报复的办法。

B. 攻击与自身实力相当的企业。抓住有利时机,向那些势均力敌的企业发动进攻,把竞争对手的顾客吸引过来,夺取它们的市场份额,壮大自己的市场。

C. 攻击实力较弱的企业。当某些中、小企业出现经营困难时,可以通过兼并、收购等方式,夺取这些企业的市场份额,以壮大自身的实力和扩大市场占有率。

②选择进攻策略。

A. 正面进攻。市场挑战者集中优势兵力向竞争对手的主要市场阵地正面发动进攻,即进攻竞争对手的强项而不是它的弱点。如海尔当年进入国际市场就是首先从美国市场入手。

B. 侧翼进攻。市场挑战者集中优势力量攻击竞争对手的弱点,具体可采取两种策略:地理性侧翼进攻,即在某一地理范围内针对竞争者力量薄弱的地区市场发动进攻;细分性侧翼进攻,即寻找还未被领先者企业覆盖的商品和服务的细分市场迅速填空补缺。如康佳进入海外市场就是先从投资南非建厂开始。

C. 围堵进攻。市场挑战者开展全方位、大规模的进攻策略。市场挑战者必须拥有优于竞争对手的资源,能向市场提供比竞争对手更多的质量更优、价格更廉的产品,并确信围堵计划的完成足以能成功时,可采用围堵进攻策略。

D. 迂回进攻。市场挑战者完全避开竞争对手现有的市场阵地而迂回进攻。具体做法有三种:实行产品多角化经营,发展某些与现有产品具有不同关联度的产品;实行市场多角化经营,把现有产品打入新市场;发展新技术产品、取代技术落后的产品。

E. 游击进攻。向较大竞争对手市场的某些角落发动游击式的促销或价格攻势,逐渐削弱对手的实力,游击进攻战略的特点是不能依仗某一个别战役的结果决出战局的最终胜负。

(3)市场跟随者策略

市场跟随者策略的核心是确定一个不致引起竞争性报复的跟随战略,在不同的情形下有自己的策略组合和实施方案,其基本内容包含:稳定自己的目标市场,保持现有顾客,并努力争取新的消费者或用户;必须设法创造独有的优势,给自己的目标市场带来某些特有的利益;还必须尽力降低成本并提供较高质量的产品和保证较高的服务质量;提防挑战者的攻击,市场跟随者是挑战者的首选攻击目标。

①紧密跟随,突出"仿效"和"低调"。跟随企业在各个细分市场和市场营销组合,尽可能仿效领先者,但是从不激进地冒犯领先者的领地,避免与领先者发生直接冲突。

②距离跟随,突出在"合适地保持距离"。跟随企业在市场的主要方面都追随领先者,但仍与领先者保持若干差异,以形成明显的距离。对领先者既不构成威胁,又因跟随者占有一定的市场份额而使领先者免受独占之指责。

③选择跟随,战略突出在选择"追随和创新并举"。跟随者在某些方面紧跟领先者,而在另一些方面又别出心裁。这类企业不是盲目跟随,而是择优跟随,在对自己有明显利益时追随领先者,在跟随的同时还不断地发挥自己的创造性,但一般不与领先者进行直接竞争。

(4)市场补缺者策略

企业应该具备占有理想补缺基点所需的资源、能力和足以对抗竞争者的信誉。

理想的补缺基点应该有足够的市场潜力和购买力。这种市场应该拥有足够的人口和欲望,有为满足这种需求的极强的购买能力,缺一不可。

理想的补缺基点应该有利润增长潜力。这个潜力是利润增长的速度要大于销售增长的速度,销售增长的速度大于成本增长的速度。

理想的补缺基点对主要竞争者不具有吸引力,这是这个基点成立的关键条件。

(二)消费者市场分析

1. 消费者市场

消费者市场(consumer market)是指为了生活消费而进行交换的个人或家庭。对这一概念要注意,消费者是个人或家庭,但以家庭为主;消费者不包括进行生产性交换活动的个人或家庭,如个体户的经营活动显然不是生活消费。

相对于组织市场,消费者市场特点表现为:

(1)分散:人群分布广泛;单次购买量小,购买频繁;需求的多样性。

(2)感性:消费者决策究其本质而言是一种感性的决策。原因在于过低的购买批量,决定其无法支付得起理性、科学决策所需的时间、精力等决策成本。当然,大多数情况下消费者还欠缺相应的专业知识。

2. 消费者购买行为模式

消费者购买行为是指人们为满足需要和欲望而寻找、选择、购买、使用、评价及处置产品、服务时介入的过程活动,包括消费者的主观心理活动和客观物质活动两个方面。

消费者的购买行为是由一系列环节、要素构成的完整过程,如图2—4所示为消费者购买行为刺激—反应模式。在这一过程中,购买决策居于核心地位,决策的正确与否直接决定购买行为的发生方式、指向及效用大小,即顾客购买行为来源于系统的购买决策过程,并受到内外多种因素的影响。

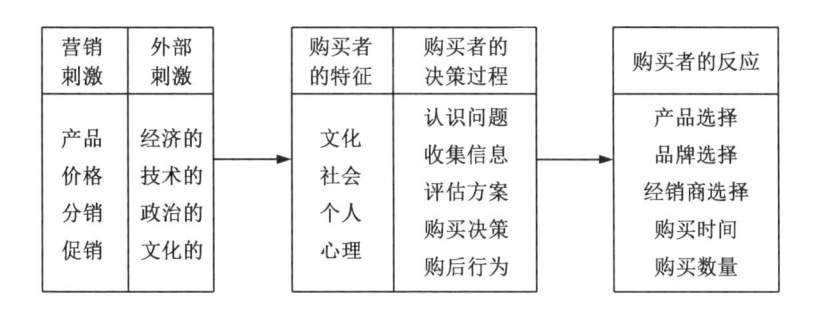

营销刺激	外部刺激	购买者的特征	购买者的决策过程	购买者的反应
产品 价格 分销 促销	经济的 技术的 政治的 文化的	文化 社会 个人 心理	认识问题 收集信息 评估方案 购买决策 购后行为	产品选择 品牌选择 经销商选择 购买时间 购买数量

图2—4 消费者购买行为刺激—反应模式

3. 影响消费者购买的主要因素

(1)文化(Cultural)

①文化概述。"文化"的本义就是"以文教化",它表示对人的性情的陶冶,品德的教养,属精神领域范畴。随着时间的流变和空间的差异,"文化"逐渐成为一个内涵丰富、外延宽广的多维概念。

广义文化指人类在社会历史发展过程中所创造的物质财富和精神财富的总和。可分为:一是物态文化层,由物化的知识力量构成,是人的物质生产活动及其产品的总和,是可感知的、具有物质实体的文化事物。二是制度文化层,由人类在社会实践中建立的各种社会规范构成。包括社会经济制度、婚姻制度、家族制度、政治法律制度等。三是行为文化层,以民风民俗形态出现,见之于日常起居动作之中,具有鲜明的民族、地域特色。四是心态文化层,由人类社会实践和意识活动中经过长期孕育而形成的价值观念、审美情趣、思维方式等构成,是文化的核心部分。广义的文化,着眼于人类与一般动物、人类社会与自然界的本质区别,着眼于人类卓立于自然的独特的生存方式,其涵盖面非常广泛,所以又被称为大文化(Culture with a big C)。

狭义的文化(culture with a small c)是指人们普遍的社会习惯和价值观念体系。

人类由于共同生活的需要才创造出文化,文化在它所涵盖的范围内和不同的层面发挥着主要的功能和作用。

A. 整合。文化的整合功能是指它对于协调群体成员的行动所发挥的作用,社会群体中不同的成员都是独特的行动者,他们基于自己的需要、根据对情景的判断和理解采取行动。文化是他们之间沟通的中介,如果他们能够共享文化,那么他们就能够有效地沟通,消除隔阂、促成合作。

B. 导向。文化的导向功能是指文化可以为人们的行动提供方向和可供选择的方式。通过共享文化,行动者可以知道自己的何种行为在对方看来是适宜的、可以引起积极回应的,并倾向于选择有效的行动,这就是文化对行为的导向作用。

C. 维持秩序。文化是人们以往共同生活经验的积累,是人们通过比较和选择认为是合理并被普遍接受的东西。某种文化的形成和确立,就意味着某种价值观和行为规范被认可和被遵从,这也意味着某种秩序的形成。而且只要这种文化在起作用,那么由这种文化所确立的社会秩序就会被维持下去,这就是文化维持社会秩序的功能。

D. 传续。从世代的角度看,如果文化能向新的世代流传,即下一代也认同、共享上一代的文化,那么,文化就有了传续功能。

②亚文化(subculture)。亚文化是整体文化的一个分支,它是由各种社会和自然因素造成的各地区、各群体文化特殊性的方面。如阶级、阶层、民族、宗教以及地域的不同,都可以在统一的民族文化之下,形成具有自身特征的群体或地区文化即亚文化。

亚文化具有本民族整体文化的基本特征,如语言文字、行为模式等,又具有自己的独特性。亚文化是一个相对的概念,是总体文化的次属文化。亚文化一经形成便是一个相对独立的功能单位,对所属的全体成员都有约束力。一个文化区的文化对于全民族文化来说是亚文化,而对于文化区内的各社区和群体文化来说则是总体文化,而后者又是亚文化。研究亚文化对于深入了解社会结构和社会生活具有重要意义。

在中国的市场研究中,地域亚文化、年龄亚文化、流行或时尚亚文化都应是我们关注的影响消费者决策的重要因素。

③社会阶层。社会学把由于经济、政治、社会等多种原因形成的,在社会的层次结构中处于不同地位的社会群体称为社会阶层,即具有相对同质性和持久性的群体,它们是按等级排列的,每一个社会阶层的成员具有相类似的价值观、兴趣爱好和行为方式。社会阶层有以下特征:同一阶层的人群具有类似的行为;社会阶层的地位有高低;社会阶层是经济、社会互动和政治三个主要变量综合的结果;社会阶层的内涵会变动,而且个人亦会提升到较高阶层或下降到较低阶层。

A. 社会阶层的划分取决于经济、社会互动和政治三个主要变量,具体而言以下六个变量是关键。

职业:一个人的工作会极大地影响他的生活方式,并赋予他相应的声望和荣誉。

成就:人取得的成就越高,就会获得更高的荣誉与尊重。个人业绩或表现也涉及非工作方面的活动,也许某人的职业地位并不高,但他或其家庭仍可通过热心社区事业、关心他人、诚实善良等行为品性来赢得社会的尊重从而取得较高的社会地位。

社会互动:大多数人习惯于与具有类似价值观和行为的人交往,在社会学里,群体资格和群体成员的相互作用是决定一个人所处社会阶层的基本力量。

财富:财富是一种社会标志,它向人们传递有关拥有者处于何种社会阶层的信息,有用财富的多寡、财富的性质决定同时也反映了一个人的社会地位。

价值取向:个体的价值观和信念是表明它属于哪一社会阶层的又一重要指标。由于同一阶层内的成员互动更频繁,他们会发展起类似和共同的价值观。

阶层意识:阶层意识是指某一社会阶层的人,意识到自己属于一个具有共同的政治和经济利益的独特群体的程度。

B. 社会阶层对消费决策的影响表现为:

● 支出模式上的差异。不同社会阶层的消费者所选择和使用的产品是存在差异的。有的产品如股票、到国外度假更多地被上层消费者购买,而另外一些产品如廉价服装与葡萄酒则更多地被下层消费者购买。下层消费者的支出行为从某种意义上带有"补偿"性质。一方面,由于缺乏自信和对未来并不乐观,他们十分看重眼前的消费;另一方面,低的教育水平使他们容易产生冲动性购买。

● 休闲活动上的差异。社会阶层从很多方面影响个体的休闲活动。一个人所偏爱的休闲活动通常是同一阶层或临近阶层的其他个体所从事的某类活动,他采用新的休闲活动往往也是受到同一阶层或较高阶层成员的影响。虽然在不同阶层之间,用于休闲的支出占家庭总支出的比重相差无几,但休闲活动的类型却差别颇大。

● 信息接收和处理上的差异。信息搜集的类型和数量也随社会阶层的不同而存在差异。处于最底层的消费者通常信息来源有限,对误导和欺骗性信息缺乏甄别力。出于补偿的目的,他们在购买决策过程中可能更多地依赖亲戚、朋友提供的信息。中层消费者比较多地从媒体上获得各种信息,而且会更主动地从事外部信息搜集。随着社会阶层的上升,消费者获得信息的渠道会日益增多。

● 购物方式上的差异。不同社会阶层的消费者由于在职业、收入、教育等方面存在明显差异,因此即使购买同一产品,其趣味、偏好和动机也会不同。如同是买牛仔裤,劳动阶层的消费者可能看中的是它的耐用性和经济性,而上层社会的消费者可能注重的是它的时尚性和自我表现力。所以,根据社会阶层细分市场和在此基础上对产品定位是有依据的,也是非常有用的。事实上,对于市场上的现有产品和品牌,消费者会自觉或不自觉地将它们归入适合或不适合哪一阶层的人消费。

应当强调的是,处于某一社会阶层的消费者会试图模仿或追求更高层次的生活方式。因此,以中层消费者为目标市场的品牌,根据中上层生活方式定位可能更为合适。

C. 中产阶层(the middle class)主要从事脑力劳动或技术性的体力劳动,主要靠工资及薪金谋生,接受过良好教育,具有专业知识和较强的职业能力及相应的家庭消费能力;有一定的闲暇,追求生活质量,对其劳动、工作对象一般也拥有一定的管理权和支配权。同时,他们大多具有良好的公民、公德意识及相应修养。换言之,从经济地位、政治地位和社会文化地位上看,他们均居于现阶段社会的中间水平。其基本特征包括:

● 通过提供知识来获取收入,或者通过经营小规模生产资料来获利;
● 拥有满足人们安稳生活需求的资产,如房、车、存款;
● 能够完全满足基本生活用品消费需求,注重物质生活的品质,具有一定的奢侈品消费能力;
● 具有较强文化和精神领域的需求,注重个人的社会形象和社会地位;
● 没有资产阶级的巨大财富,也没有低收入阶层的社会福利;
● 对安稳的社会环境有强烈的依赖,群体利益受经济衰退和社会动乱的影响较大。

为什么"中产阶层"能在社会变革中发挥非常关键的重要作用? 主要原因有:一是"中产阶层"对于只能依靠特权才能获得富贵的传统社会强烈不满,具有推动社会变革的内在动力;二是"中产阶层"具有知识和专业特长,他们对依靠个人努力和专业特长可以取得成功的公平竞争的现代社会充满向往,因而他们会积极参与新社会和新制度的设计和建设;三是"中产阶层"往往倾向于改革和改良,而不太倾向于采取对社会破坏较大的激烈暴力行动,他们是天生的"改革派"。

值得注意的是,阶层的演变带来了消费结构的变化,不同阶层在消费上体现不同的需求。在较低阶层的消费结构中,消费支出集中在生活必需品上面;而在较高的社会阶层中,比如刚迈入中产阶层的群体,消费支出更多属于发展型和享受型消费。

(2)社会因素(Social Factors)

①参照群体:个体在心理上所属的群体,是个人认同的为其树立和维持各种标准、提供比较框架的群体。如图2-5所示。

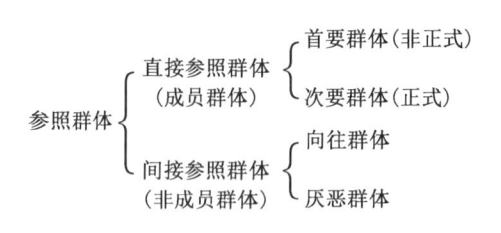

```
                        ┌ 首要群体（非正式）
         ┌ 直接参照群体 ┤
         │ （成员群体） └ 次要群体（正式）
参照群体 ┤
         │ 间接参照群体 ┌ 向往群体
         └ （非成员群体）└ 厌恶群体
```

图 2-5　参照群体（Reference Groups）

直接参照群体，即我们身在其中的某个群体，所以又称成员群体。首要群体是指我们身边对我们产生直接影响的亲朋好友、同学、同事等，因彼此关系为非正式的私人关系，所以又称非正式群体；次要群体是指我们身处其间的组织，因彼此关系为组织性关系所以又称正式群体，它对个体行为的影响主要表现在组织文化对成员价值观及行为的塑造上。间接参照群体则是指，我们并未直接接触，但依然对我们的价值观及行为产生重要影响的群体。根据这种影响是正向或反向的，又可分为向往群体（如追星现象）或厌恶群体。要注意的是文学、影视作品中虚构的人物也可能成为间接参照群体的组成。

参照群体对消费者的影响，通常表现为行为规范上的影响，信息方面的影响，价值表现上的影响。

A. 行为规范性影响是指由于群体规范的作用而对消费者的行为产生影响。

规范是指在一定社会背景下，群体对其所属成员行为合适性的期待，它是群体为其成员确定的行为标准。无论何时，只要有群体存在，无需经过任何语言沟通和直接思考，规范就会迅即发挥作用。规范性影响之所以发生和起作用，是由于奖励和惩罚的存在。

B. 信息性影响指参照群体成员的行为、观念、意见被个体作为有用的信息予以参考，由此在其行为上产生影响。

当消费者对所购产品缺乏了解时，别人的使用和推荐将被视为非常有用的证据。群体在这一方面对个体的影响，取决于被影响者与群体成员的相似性，以及施加影响的群体成员的专长性。例如，某人发现好几位朋友都在使用某种品牌的护肤品，于是她决定试用一下，因为这么多朋友使用它，意味着该品牌一定有其优点和特色。

C. 价值表现上的影响：指个体自觉遵循或内化参照群体所具有的信念和价值观，从而在行为上与之保持一致。

个体之所以在无需外在奖惩的情况下自觉依群体的规范和信念行事，主要是基于两方面力量的驱动。一方面，个体可能利用参照群体来表现自我，来提升自我形象。另一方面，个体可能特别喜欢该参照群体，或对该群体非常忠诚，并希望与之建立和保持长期的关系，从而视群体价值观为自身的价值观。

②家庭对消费者的购买行为的影响主要表现在以下三方面：

家庭消费购买传统影响当前的购买行为，如生活在我国南方的北方籍家庭经常购买面粉、水饺。

家庭的社会地位和经济条件决定了消费者的消费层次、消费结构和购买水平，它们之间一般呈正比例关系。

家庭结构影响着消费者的购买行为，如无子女的年轻夫妇一般没有负担，购买力比较强；而有子女的双亲家庭，主要是围绕保证子女的需求和照顾老人的健康为中心展开消费的。

③社会角色与社会地位。

A. 社会角色(social role)是在社会系统中与一定社会位置相关联的符合社会要求的一套个人行为模式,也可以理解为个体在社会群体中被赋予的身份及该身份应发挥的功能。换言之,每个角色都代表着一系列有关行为的社会标准,这些标准决定了个体在社会中应尽的责任和义务,从而也就规范了其行为。社会角色主要包括了三层含义:社会角色是一套社会行为模式;社会角色是由人在人群中的位置和身份所决定,是社会强制赋予的,而不一定是自主选择的结果;社会角色是符合社会期望(社会规范、责任、义务等)的,因而具有强制性。

也就是说,通过分析了解人在某一时点所扮演的社会角色,就可以依据对相应社会角色的社会期望来预判其行为选择。

而角色冲突则是指个体在某一时点所同时扮演的多个社会角色间,因社会期望相互矛盾而导致的个体行为选择的痛苦和冲突。但在一定文化范围内这种冲突带来的行为选择,往往仍是可以预判的。如忠孝不能两全,就是个体面对国家公民和家庭子女两种角色冲突的表现。

B. 社会地位(social status)通常是指社会成员基于社会属性的差别而在社会关系中的相对位置及其围绕这一位置所形成的权利和义务关系。社会地位区别于社会角色的地方在于,个体的社会地位具有唯一性,是个体所有社会属性的综合性反映。个体社会地位的形成既有先赋的部分(如家庭、国家、民族的背景差异),但更主要的还是来自自身努力获取的结果。也就是说,相对于社会角色的强制性,社会地位有更强的个体主动追求的色彩,因此社会地位对应的社会期望往往也就对个体具有更强烈的激励效应。如成功的奢侈品品牌多将自己定义为某种社会地位的象征性符号。同时,要注意社会地位不仅与权力、财富有关,也是社会个体的一种普遍渴望,任何社会个体在特定时点上都有其对相应社会地位的渴望,如孔乙己将他的破大褂赋予了"读书人"这一社会地位的象征意义。营销中要善于发现和挖掘这种普遍渴望。

(3)个人因素(Personal Factors)

个人因素是影响消费者购买行为的直接因素,它主要包括年龄、性别、职业、收入、受教育水平、个性、生活方式等。个人因素不同,消费需求不同,购买行为也就存在差异,其中收入、年龄、受教育水平尤其重要。

收入问题在经济环境中已做过分析,以下重点分析一下年龄和受教育水平对消费者行为的影响。

年龄对消费者购买行为的影响表现为:一方面,个体在退休前收入整体表现为上升的曲线;另一方面,随年龄增长,个体消费经验不断累积,其对外来新信息的敏感程度不断降低(这一点与信息来源多少无关),这两点呈现反向运动的态势。例如,老年人喜欢端庄、朴素、实惠的服装,常根据习惯和经验购买;而年轻人喜欢新潮款式,容易在各种外来信息影响下出现冲动性购买。因此,营销界常把25～35岁年龄段称为"黄金消费群"(考察年龄问题时,还需注意心理年龄的因素,这一点在生理年龄越大时,影响越明显)。

受教育水平对消费者购买行为的影响,主要表现为受教育水平整体上与收入成正比;受教育水平整体上与信息来源的广度与深度成正比。更关键的是受教育水平(尤其是高等教育)直接影响消费者决策时的独立性思考的习惯养成。即消费者决策时是否坚持一个独立思考判断的过程,而不是简单地模仿他人,这一点直接影响消费者决策模型。例如:脑白金的广告模式在20世纪90年代可以风行一时,但现在却被消费者所鄙夷。最后,要注意受教育水平与消费者决策正确性之间并无直接的相关性。

(4)心理因素(Psychological Factors)

消费者购买的决策过程,也可视为一个对企业提供的产品或服务的认知过程。而个体的认知过程——动机—感知—学习—信念和态度—个性与自我,实际上是一个主观对客观的反映过程,是一个心理活动过程。了解这一认知过程(个体认知律)的基本规律,可以帮助我们把握消费者认知的特点,从而更有针对性地开展营销活动。

动机:是产生行为的起点,来源于迫切要求加以满足的需要——欲望,它及时地引导人们去探求满足需要的目标。

感知:感知是个体对客观事物的外部特征的主观反映,分为感觉和知觉两个阶段,它不仅取决于客观事物的特征,而且取决于周边环境和个体所处的状况。知觉具有的特点是选择性、理解性和稳定性。

学习:是指由于经验积累而导致认知改变的过程,是对客观事物认知由表及里、由具象到抽象的转折过程,其基本特点是重复。

信念和态度:是个体对某一客观存在的描述、评价、感受和行动倾向。信念、态度是学习和行为的结果,同时它一旦形成就具有持久性的特点,反过来指导学习和行为。

个性与自我:个性是个体独特的心理特征和品质的总和,而自我是个体对本身的认知结果,它们决定个体对客观事物的认知和行为。

4. 消费者购买决策过程

广义的消费者购买决策是指消费者为了满足某种需求,在一定的购买动机的支配下,在可供选择的两个或者两个以上的购买方案中,经过分析、评价、选择并且实施最佳的购买方案,以及购后评价的活动过程。它是一个系统的决策活动过程,包括需求的确定、购买动机的形成、购买方案的抉择和实施、购后评价等环节。

(1)消费者购买行为类型

①复杂型购买行为。复杂型购买行为是指消费者面对购买间隔较长(上一次的经验效力降低),且产品价值极高、价值构成极为复杂的产品时,由于产品品牌差异大,购买风险大,消费者需要有一个学习过程,广泛了解产品的性能、特点,从而对产品产生某种看法,最后决定购买的消费者购买行为类型。如购买房屋。

营销者应采取有效措施帮助消费者"学习",从而了解产品性能及其相对重要性,并介绍产品优势及其给购买者带来的利益,从而影响购买者的最终选择。

②协调型购买行为(又称化解不协调的购买行为)。协调型购买行是指为那些对品牌差异不大,但价值相对较高、价值构成相对复杂的产品,消费者由于经验和专业知识不足,导致购买时有一定的风险,所以,消费者一般要比较、看货,只要价格公道、购买方便、机会合适,消费者就会决定购买;购买之后,消费者也许会感到某些不协调或不够满意,在使用过程中,会了解更多情况,并寻求种种理由来减轻、化解这种不协调,以证明自己的购买决定是正确的消费者购买行为类型。如衣着类产品。

针对这种购买行为类型,营销者应注意运用价格策略和人员推销策略,选择最佳销售地点,并向消费者提供有关产品评价的信息,使其在购买后相信自己做出正确的选择。当然,这种不协调的化解显然更加依靠的是直接参照群体中首要群体的好评,因此"口碑"的重要性在此凸显。

③变换型购买行为(又称多样性购买行为)。变换型购买行为是指对于品牌差异明显的产品,消费者不愿花长时间来选择和评估,而是不断变换所购买的产品的品牌的消费者购买行为

类型。典型产品如日化生活类产品。

消费者这样做并不是因为对产品不满意,而是为了寻求多样化。针对这种购买行为类型,市场营销者可采取加速品种更新、销售促进和占据有利货架位置等办法,保障供应,鼓励消费者购买。如宝洁多品牌策略就是针对这种消费行为类型特点的一种品牌策略。

④习惯性购买行为。习惯性购买行为指对于价值低廉、经常购买、品牌差异小的产品,消费者不需要花时间选择,也不需要经过收集信息、评价产品特点等复杂过程,而只是简单重复上一次购买行为的消费行为类型。如报纸、杂志、香烟等。

面对习惯性购买,企业首先要保证渠道便利,保证顾客可以用最少的时间与精力成本完成产品购买。同时可以利用价格与销售促进吸引消费者使用;开展大量重复性广告,加深消费者印象;增加购买参与程度和品牌差异。

最后,要注意在上述分析中,产品价值是由顾客的判断决定的,而不一定是价格的直接反映。如一盒巧克力的价格往往远高于一件普通的文化衫,但顾客却会认为这件文化衫的价值高于巧克力。同时,要注意习惯性和多样性购买行为对应的产品都具有价值低、购买频繁的特点,这时特定顾客的特定偏好的作用极其明显,如小食品、饮料当顾客形成特定偏好时,就会表现为习惯性购买,否则就会呈现为多样性购买。

(3)消费者购买决策过程的主要步骤

①从消费者行为特点来看,购买决策过程可分为:

A. 引起需要:消费者认识到自己有某种需要时,是其决策过程的开始,这种需要可能是由内在的生理活动引起的,也可能是受到外界的某种刺激引起的。

因此,营销者应注意:

通过产品的购买与使用来满足哪些需求或动机(消费者追求哪些利益)?

消费者的这些需求是潜在的需求还是激活的需求?

目标市场的消费者以何种程度卷入产品购买过程(即顾客在购买决策中扮演的角色)?

B. 收集信息:

哪些产品或品牌的信息储存到潜在消费者的记忆里?

消费者是否具有搜寻外部信息的动机或意图?

消费者搜寻有关购买信息时利用哪些信息来源?

消费者所要获得的信息是产品的哪些属性方面的信息?

C. 评估比较:消费者得到的各种有关信息可能是重复的,甚至是互相矛盾的,因此还要进行分析、评估和选择,这是决策过程中的决定性环节。

产品性能是购买者所考虑的首要问题吗?

不同消费者对产品的各种性能给予的重视程度不同,或评估标准不同。

多数消费者的评选过程是将实际产品同自己理想中的产品相比较。

消费者评价或比较购买方案的努力程度如何?

在消费者评价对象中包括哪些品牌?

消费者为评价方案利用哪些评价标准?哪些评价标准最突出?评价的复杂程度如何(是利用单一的标准还是利用复合的标准)?

以哪些类型的决定方法来选择最佳方案?在评价项目中哪些项目最突出?评价的复杂程度如何?

对各方案的评价结果如何?是否相信各方案的特征或特性是事实?对各方案的主要特性

的认知程度如何？对各方案的购买或使用持哪些态度？购买意图如何？这些购买意图能否变成现实？

　　D. 购买决策：消费者对商品信息进行比较和评选后，已形成购买意愿，然而从购买意图到决定购买之间，还要受到两个因素的影响：他人的态度，反对态度愈强烈，或持反对态度者与购买者关系愈密切，修改购买意图的可能性就愈大；意外的情况，如果发生了意外的情况——失业、意外急需、涨价等，则很可能改变购买意图。

　　E. 购后行为：

　　消费者为自己所选择的方案是否付出时间或努力？

　　有没有与购买有关的追加的决策？

　　是否存在偏好？偏好的具体内容是什么？

　　是否有满意方案？满意程度如何？

　　有没有不满意的理由？它们反映了什么问题？

　　消费者购后的满意程度取决于消费者对产品的预期性能与产品使用中的实际性能之间的对比。购买后的满意程度决定了消费者的购后活动，决定了消费者是否重复购买该产品，决定了消费者对该品牌的态度，并且还会影响到其他消费者，形成连锁效应。

　　②从消费者心理认知特点来看，消费者决策过程可分为：

　　A. 知晓(Know)阶段：这是消费者个人发现自己真实需要的产品的存在。在这个阶段，一个真实的、能够满足消费者需要的产品是关键。厂商在做广告宣传时，要真诚地向消费者传播真实的有效的商品信息，以引起消费者的注意。

　　B. 了解(Realize)阶段：这是消费者个人了解产品的效用。消费者购买商品的目的是使用，以满足自己的需要。为此，他要切实了解产品的效用。在这个阶段，销售人员要熟练地向消费者演示产品的使用过程，耐心地向消费者介绍产品对消费者的实际效用。产品的效用是吸引消费者的核心因素。

　　C. 喜欢(Like)阶段：这是消费者个人对产品产生良好印象。要使产品在消费者心目中有一个良好的印象，产品的外形、性能、效用等必须引起消费者足够的重视，最起码与别的产品相比，它具有独特的、引人注目的地方，使人心存喜欢。

　　D. 偏好(Partial)阶段：这是消费者个人对产品的良好印象已扩大到其他方面。这是一个"爱屋及乌"的心理变化过程，是消费者由前面的对产品的知晓、了解、喜欢产生的，也是他对销售人员前阶段的热情、真诚的表现所产生的一种肯定态度。

　　E. 确信(Certitude)阶段：由于消费者对产品或销售人员有了"偏好"这个基础进而产生购买愿望，他认为购买是明智的选择，并且不断地强化这个观念。

　　F. 购买(Action)阶段：消费者把自己的购买态度转变为实际的购买行动，而且始终坚持他自己所选择的产品。

　　上述 KRLPCA 六个阶段，消费者从最初接触厂商的某个产品直至转变为购买行为的过程是一个完整的思维活动过程。每个阶段的实际效果取决于消费者的三种基本心理状态：认识(Cognition)即消费者个人对产品的认识思维；感情(Heart)即消费者个人对产品或销售产品的人员的情绪偏向；意愿(Desire)即消费者个人在了解产品的效用后所产生的购买动机。我们把认识、感情、意愿称为消费者购买的心理密码，简称为 CHD。

五、案例分析（课程思政）

本案例的探讨，应聚焦于以下问题：

1. 宏观环境的变化如何深刻影响企业营销？拼多多是怎么做到用农村包围城市，并挺进"CBD"的？

2. 企业的核心竞争力如何构建？面对淘宝、京东这样的巨头，拼多多突围而出，高速成长的关键是什么？

3. 随着中国的发展进入新时代，消费者发生了哪些带有根本性的变化？拼多多把握住了什么？

史上最诗意的股东信里，隐藏着黄峥应对危机的三大思考！

这几年，每次谈及拼多多强悍的增长能力，在商业领域几乎人人都能举出几个印象深刻的数字：破1 000亿元商品交易总额（GMV），京东用了10年，淘宝用了5年，拼多多仅用2年；创立4年半就已经成为中国第二大电商平台；前两天，拼多多发布的年报显示，2019年，拼多多实现成交额10 066亿元，平台年活跃买家数达5.852亿，实现年营收301.4亿元。同时，伴随着财报发布的，是一篇来自创始人黄峥"骨骼清奇"的股东信——这封信里没有谈运营，没有谈愿景，更没有画饼，而是谈起了物理定律和方程式，谈疫情，谈人类，充满了物理和哲学思维。结尾还引用了穆旦的诗，可以说是史上最诗意的一封股东信。最诗意CEO黄峥，是如何带领拼多多干出了最强悍的数据，或许我们能从这封信里找到三个重要关键词：新世界、新物种和新时代。

思考一：规则必将改写，新物种必将诞生

有人说，一场突如其来的疫情终于让我们懂得，2020其实就是叫我们：2020，归零归零。但与疫情僵持不下绝非正解，黄峥将疫情解读为"新生之时"：

"当这个微小的病毒进入人类世界时，它就像试管中的催化剂一样，加速了新世界的形成。过去世界的某些维度在被重构，一些规则也在被改写。这股席卷全球的力量将从根本上永久地改变我们所生存的世界。就像我在前面两封致股东信中解释拼多多的诞生时所述，新物种将会以和从前完全不一样的样子在新的土壤中孕育和生长。现在，正是世界萌发新生，重新构建的时候。"

这里出现了一个关键词——新世界。时间回到四年半之前，拼多多正是带着重构的基因，改写了电商的规则，构建了一个新世界。你会发现，"拼"这个动词，重新定义了电商。拼多多员工才不到6 000，但人均创造的GMV惊人，达到1.73亿元，是因为拼多多不只打造出一个低价的电商平台，靠的是颠覆性的模式改变。拼多多成立之初，用户大部分来自四五六线城市，这就是拼多多能突出重围的一个重要商业逻辑：通过侧面出击，回避了与淘宝、京东的正面交战，为企业的早期成长留下了成长的空间。"拼团＋社交"不仅天生适合移动互联网时代，更为用户创造了一个新的购物场景。在财经小晚《对话拼多多黄峥》的采访里，黄峥说："在别人看来，拼团不过是一个创造GMV增量的工具；而拼多多是人的逻辑，我们通过拼团了解人，通过人推荐物，未来会从人工选品到全部由算法和机器来选择。"

更重要的是，"拼"这个动词，还对供应链效率进行了革命。从前农村地区电商基础差，需要投入大量的人力财力，同时需要建立持续可控的供应链关系，淘宝一直想突破三四线城市和农村，却始终没找到有效突破口。2015年，淘宝和京东正式进军农村市场，两家电商巨头多采用代理、刷墙等方式拉新,但几年下来,两家巨头并没有完全吃透农村市场。供应链打不通、信息滞后、流通成本高,这三大中国农产品之痛,让农产品一次次滞销,而农民一年的努力也跟着打了水漂。而黄峥带领着拼多多,从2016年开始扎根农村,先是通过社交拼团的形式,帮助贫困地区打开销路;又创造"拼农货"模式,"以拼代捐"进行扶贫。在线下,拼多多愿意真正扎根进去,了解实际问题、了解农民的意愿和想法,拥有强悍的农产品吸收力;在需求端,拼多多作为新电商模式能发挥聚集效应,带动了供应链革命。2020年一季度,新增涉农商家超过27万,接近上年全年新增数量,可以说,拼多多吃透了农村市场。

思考二:学会感受时间,把握今朝

除了对病毒的态度,黄峥也谈到了自己对时间的理解。

"当新型冠状病毒席卷全球时,每个机体都不得不面对大自然带来的残酷挑战。相对年轻的人或许心存一些侥幸与慰藉。这并不是说我们要在'危'中讨巧得利。任何妄图乘人之危或利用漏洞使自身受益的想法,在时间面前显得异常愚蠢,无异于一个狂妄的赌徒试图在赌场上赢过时间。相反,我们感受到了需要更加努力工作的冲动和动力。这是因为我们比以往任何时候都更理解和珍惜宝贵的青春。我们越发意识到我们应尽的责任。我们需要证明我们这一代人的与时俱进和与以往不同。在这个新世界中,新物种和新生物必将诞生并茁壮成长。"

在对时间的解读里,出现了非常重要的关键词——新物种。而与去年股东信抗议竞争对手的"二选一"排他协议不同,今年的拼多多,开始更多地考虑如何更加开放、创造更多的社会价值。拼多多与国美合作,就是开放生态的最好证明。不得不承认,物流一直是拼多多的软肋和短板,京东有自建物流,阿里四处入股,日前有消息显示,"距离一统天下,只差韵达"的阿里正在计划购买韵达至少10%的股份。但拼多多这时的做法是,与国美达成全面战略合作,国美旗下安迅物流、国美管家两大服务平台,将同时成为拼多多物流和家电售后服务提供商,拼多多也获得了更好的大件物流能力和售后支撑力,这就是开放的力量。

拼多多仍然支持支付宝和花呗,并且从未屏蔽其他竞争对手的搜索关键词。"阿里京东、滴滴美团,他们是帝国式竞争,有明确地盘界限,但是我觉得,我们这一代人的思路不该是这样。拼多多和淘宝更像是两个不同的维度在慢慢融合,拼多多用支付宝也用菜鸟。"黄峥强调称,强迫性的"二选一"既没有为消费者创造价值,也没有为品牌和制造商带来好处,"这种做法终将被淘汰"。

思考三:面对不确定性,要学会投资未来

一个企业不仅有强悍的危机感,而且有应对危机的行动,这才是关键。在股东信中,黄峥谈到的第三个关键词是——一个新时代的到来。

"今天,全世界都处在一种常规的反常中。成万上亿的人被迫困在家中,与亲朋好友分离。然而,我们又同时通过某种精神和情感连结在一起。这种关系也影响着我们所能感知到的物理世界。虚拟世界和物理世界之间的边界前所未有地模糊,我们开始看到(而不仅仅是想象)一个新的世界正在走来。或者,更精准地说,是一个全新的人类世界正在走来。同样,人类物质与精神需求之间的分别也愈发模糊。"

在应对疫情"黑天鹅"冲击时,人们的感情需求与物质需求的结合更加强烈,这正是电商的新时代。主打"拼团+社交"的拼多多从开始阶段就敏感洞察到了用户的这一需求。早在2018年4月,拼多多就上线了"多多果园",与之前流行一时的旅行青蛙不同,苦等多日收到青蛙一张照片,起初可能还感觉新奇,但时间一久便会厌倦,这款游戏也会慢慢被遗忘,而多多果园不一样,通过自己的不断浇水,最终获得实物性的奖励——新鲜水果。

多多果园这种把虚拟产品送到用户手中的做法,将虚拟游戏与现实进行打通,对用户来说,绝对是一种全新的体验。采用这种方式,2019年拼多多帮助全国农户销售了百万吨农货,扶植起了很多商家。例如,帮河南中牟的蒜农们销售了当地2 000亩大蒜,确实为当地人带来很多实惠。再举个例子,最近爆火的直播带货,也切中感情需求和物质需求的结合。2019年开始,越来越多的村长、县长走进直播间,变身主播,吆喝起当地的土特产。央视新闻朱广权与李佳琦合作公益直播,累计观看次数达1.22亿,为湖北带货4 014万元……疫情期间,大量农户与中小企业的销路不畅,拼多多推出了"抗疫助农专项行动""市县长直播""产业带复工大联播""拼交会"等系列行动,设立5亿元商品补贴资金,集中解决农产区包括230多个国家级贫困县农特产品的销路问题。拼多多累计带动超过8.4万吨农产品"出村进城",将农产品产地直接与消费者连接在一起,充分保障了特殊时期的农户收入。

通过直播带货,拼多多做到了边界的消除——线上线下的边界在消除,农村和城市的边界也在消除。

结语

2003年非典的出现,推动了在线购物的发展,淘宝、京东都是在非典的背景下崛起,推动了整个消费市场的电商化浪潮。而这次疫情又一次大幅度地提升了电商化的发展,所以,面对疫情的最好办法是,接受疫情冲击的新常态,并努力创造更好的未来。股东信最后,黄峥引用了穆旦的一首诗:"我冷眼向过去稍稍回顾,只见它曲折灌溉的悲喜,都消失在一片亘古的荒漠。这才知道我的全部努力,不过完成了普通的生活。"黄峥曾在一次采访中说,"拼多多满足的是一个人的很多面"。疫情之后,黄峥和拼多多新的一面即将开始。而那时的拼多多,已经不仅仅属于五环外了。

资料来源:张一弛.史上最诗意的股东信里,隐藏着黄峥应对危机的三大思考! 微信公众号"金错刀频道",2020—04—27.

案例点评:

一提拼多多,我们的第一反应就是"拼团""廉价",甚至低水平。但我们往往忽视了两点:首先,随着农村基础设施的快速完善和新一代农村年轻人收入和受教育,以及信息获取渠道逐步与都市统一(城市化和移动互联的普及),其消费观和消费能力的跃迁;其次,"廉价"一定要依靠成本优势才能持久。

1. "小镇青年"是拼多多的核心目标顾客,请对新时代的这一群体做一个全面分析。
2. 拼多多的成本优势是怎么打造的?
3. 农村、农业、农民是国情的基础,也是中国市场潜力之所在。结合"乡村振兴"战略,谈谈你心目中农村带来的市场机会。

六、知识链接

(一)公司的注册

1. 准备材料

(1)公司法定代表人签署的《公司设立登记申请书》;

(2)全体股东签署的公司章程;

(3)法人股东资格证明或者自然人股东身份证及其复印件;

(4)董事、监事和经理的任职文件及身份证复印件；

(5)指定代表或委托代理人证明；

(6)代理人身份证及其复印件；

(7)住所使用证明。

注：住所使用证明材料的准备，分为以下三种情况：

(1)若是自己房产，需要房产证复印件，自己的身份证复印件；

(2)若是租房，需要房东签字的房产证复印件，房东的身份证复印件，双方签字盖章的租赁合同，和租金发票；

(3)若是租的某个公司名下的写字楼，需要该公司加盖公章的房产证复印件，该公司营业执照复印件，双方签字盖章的租赁合同，还有租金发票。

2. 注册流程

公司注册流程如图2-6所示。

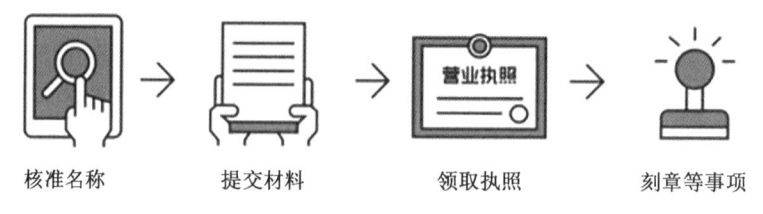

图2-6 公司注册流程

第一步　核准名称

时间：1~3个工作日

操作：确定公司类型、名字、注册资本、股东及出资比例后，可以去市场监督管理局现场或线上提交核名申请。

结果：核名通过，失败则需重新核名。

第二步　提交材料

时间：5~15个工作日

操作：核名通过后，确认地址信息、高管信息、经营范围，在线提交预申请。在线预审通过之后，按照预约时间去市场监督管理局递交申请材料。

结果：收到准予设立登记通知书。

第三步　领取执照

时间：预约当天

操作：携带准予设立登记通知书、办理人身份证原件，到市场监督管理局领取营业执照正、副本。

结果：领取营业执照。

第四步　刻章等事项

时间：1~2个工作日

操作：凭营业执照，到公安局指定刻章点办理公司公章、财务章、合同章、法人代表章、发票章；至此，一个公司注册完成。

(二)淘宝网店的开设

想要在网络上开一个商店，就必须选择一个平台，有了这个交易平台，就可以在这个平台上进行各种交易。今天就以淘宝为例,给大家讲解一下怎样在淘宝开店。

1. 注册电子邮箱

因为在注册淘宝会员的时候,需要电子邮箱,淘宝会向您的邮箱发一封邮件进行验证(建议开店的过程中专门开通一个邮箱作为淘宝店铺专用,后期淘宝的培训什么的,都会经常用邮箱的)。

2. 注册淘宝会员

可以用邮箱注册,也可以用手机注册,同样可以用自己名字的字母注册。

3. 激活支付宝

在我们后期的开店过程中,所有的交易都是通过支付宝来支持的,所以支付宝非常重要。

4. 支付宝实名认证

因为支付宝后面会涉及取现的问题,所以实名认证非常重要,必须跟取现银行卡是同一个人。

①打开 www.alipay.com,登录支付宝账户,点击【实名认证】。

②在【普通认证】一项,点击【立即申请】。

③填写个人信息和上传身份证图片,点击【下一步】。

④填写银行卡信息,点击【下一步】。

⑤确认信息后,点击【确认信息并提交】,1～2天后支付宝会给银行账户打入一笔1元以下的确认金额。

⑥收到打款金额,登录支付宝账户,点击【实名认证】,点击【输入打款金额】。注:(1)若您收到1元以下的银行入账通知,但是支付宝账户没有看到确认金额入口,是因为时间还没有到,普通银行卡需要1～2天(邮储银行需要1～2个工作日),请耐心等待。(2)只有两次输入的机会。

⑦输入的金额正确后,即时审核您填写的身份信息,请耐心等待2秒钟;如审核通过,即认证申请成功。

⑧若身份信息未通过审核,您可以点击【提交人工审核】,提供相关信息给支付宝客服审核。

5. 登陆卖家中心——点击我要开店(如果没有完成实名认证,系统会要求需要进行实名认证、阅读要求等)

下面就非常简单了,进入后台:

①选择商品的发布方式,如"一口价";

②选择商品类目(如家居或电子等),发布商品;

③正确选择发布的商品信息;

④发布商品;

⑤用相同方法发布10件不同商品后,可以申请开店。

(三)组织市场分析

组织市场的购买行为与消费者市场购买行为有明显的差异。主要表现为以下几个方面:

1. 组织市场的需求特点

组织市场的需求是由消费者市场的需求派生出来的。如消费者对汽车的需求量增加,就会引起汽车公司对钢材的需求增加。组织市场的需求波动性较大,受经济前景、科技发展及经济周期的影响,消费市场需求较小的波动就会导致组织市场的需求很大的波动。组织市场的需求都缺乏弹性,总需求受价格变动影响很小。如钢材价格下降,汽车公司不会因此大量增加钢材的采购,因为生产规模和生产能力有限。

组织市场的规模、结构及地理分布：组织市场的买主户数少、集中度高、规模大，许多组织市场上出现了少数大买主买下大部分商品的现象。另外由于自然条件、交通设施、市场竞争及历史的原因，导致产业分布趋向集中，使组织市场的地理区域也较集中。

组织市场的交易特点：组织市场的采购表现出专业化、理性化特点。由于购买批量大、技术性强，多由专业人员从事采购，且采购的目的是营利，所以这种采购行为多属理性行为。组织市场多为直接购买，不经过中间商，重视售前、售后服务。组织市场买卖双方关系较稳定，并常开展互购，买卖双方合作良好。

2. 组织市场的购买类型

(1) 直接采购：即按常规采购组织一直在采购的商品，只是对数量及供货单位略加调整。营销人员可采取相应的策略保持原有市场或打入新的市场，如提供优质服务，保证质量，利用客户对原供应者的不满，让客户重新考虑供应来源等。

(2) 修正采购：即因某种原因，采购者改变产品规格、价格及其他条件或改变供应商，其目的是寻找更低的价格、更有利的交货条件等。营销人员应掌握用户需求变化趋势，开发新的规格品种，降低成本，以保住原有的市场，并挤进其他供应者退出的市场。

(3) 新购：即组织为增加新的生产项目或更新设备，第一次购买某一商品或服务，如安装计算机网络系统，建设新工厂时就是处于新购的情况。营销人员应抓住这个机会，运用一整套营销手段尽力争取这部分市场。

(4) 政府招标：这是组织市场中的特殊购买形式，其基本特点是公开性。政府一方面为了防止采购过程中可能出现的腐败行为，另一方面也是为了通过公开的招标，降低采购成本。在需要购买商品和服务时，事先通过发布公告，把需要采购的商品、数量、规格和其他条件公开招标，然后在公开、透明原则下对投标企业的标书评标，最后选定购买对象。由于政府招标完全是公开透明操作，投标企业必须在商品质量和价格等条件上占据优势，否则很难获得成功。

3. 组织市场的购买者

参与采购和影响采购决策的人在购买决策过程中通常分别担任五种角色。

(1) 使用者：所要采购物品的实际使用者。通常采购物品的要求是由他们首先提出的，他们在规格型号的决定上有很大的作用。

(2) 影响者：组织内直接或间接影响采购决策的人，其中技术人员是特别重要的影响者。

(3) 采购者：具体执行采购任务的人员。他们负责选择供应者并与之谈判签约。

(4) 决策者：组织里有权决定采购项目和供应者的人。日常采购中，采购者本身往往就是决策者。在复杂的采购中，决策者通常是单位的主管。

(5) 把关者：指能控制信息流的人员，如单位的采购代理商、技术人员等，他们可控制外界与采购有关的信息流入组织内部。采购代理商有权阻止供应商的推销人员直接会见被代理单位的使用者和决策者。

有一些接近决策者的人，如技术人员、秘书等，卖方往往通过这些人向决策者施加影响。营销人员对购买者的角色要进行分析，根据不同对象，有针对性地采取促销措施，特别是对大客户要重点调查分析。

4. 组织市场的购买过程及其影响因素

(1) 组织市场用户的购买决策过程

组织市场用户的购买决策过程通常可分为八个阶段。即：认识需求，确定需求特点和数量，评述产品规格，寻找供应商，接受、分析供应商的建议，选择供应商，发出正式订单，检查评价履约情况。但是并非每次采购过程都需要经过这八个阶段。组织购买行为的复杂程序取决于采购业务的类型。直接重购、修正重购和新购等不同的购买类型所经历的购买环节是有所差异的。

(2)影响组织市场购买决策的因素

通常,影响组织市场采购决策的主要因素可归纳为以下四大类:

①环境因素。组织外部环境对组织市场的影响很大,从而必然会影响到组织市场用户的采购计划。

②组织因素。指组织目标、政策、程序、制度等对购买行为的影响。如生产单位的产品方向关系到原材料、设备等的采购,企业要生产电机就要采购钢材、漆包线等。由于营销目标不同,企业对所生产的产品所注重的特点不同,因此所购买的生产资料也不同。企业产品所注重的特点主要有:质量、价格、准时交货、包装、服务等方面。采购制度对购买行为的影响很大,如有的单位决策权高度集中,可降低成本。有的单位决策权分散,决策主要由采购人员决定,对有利于单位的采购给予奖励,这样可调动采购人员的积极性。

③人际关系。指采购组织内外部各种人际关系对购买行为的影响。由于组织市场购买行为涉及的人员较多,他们在组织中担任的职务、经历、素质、爱好、情绪、社会关系、说服力等各不相同,这些都会影响他们所作的采购决策和采购行为。

④个人因素。指购买决策人员的年龄、收入、教育、个性、对风险的态度等因素对其购买行为的影响。这些影响会使购买者产生不同的直觉和偏好,从而表现出不同的购买行为。

项目三　我定特色

学习目标

1. 掌握市场细分基本方法。
2. 具备针对特定目标市场进行定位的能力。
3. 明确树立品牌意识,初步掌握品牌定位知识。

学习要点

1. 明确定位对成功营销的重要意义。
2. 明确"品牌化"对营销活动的影响。

一、案例讨论

(一)分析25家市值千亿美元以上公司,发现惊人规律

如果将世界上所有1 000亿美元市值以上的企业罗列出来,这个名单将要很长。如果从1900年开始做一个划分,我们看到,绝大部分的欧洲顶尖企业都消失了,而美国的顶尖企业绝大部分仍然保留在榜单上。这是什么样的原因造成的呢?

自从19世纪末以来,美国超过了欧洲,成长为全球规模最大的市场。立足于这个全球最大的本土市场,美国的新兴行业优秀企业能够通过规模优势,轻易地战胜其他地区的竞争者,获得了成长为全球顶尖企业的优先入场券。而欧洲企业,在全球产业革命的大浪潮中,渐渐地就被边缘化了。

谁能够适应市场的变迁,谁就能够成就百年基业。斯伦贝谢就是这么一个活生生的例子。

19世纪末,石油工业开始获得快速发展,欧洲的壳牌石油、BP石油是市场中最早的巨无霸。石油开采的难度越来越大,于是孕育了一个新兴的专业技术服务市场。1921年,斯伦贝谢成立,作为最早的石油探测和钻井服务公司,斯伦贝谢在一开始就已经奠定了技术领先的地

位,1927年发表的《钻井电信号研究》是这个行业的基础技术之一。斯伦贝谢最早作为一家欧洲公司,它的出现是欧洲科技领先水平的体现,但是如果一直扎根于欧洲,斯伦贝谢不会有今日的行业地位。第二次世界大战前后,世界石油市场发生了巨大的格局变化,美国市场的地位越来越重要,墨西哥湾的石油开采业蓬勃发展。斯伦贝谢1940年将总部迁至美国休斯敦,将业务重心及时地转移至美洲市场,由此获得了进一步发展壮大的空间。在竞争激烈的石油服务市场,没有任何一家企业能够靠自己的技术保持长久领先,因此依靠行业地位积累的资金不断收购,补齐短板就成了重要的法宝。从20世纪50年代开始,斯伦贝谢几乎每一年都要收购几家公司,1952年收购Forex公司进入钻井市场,1956年收购Johnston Testers公司成为综合性测井公司,1993年收购IDF公司成为钻井液服务供应商,2010年收购史密斯公司成为钻头生产巨头。

正是通过适应市场的业务调整和收购扩张,斯伦贝谢不断向新兴的更有发展前途的蓝海前进,在一百年的时间里不断壮大,才成就了这家石油能源产业链里"最年轻"的顶尖企业。自20世纪20年代以后,世界范围内,再也没有诞生过一家石油行业的顶尖跨国企业。

波音公司是另一个适应市场的绝佳例子。

1903年,莱特兄弟研发出世界上第一架具有实用性的飞机,并且创办了自己的莱特飞机公司。当然,今天我们知道,莱特并没有笑到最后。1916年成立的波音公司,在早期的飞机公司中并不起眼,和很多当时的主流飞机公司一样,波音的业务以政府的军用订单为主。一直到第二次世界大战结束之后,波音才脱颖而出。

第二次世界大战,是改变这一切的根本力量。二战之前,军用业务才是市场主流,但是随着二战的结束,飞机的市场结构发生了巨大变化,传统的军用市场萎缩,大型民用客机市场开始兴起和壮大。1957年,在原有空中加油机基础上改进的波音707喷气式民用客机大获成功,获得了上千架的订单,波音从此在商业客机市场上奠定了领先位置。在当时所有的军用飞机公司中,波音是最早做出转型决定的,正是这次及时的转型,向蓝海市场的进军,让波音笑到了最后,成为航空航天市场的新王者。

在历史上,波音不是第一架飞机的研发者,不是第一架民用飞机的开创者,但是波音在民用客机市场上改进的产品,最好地适应了客户的需求,在安全、空间、舒适性和性价比上,最大程度地满足了客户的需求,于是波音就成功了,持之以恒,就将这份领先一直保持到了现在。

波音的成功告诉我们,具有灵敏的市场反应能力,时刻坚持产品的微创新,是成就伟大企业的一条重要道路。

商业模式的创新同样很重要。

20世纪20年代,好莱坞的电影产业开始兴起,迪士尼也在这个时期开始投身创业的浪潮。1928年,迪士尼推出首部以米老鼠为主角的世界最早的有声动画片,掀起社会热潮,随后迪士尼推出了世界上第一部动画长片《白雪公主与七个小矮人》,第一部宽银幕动画片《小姐与流氓》,直到近一百年后的20世纪90年代,仍然是迪士尼推出了世界上第一部数字技术的动画片《玩具总动员》。正是这些领先的多媒体技术的引入,让迪士尼的动画片始终拥有着同时代作品中最好的视觉体验,带来了广泛的社会影响力。

但迪士尼的探索不仅于此。迪士尼之所以能够超越同时代的所有文化媒体企业,获得更大的商业成就,在于它建立了文化行业独一无二的商业模式。

迪士尼认为,对于电影产业来说,故事不是最重要的,形象才是核心。

围绕着永恒的角色形象,延伸出来迪士尼乐园和玩具销售的下游产业链,才使得迪士尼拥有了更大的市场规模、更低的成本支出、更长久稳定的利润回报。

迪士尼带给我们的启示是,创新的产品可以带来一时的成功,创新的商业模式可以带来一辈子的成功。

金融并购是获得规模成本优势的另一个重要手段。康卡斯特就是这么做的。

20世纪60年代,有线电视行业开始兴起,康卡斯特在这个时候只是美国一个三线小城市的有线电视服务商。作为同质化竞争的行业,想要在产品上实现创新并不容易,经过十几年的管理经验积累,在成本效率上发挥到极致之后,康卡斯特走上了大规模收购扩张的道路。1986年,收购Group W Cable公司,将规模扩大一倍,1988年收购Storer Communications Inc公司成为全美第五大有线电视运营商,1992年收购Amcell,1994年收购Maclean-Hunter's美国业务,成为全美第三大有线电视服务商,1998年收购Jones Intercable公司,2000年收购Lenfest Communications公司,2002年斥资475亿美元收购AT&T Broadband Cable Systems公司,从此成为美国第一大有线电视服务商。

无论是创新的商业模式,还是金融并购手段,目的都是为了获得规模效益,如果不能创新,简单而快捷的收购兼并就是达成目标的最佳策略。

策略并不是越复杂越好,简单而有效的执行才是最重要的。股神巴菲特创立的伯克希尔·哈撒韦投资公司就是典型例子。

第二次世界大战以后,美国的金融证券市场走向成熟,投资大师格雷厄姆建立的价值投资论受到欢迎,养老基金和共同基金成批买入优质蓝筹股,投机风潮褪去,稳定的股市使得认同企业内在价值的证券投资者获得了成长的沃土。

1956年,伯克希尔·哈撒韦成立,巴菲特成为价值投资学派最忠诚的信徒,在企业价值被低估时买入,在企业价值被高估时卖出。如果你在这一年将1万美元交给巴菲特打理,今日这份本金将增值为2.7亿美元,这就是股神点石成金的魔力。伯克希尔·哈撒韦的成功告诉我们,在正确的地方,正确的方向,坚持做正确的事情,最后就获得了伟大的成功,就是这么简单。

第二次世界大战,对于20世纪的全球产业发展史来说,是一个历史性的转折点。在此之前,主导全球经济发展的主导产业是石油能源化工、钢铁机械汽车飞机火车轮船航天军工,在此之后,它们的光芒都被掩盖了,IT产业的创新成为舞台中央最耀眼的明星。25家全球顶尖企业,有14家来自IT行业。在其他的行业,同样是创新的技术和服务,孕育了新生的商业机会。

这一百年来,再没有孕育一家顶尖的银行和保险公司,伯克希尔·哈撒韦来自证券投资行业,VISA来自信用卡行业。这一百年来,再没有孕育一家顶尖的商业百货公司,沃尔玛来自连锁超市,家得宝来自连锁建材卖场。这一百年来,再没有孕育一家顶尖的传统媒体公司,康卡斯特来自有线电视行业。这一百年来,再没有孕育一家顶尖的化学制药公司,吉利德科学来自生物制药行业。

这五十年来,再没有孕育一家顶尖的汽车、飞机、机械、石油、化工顶尖企业,在那些科技变革缓慢,市场成熟的行业里,行业格局已经固定,传统垄断巨头的存在,遏制了新生企业成长的空间。只有通过创新的科技产品、创新的商业模式,在全新开拓的蓝海市场,新生企业才有成长为参天大树的可能性。而在这个时代,最重要的机会,就是IT科技行业的变革浪潮所带来的前所未有的巨大蓝海。

最早的明星是IBM。

1911年,IBM在纽约成立,早期主要从事穿孔卡片数据处理业务,也就是员工考勤用的打卡机。1932年,IBM投入100万美元建设第一个企业实验室,并且与哈佛、麻省理工等名校展开技术合作,从此奠定了 IBM 在技术上的雄厚积累。到 1935 年,IBM 的卡片统计机已经占领了美国 85% 的市场份额,20 世纪 50 年代进一步成为美国国防部的电脑系统承包商,在 20 世纪 60 年代大型计算机行业兴起的时候,IBM 水到渠成地成为行业龙头。到 1974 年,IBM 生产的计算机数量是世界上其他所有计算机厂家生产总量的四倍,是这个行业绝对的垄断者。可以说,一部 IT 产业的早期发展史,就是 IBM 的企业成长史。

但是技术的发展日新月异,即使积累深厚如 IBM,仍然数次差点在阴沟里翻船。1976 年,苹果公司推出的 PC 电脑给计算机行业带来巨大的变革,市场主流从大型机向小型机发展。面对个人电脑带来的冲击,IBM 迅速转型,以横向开放的商业模式,将挑战者苹果击败,继续在新兴的个人电脑市场上称霸。1993 年,在新一代挑战者康柏和戴尔的冲击下,IBM 再次陷入巨大亏损。面对市场环境的变化,IBM 意识到,消费者市场的竞争力越来越聚焦于渠道,而自己的优势在于技术积累,高昂的成本无法与新生代企业竞争,于是再次做出转型,向高价值的企业服务市场发展,重获新生。

一百年来,IBM 的业务重心不断转变,在瞬息万变的 IT 科技产业上犹如大象般翩翩起舞,它的成功,是适应市场,以科技创新和优秀管理敏锐感知市场水温变化,迅速调整方向进军新兴蓝海的典型代表。

IBM 的成功,孕育了另一个传奇微软。

1975 年,比尔·盖茨创办微软,在早期只是一家默默无闻的小型软件公司。苹果的出现改变了微软的命运。1980 年,IBM 为了推出全新的个人电脑与苹果抗衡,广泛将零部件外包,英特尔赢得了芯片合同,微软赢得了至关重要的操作系统合同。这份合同是微软发展史上最重要的转折点。由于时间紧迫,程序复杂,微软甚至以 5 万美元的价格从一位程序员 Tim Patterson 手中买下了一个叫 QDOS 的程序,然后稍加改进后提供给 IBM,这个系统就是后来我们熟知的 MSDOS。随着 IBM PC 的普及,微软的操作系统很快就成了行业的标准。此后,微软加强研发,在新一代的 WINDOWS 系统中引入苹果的视窗化技术,一代代的更新,伴随着个人电脑行业的壮大而不断强大。微软的成功告诉我们,站在巨人的肩膀上借势发展,是小企业上位的一条重要捷径。

英特尔的故事同样有趣。

1947 年,在美国贝尔实验室工作的工程师肖克利发明了晶体管,这项技术的发明是现代 IT 工业的里程碑式创新,肖克利也由此获得了诺贝尔奖。但创新并不是企业成功的必然保证。1955 年,肖克利离职创办了肖克利半导体实验室,吸引了大批才华横溢的年轻工程师加入。只是在糟糕的管理之下,这家新生的企业很快就分崩离析了。号称"八叛逆"的八位传奇工程师再次离职,合伙成立了硅谷早期声名显赫的仙童半导体公司。1968 年,"八叛逆"中的诺伊斯和摩尔再次离职,成立了英特尔。

1971 年,英特尔推出全球第一个微处理器,20 世纪 80 年代成为 IBM PC 的芯片标配,此后随着个人电脑产业的兴起而不断发展壮大。英特尔的成功,不可否认是技术创新的成功,从微米到纳米制程,从 4 位到 64 位处理器,从奔腾到酷睿,从硅技术、微架构到芯片与平台创新,在 IT 计算机行业的最前沿技术领域,英特尔一直是创新的领导者。

英特尔的成功,同样是管理的成功,正是安迪葛洛夫这位优秀的管理者加入,使得英特尔没有再次重复肖克利和仙童公司的覆辙,在半导体行业实现了持续的技术创新和壮大。

英特尔的成功,同样是站在巨人肩膀上的成功,没有肖克利,没有 IBM,英特尔无法获得今日这般显赫的传奇。

IBM 同时孕育了 SAP 的成功。

20 世纪 70 年代,是 IBM 大型主机风行的时代,IBM 通过出售大型计算机给企业客户,并且为企业提供个性化的软件解决方案,获得了丰厚的利润。

五位 IBM 德国分公司的软件工程师认为,为每一个企业重新开发软件,费时费力,不如设计一套统一的标准软件提供给客户更好。他们的建议遭到了 IBM 决策部门的拒绝,很明显,这样的方案最终将损害 IBM 的利润。无法实现理想的这五位工程师最终选择了离职创业,他们推出的企业标准管理软件很快就受到了市场的欢迎,开创了一个全新的蓝海市场。

SAP 的成功告诉我们,如果你发现了客户的痛点,而市场又无法满足时,只要你能够拿出切实可行的创新产品,成功就是水到渠成的结果。

IBM 还是甲骨文的摇篮。

1970 年,IBM 的研究员埃德加·考特发表了一篇著名的论文《大型共享数据库数据的关系模型》,奠定了关系型数据库软件的理论基础。但是 IBM 的软件部门因为立足于层次式数据库软件,为了不影响自己的利益关系而迟迟不愿意推出相关的产品。

1976 年,为 IBM 开发软件的埃里森读到了这篇论文,立马意识到其中的巨大商业价值,立马拉上两个同事创办了甲骨文公司。甲骨文的软件一推出就受到了市场的欢迎,并且很快获得了美国中央情报局和海军情报所的订单。从此之后,甲骨文公司一直引领着数据库软件市场的发展,并且伴随着数据库软件在企业中的广泛应用而不断壮大。

甲骨文的成功告诉我们,一旦意识到市场机会,执行比埋头研发更加重要。IBM 的地位如此重要,几乎所有 IT 产业上的明星都与"她"有着纠缠不断的故事。

苹果的兴衰起伏,尤其让人唏嘘。

1976 年,两个电子产品 DIY 发烧友乔布斯和沃兹在车库里创办了苹果公司,他们的小型个人电脑一开始就以令人惊艳的创新在市场上受到瞩目,并迅速成长为 PC 市场上的早期领导者。但是很遗憾,只有创新而缺乏优秀管理能力的苹果最终被 IBM 打败了,创始人乔布斯也被迫离开,在 20 世纪 90 年代成为一家被人遗忘的公司。

苹果的早期失败再次告诉我们,创新的产品只能带来短暂的辉煌,但市场的较量是持续的,只有优秀的管理配合持续的创新,才能保持长盛不衰。

1997 年,濒临破产的苹果公司将在市场上久经打磨的创始人和灵魂乔布斯重新请回,一场商业史上最伟大的王者归来开始上演。从 iPod 随身听,imac 个人电脑,macbook air 笔记本电脑,到 iPhone 手机,iPad 平板电脑,苹果公司以持之以恒的创新精神,不断刷新着世界对于完美科技产品的期待。2011 年,随着乔布斯的逝世,苹果的创新精神似乎也逐渐远去。

苹果公司的成功,带给我们的不仅是创新的启示,更是如何保持持续创新的难题。

思科对这一点有着自己的解决之道。

1984 年,思科系统公司由斯坦福大学计算机中心的两位主任创办,他们最早设计了叫做"多协议路由器"的联网设备,将校园内不兼容的计算机局域网联通成一个网络,从此开创了互联网时代。立足于不断壮大的互联网设备市场,思科获得了飞速的成长。但是他们很快认识到,科技发展日新月异,光靠自身的研发是不可能持续保持技术的领先的。怎么办呢?思科的解决方案是:收购。通过早期建立的领先积累,不断在市场上收购新兴的技术和团队,然后通过自己的庞大分销渠道,在行业中确保了长久的领导者地位。简而言之,思科专注于成为一个创新科技产品的分销平台。

思科的成功,是创新者的成功,同样也是收购策略的成功。

高通则为我们提供了另外一种思路。

1985年,高通公司成立,早期主要从事移动通信技术在运输行业的应用服务,1989年最早推出了基于CDMA技术的移动通信解决方案,从此成为这个新兴的通信行业的标准制定者。从2G到3G到4G技术的演进发展过程中,高通公司累积了4 000多项CDMA专利技术,始终主导着移动行业的技术发展步伐。随着智能手机时代的来临,高通的移动微处理器第一个支持安卓操作系统,随着安卓的广泛普及,高通也成为移动芯片行业的霸主。

高通的成功,和英特尔的成功是很像的。在一个高技术领域,通过高投入的研发,遥遥领先的技术水准,广泛的专利壁垒,封杀了几乎所有的竞争者生存的空间。除非行业发生大的变革,高通的地位就是无人可以威胁的。

随着IT技术的日益普及,很多传统行业发生了深刻的变化,谁能够适应时代,最早将IT技术引入传统行业,谁就获得了颠覆巨头的能力。

沃尔玛就是这么做的。

1963年,家乐福在欧洲推出超市大卖场的商业模式,沃尔玛很快就将它拷贝到美国去。20世纪80年代沃尔玛再次率先引入新兴的IT技术,对物流和库存进行了全面流程改造。在IT技术的帮助下,沃尔玛的连锁扩张战略得到有效执行,大规模的全国性铺开分店,又进一步降低了渠道成本。规模优势一旦建立,在马太效应之下,对传统百货渠道的蚕食一步步加强,最终在20世纪90年代超越了百年老店西尔斯百货,成为新一代的零售之王。

沃尔玛的成功,是适应市场的成功,及时引入新兴的商业模式,及时引入最新的IT技术,强化流程管理,降低成本,从此不断走向强大。

家得宝的成功法则和沃尔玛如出一辙。

家得宝1978年成立,1983年开始引入IT校验技术,通过仓储和物流的流程改造,以连锁建材百货店模式改造传统的建材流通渠道,从此获得了突飞猛进的发展。家得宝仅仅用了20年时间,就发展成为仅次于沃尔玛的全球第二大零售巨头,其成功的秘诀和沃尔玛一样:引入全新的连锁仓储店商业模式,引入IT技术提升效率,降低成本,最后通过规模优势实现不断壮大。

金融行业通过引入IT技术诞生了VISA。

VISA的前身是美洲银行的支付业务部门,1958年推出第一张具有创新循环信用功能的BankAmericard卡,1973年推出电子化授权系统,1974年推出电子清算和结算系统,1976年改组为VISA银行卡公司,向国际业务扩张。1983年,VISA推出全球ATM网络,让世界各地的持卡人可以全天候24小时在自动提款机上提取现金,为现代商业和休闲旅行带来了便利。1993年,率先将神经网络技术应用于电子支付,有效降低了信用卡的欺诈风险,确保金融安全。

VISA的成功,是金融支付行业率先引入IT技术,不断开拓新的应用,走向蓝海市场的典型。

新兴行业不仅是IT技术,还有生物基因技术。

近一百年,随着老龄化的到来,医药行业的市场越来越大,但是全球顶尖的医药公司几乎都是19世纪成立的化学制药先驱。现代医疗技术的发展已经进入一个新的层次,传统的化学药对某些病毒的治疗一筹莫展,比如艾滋病和癌症等。这是一个巨大的蓝海市场,谁先在生物基因技术上获得突破,谁就有可能获得伟大的商业机会。

吉利德科学就是这么一家走在科技创新前沿的公司:1987年在硅谷成立,是近二十年来新兴的唯一一家来自非IT行业的顶尖企业。从目前的临床测试来看,吉利德离成功的门槛已经越来越近。吉利德科学的成功,是医疗行业生物制药科技革命的代表,是向艾滋病等抗病毒药蓝海市场拓展的代表。

新兴的技术带来了巨大的蓝海市场,但是如今这个全球化的时代,注定了只满足于本土市场是无法进入顶尖企业行列的。

沃达丰就是一个成功的跨地区扩张案例。

沃达丰1982年成立,早期是英国拉考尔电子公司的一个移动电话技术部门,1985年独立出来,建立了英国第一个模拟信号网络,到1987年沃达丰已经被认为是世界上最大的移动通信服务公司之一。但是英国的市场空间毕竟有限,1999年沃达丰和美国的Airtouch通信公司合并,2000年再次和德国曼内斯曼公司合并,从此一跃成为欧美市场第一大电信服务公司。

沃达丰的成功,首先是立足于移动通信市场的成功,在移动通信取代传统固话通信市场的大环境格局下获得了飞跃式的发展,其次是金融并购策略的成功,通过英国—美国—德国三大市场的规模扩张战略获得进一步的规模优势,从此跻身顶尖企业行列。

落后地区的企业要想跻身顶尖行列,进入美国市场是非常重要的。

丰田的成功之路可以给我们一点启示。

1933年脱胎于丰田自动织机制作所的汽车部,作为汽车工业的后来者,第一桶金来自1937年日本发动侵华战争的陆军卡车订单,1950年美国在朝鲜战争中的46亿美元巨额订货,让丰田再次打了鸡血,从此飞速发展。从一开始,丰田就认识到,作为汽车行业的后来者,不可能在技术创新上跟欧洲、美国的巨头抗衡,因此强化管理、降低成本,以经济型节油性的小车与西方巨头展开差异化竞争,就是发展的必由之路。在这样的指导思想下,丰田发展出了"精益生产管理"模式,1966年推出的低价经济型车"花冠"大获成功,从此奠定了在日本汽车市场上的领先地位。

1973年和1979年的两次石油危机,使得美国汽车市场发生了巨大的格局变化,大型车滞销,经济型节油性小车畅销,美国的汽车巨头一下子就懵了,丰田抓住契机,全力进军美国,先后推出了专为美国市场开发的佳美和凌志车型,从此鲤鱼跃龙门,成为世界最大的汽车公司。

丰田的故事告诉我们,不要盲目创新,成功必须建立在比较优势之上。在缺乏创新能力的情况下,在早期可以将低劳动力价格和精益管理作为优势,重点开拓低端市场,然后耐心等待市场格局的变化,在机遇到来之时实行弯道超车。

韩国的三星电子同样是这一策略的优秀执行者。

三星电子公司1969年成立,是1938年创办的三星公司进军IT行业的子公司。20世纪70年代,三星电子开始进入冰箱、洗衣机和电视机领域,1983年进入内存芯片领域,1997年进入手机行业。三星电子能够不断扩张,进入美日巨头垄断的家电、半导体和手机行业,并且发展壮大为行业领导者,最重要的原因就是善于学习,在早期以低劳动力价格优势,一步步挤压抢占西方巨头的市场份额,这是三星在家电和半导体行业获得成功的关键。

在手机领域,三星一向以外观设计多样化著称,在非核心技术上与西方巨头展开差异化竞争,等待弯道超车的机会。从1997年到2010年,三星等待了十三年,直到智能手机时代来临,苹果颠覆了传统的手机行业,却墨守成规以不变应万变,三星抓住机会推出大屏智能手机,满足了市场多样化的产品需求,从此崛起为新一代的行业领导者。三星电子的成功,和日本丰田汽车的成功是一样的,作为一个来自发展中地区的技术落后者,要想超越巨头,只有通过低成本价格优势和差异化竞争,在市场发生巨大格局变化中及时抓住机遇来获得成功。

最近二十年,全球信息产业革命进入互联网时代,随着技术的革新,成功的顶尖企业不断涌现。

亚马逊

亚马逊公司1995年成立,是世界上最早一批电子商务公司之一。但是,在2000年的网络泡沫破灭后,几乎所有的同类型公司都破产了,只有亚马逊公司,从一家网络书店向电子产品、影音软件、各种品类的商品不断扩张,发展成为世界上最大的电子商务公司。

早期的亚马逊并不是发展速度最快的电子商务公司,却是经营最稳健,管理最严格,资金运营效率最高的公司,正是这种高超的管理能力让亚马逊熬过了网络泡沫破灭的寒冬,成为电子商务行业的领导者。2000年以后,亚马逊通过全球扩张,终端物流中心的搭建,云计算技术的应用,一步步成长为可以与沃尔玛抗衡的零售巨无霸。

谷歌

谷歌1998年成立,作为最早一批互联网搜索引擎公司之一,通过率先推出的广告商业模式获得了巨大的成功,很快成为这个行业的领先者。随着搜索引擎逐渐成为互联网的信息入口,谷歌的广告收入不断壮大,一步步取代了传统的媒介形式,成为互联网时代最早的行业领导者。2000年以后,谷歌对创新保持了高度的关注,先后推出了谷歌地图、安卓操作系统等一系列伟大的产品,并且在机器人、无人驾驶汽车、可穿戴眼镜设备等IT前沿领域继续探索。

谷歌的成功,同样是创新的成功,是我们这个时代最伟大的技术创新者之一。

脸书

脸书2004年成立,是21世纪最新一家崛起的IT互联网巨头。脸书是美国最早一批社交网站之一,通过持续的体验改进,很快受到了年轻人的欢迎,2006年后从校园市场向全社会网络发展,2008年超越myspace,自此一直引领着西方的社交网络市场。

脸书的成功,是持续微创新的成功,不断改进的产品体验,让脸书超越了一个又一个的行业领先者,发展成为新一代的互联网巨头。

在互联网时代,不再是只有美国的创新者独领风骚,中国的创业者也开始加入进来,跻身于全球顶尖企业的行列。

腾讯

腾讯1998年成立,最早是ICQ即时通信产品的跟风者,通过产品的改进和商业模式的创新,成为世界上最早的社交网络平台。2003年后,腾讯进入迅速成长的网络游戏市场,并且依靠社交平台的流量优势和优质产品体验取得了巨大的成功,成为世界上最大的网络娱乐公司。2011年腾讯推出微信产品,及时向移动通信平台转型,再次获得巨大成功,成为世界上用户量最大的移动社交平台。

腾讯的成功,第一是创新商业模式的成功,第二是适应市场发展及时转型的成功。

阿里巴巴

阿里巴巴公司1999年成立,最早是一家面向中国外贸行业的信息服务公司,2003年推出淘宝交易市场,与ebay易趣展开竞争。淘宝通过创新的支付宝担保交易技术解决了电商行业的信任问题,通过免费的C2C交易商业模式迅速聚拢了市场人气,只花了三年时间就将ebay驱逐出了中国市场,成为这个行业新的领导者。2010年后,阿里巴巴推出天猫商城、阿里云服务、菜鸟网络、余额宝、众安在线保险等新业务,在互联网商业、物流、金融等领域持续扩张,成为世界上最成功的互联网巨头之一。

阿里巴巴的成功,第一是创新商业模式的成功,第二是适应市场不断向新的蓝海发展的成功。

分析以上 25 家全球顶尖企业，它们有哪些共同的成功因素？

1. 立足于全球规模最大的市场，立足于一个新兴的持续高速增长的蓝海市场，在行业发展的早期格局未定之时进入。

2. 要么是行业最早的创新领导者，从推出的第一个产品之时开始就一直引领着行业发展的步伐。

3. 要么是最早一批进入的行业竞争者，通过微创新改进产品体验，通过优秀的管理不断进步，实现在一大堆的竞争者中突围而出。

4. 要么是新兴发展中地区的追赶者，通过低劳动力成本优势，在低端市场上不断扩张，以差异化策略与行业龙头竞争，然后在市场环境发生突变时实现弯道超车。

5. 将 IT 技术引入传统行业，提升运营效率，降低成本，是传统行业新兴巨头获得巨大发展的重要动力。

6. 质量只是企业获得成功的基本要求，但并不能保证企业超越竞争对手，因为你的任何一个优秀的竞争者都把质量看得很重要，对于消费者来说，前三名的产品质量没有区别。

7. 创新的产品，优秀管理之下持续的微创新体验，创新的商业模式，是企业从优秀走向卓越的关键原因。

8. 规模带来的成本优势，是企业在一个快速成长的市场中持续保持领先的重要竞争力，因此收购扩张就不可或缺。

9. 基业长青的企业，总是那些能够不断适应市场变化，具有敏锐触觉及时转型的企业。

10. 价格策略获得成功的前提是通过技术或商业模式创新带来的成本降低，而不是自杀式的营销扩张。

资料来源：从苹果谷歌等 25 公司　寻千亿美元市值企业规律[EB/OL]. https://jh.news.fang.com/2014—01—03/11831180.htm.

（二）现在美国下载量最高的 App，前三都是中国的

亚马逊跌至 18 名，推特都跌至 36 了。

【第一名，Temu，拼多多海外版】——没想到吧？人家早就从五环外，跑到海外了！拼多多 2015 年刚出来时，有些用户对"帮家人们砍一刀"之类的营销一百个看不上。如今，拼多多 2022 年 9 月登陆海外，2023 年 3 月拿下美国用户榜首。当年爱理不理，现在高攀不起啊。美国普通百姓，原来跟中国的一样，也喜欢便宜的、方便的、好用的。

【第二名，CapCut，剪映海外版】——跟 TikTok 一样，也是字节跳动的产品，稍微玩点短视频的人，应该都知道剪映的威力！这么说吧，反正，我作为电视台记者，如今绝大部分视频，都是拿剪映做的。以前我剪片子常用 final cut，美国视频剪辑软件，但真的太贵了，下载使用要 2 000 多元人民币。剪映免费。于是现在 final cut 我早扔一边了。中国确实是"发达国家垄断粉碎机"，核心技术一旦被中国企业掌握，马上做成白菜价，改写市场。

【第三名，TikTok，抖音海外版】——这个无需多言了，你看把美国政府给吓的，特朗普强买强卖，拜登发文禁止政府机构的手机使用，国会众议院又要在美国全面禁止 TikTok……闹得挺热闹，可是 TikTok 市场表现太牛了，惜败拼多多和自己厂子的另一个产品，但完胜所有美国 App。

再往后看！【第六名，还是中国的——Shein】，也是一家电商 App，主打小商品、东西便宜、

送得快,女生应该尤其爱用。

资料来源:韩鹏. 美国心态该崩了吧,现在美国下载量最高的 App,前三都是中国的![EB/OL]. https://user.guancha.cn/main/content?id=948943.

思考与讨论:

对比以上两组材料,组织一场班级演讲活动,围绕以下主题,提出你的见解:

1. 进入新时代,中国市场环境发生了哪些重大变化?在哪些方面支撑了中国品牌的快速成长?

2. 企业竞争优势创造来自哪些要素?

3. 如果想创业,你会通过讨论总结出哪些关键点?

二、基本知识点

企业营销发展过程一般经历以下三个阶段:

第一阶段,大规模市场营销阶段。企业面对所有的消费者,批量生产、多渠道分销、同样方式促销单一产品,以求费用最少、价格最低,开拓最大的潜在市场。

第二阶段,差异市场营销阶段。企业生产两种或两种以上的产品,这些产品具有不同的特点、式样、质量、大小等,为顾客提供多样化的产品。

第三阶段,目标市场营销阶段。企业首先分清众多细分市场之间的差别,并从中选择一个或一个以上的细分市场,为挑选出的每个细分市场开发产品和制定营销组合。

目标市场营销是当今企业营销的发展方向。目标市场营销需要经过三个主要步骤:第一步是市场细分,第二步是选定目标市场,第三步是市场定位。

(一)市场细分

1. 市场细分概念

所谓市场细分,就是根据顾客对同一产品的不同需求,把整体市场划分为不同的顾客群的市场分割过程。每一个顾客群可以说是一个细分市场,亦称"子市场""分市场"或"亚市场",各个细分市场是由需要与欲望基本相同的顾客组成。

市场细分的目的是要在大市场中寻找对企业最有利的一个或几个细分市场作为自己的目标市场,从而使企业营销可以以最高的效率去进行。如某企业可进入的市场是服装市场,它可根据消费者的需求和特点,按"年龄"这个因素将服装市场分割为儿童市场、青少年市场、中老年市场,又可按"性别"这个因素分割为儿童男女装市场、青少年男女装市场、中老年男女装市场,企业可以根据市场环境和自身条件,选择其中最有利于自己经营的市场作为自己的目标市场,进而采取适当的经营策略组合,去开拓这个市场,以求得最佳的竞争条件和最佳的经营效果。

市场细分的基础在于:

(1)顾客需求的(绝对)差异性

顾客需求的差异性是指不同的顾客之间对同一产品的需求是不一样的,任何产品都表现为一组属性的集合,但不同的消费者对同类产品的不同属性赋予了不同的重视程度。在市场上,消费者总是希望根据自己的独特需求去购买产品,我们根据消费者需求的差异性可以把市场分为"同质性需求"和"异质性需求"两大类。

同质性需求是指由于消费者的需求的差异性很小,甚至可以忽略不计,因此没有必要进行市场细分。现实市场中,随着消费者收入和受教育水平的提高,完全同质性的需求会越来越少。更多时候,同质性需求表现为新产品刚上市,由于顾客对其还比较陌生,处于主要解决"有无"问题的阶段。而随着顾客对产品日益熟悉,其需求就会逐渐转向异质性需求。

所谓异质性需求是指由于消费者所处的地理位置、社会环境、自身的心理和购买动机不同,造成他们对产品的价格、质量、款式等相关价值属性评价上的差异性,这种需求的差异性就是我们市场细分的基础。

(2) 顾客需求的(相对)相似性

在同一地理条件、社会环境和文化背景下的人们,形成有相对类似的人生观、价值观的亚文化群,他们的需求特点和消费习惯大致相同。正是因为消费需求在某些方面的相对同质,市场上绝对差异的消费者才能按一定标准聚合成不同的群体。所以消费者的需求的绝对差异造成了市场细分的必要性,消费需求的相对同质性则是使市场细分有了实现的可能性。

(3) 企业有限的资源

现代企业由于受到自身实力的限制,不可能向市场提供能够满足一切需求的产品和服务。为了有效地进行竞争,企业必须进行市场细分,选择最有利可图的目标细分市场,集中企业的资源,制定有效的竞争策略,以取得和增加竞争优势。

2. 市场细分的作用

(1) 有利于企业分析、发掘新的市场机会,形成新的富有吸引力的目标市场

通过市场细分,企业可以有效地分析和了解各个顾客群的需求满足程度和市场上的竞争状况,发现哪类消费需求已经满足,哪类满足不够,哪类尚无适销产品去满足;发现哪些细分市场竞争激烈,哪些竞争较少,哪些尚待开发。而满足水平低的市场部分,通常存在着极好的市场机会,不仅销售潜力大,而且企业竞争力强。抓住这样的市场机会,结合企业资源状况,从中形成并确立宜于自身发展的目标市场,并以此为出发点设计出相宜的营销战略,就有可能迅速取得市场优势地位,提高市场占有率。

(2) 市场细分有利于提高企业效益

市场细分能够增强企业的适应能力和应变能力,在较小的细分市场即子市场上开展营销活动,企业易于掌握消费需求的特点及其变化,有利于及时、正确地规划和调整产品品种、结构、价格、销售渠道和促销活动,使产品保持适销对路,并迅速送达目标市场。

建立在市场细分化基础上的企业营销,避免了在整体市场上分散使用力量,企业有限的人力、财力、物力资源能够集中使用于一个或几个细分市场,扬长避短、有的放矢地开展针对性经营,竞争能力因此而得到提高。进行市场细分易于看清楚每一个细分市场上各个竞争者的优势和弱点,有利于企业避实就虚地确立自己的目标市场,这也有利于增强竞争能力,提高经济效益。

(3) 市场细分有利于满足"个性化"消费的需要

顾客的需求是存在差异的,是"个性化"的需求。企业奉行市场细分策略,尚未满足的消费需求就会成为企业的一个又一个的市场机会、目标市场,从而在满足顾客的同时获得更好的市场回报。

3. 市场细分的依据

所谓市场细分依据是指构成购买者需求差异的各种因素,或是影响购买者需求的各种因素。由于这些因素的变动会引起市场细分的变动,因此,这些因素也就成为市场细分的参数,是进行市场细分的依据。

(1)地理细分,即按消费者所处的国家、地区、城市(都市、大城市、中小城市)、居住区(城市中心、市郊、乡村)、地形和气候等来细分市场。处于不同地理区域的消费者对同一类产品的喜爱和需求有所不同,对于价格、销售渠道和广告宣传的反应也有差别。如城里人购买化妆品以美容为主要目的,农村对化妆品的要求以护肤为主。多雨地区需要大量胶鞋,干旱地区胶鞋几乎没有销路,等等。

(2)人口细分,就是按人口统计资料所反映的内容,如年龄、性别、家庭规模、收入、职业、文化水平、宗教信仰等因素来细分市场,这些因素与消费者的需求有着密切的关系。人口是构成市场最主要因素,对消费者市场的影响巨大,大多数情况下要将人口因素中几个有关的因素综合考虑,才能更有效地细分市场。

(3)心理细分,即根据购买者所处的社会阶层、生活方式、个性特点等对市场进行细分。例如:人们总是通过消费特定的商品来表现他们的生活方式,常用于细分服装、化妆品、家具市场等。时尚型购买者喜欢时髦和享受性的物品;平淡型购买者追求普通、不加修饰的东西;名士型购买者愿意购买表现自己身份和地位的商品。心理因素是较复杂的动态因素,企业必须根据消费者的不同心理变化,随时进行调查研究,以便确定自己的目标市场。

心理细分的各项标准其实往往是地理细分与人口细分指标复合的结果,因此实际使用时要注意取舍。

(4)行为细分,即以购买者对产品的购买动机、使用状态、信赖程度、品牌爱好等购买行为状态来划分消费者群。行为因素是细分消费者市场的重要依据。越是高度发达的商品经济,广大消费者的收入水平越高,这一细分依据越显得重要。消费者的购买动机是多种多样的,如追求经济实惠、商品的可靠性、使用方便、商品效用等。使用状态可分为老顾客、新顾客、潜在顾客。对不同使用状态者应采用不同的营销策略。如对老顾客一般无须多作广告宣传,对新顾客、潜在顾客就需要采取必要的促销手段。此外,消费者对品牌商标、分销渠道的信赖程度、价格、服务、广告的敏感程度等,都是细分消费者市场的依据。

在实际使用细分标准时,还需注意以简单易行为原则,即可用简单标准划分时,就不要再使用复杂的标准。在以上四类标准中,人口细分与地理细分显然更简单、直接,心理细分则更复杂、精细,而行为细分标准则存在先决条件,即必须是已存在大量行为数据可作为分析前提时,才可使用。

4. 组织市场的细分依据

除心理因素对组织市场的购买行为影响较小外,消费者市场细分标准一般都可用于组织市场。细分组织市场的因素,除使用细分消费者市场的因素外,还应考虑以下两个因素。

(1)最终用户:最终用户不同,所追求需求利益往往不相同。如电子产品市场按最终用户可分为军事用户、工业用户、商业用户三个细分市场。一般来说,军事用户重视产品质量,特别是产品的可靠性,而对价格不作为主要考虑的因素;工业用户则重视产品的质量和售后服务,在质量保证的前提下,力求价格便宜,以降低制造成本;商业用户则重视价格和交货期。

(2)用户规模:用户规模大小主要依据单位资本多少和购买力大小来划分。一般而言,大用户数量少、资金多、购买力大、购买集中及购买次数少;相反,小用户数量多、资金少、购买力小、购买较分散及购买次数多。因此,可根据用户规模大小细分市场。

5. 细分市场的条件

企业要有效地细分市场,寻找最有用的、具有实用价值的细分标准,就必须依据以下的基本条件。

(1)差异性

消费者对产品的需求具有不同的偏好,对所提供的产品、价格、广告宣传等具有不同的反应,存在购买与消费上的明显差异性,这样才值得对市场进行细分。相反,对需求差异性不大的产品就不必去进行市场细分。例如:服装有必要按男性和女性进行细分,而盐、大米就没有细分的必要。

(2)可测量性

可测量性是指细分的市场必须是可以识别的、可以衡量的,即细分出来的市场不仅有明显的范围,而且也能测量该市场的规模及其购买力的大小。在经营实践中发现,有许多顾客的特征是难以测量的,如以"爱好家庭生活的人"来细分市场,就很难进行测算,因此不能作为细分标准。

(3)可进入性

可进入性是指企业对该细分市场能有效进入和为之服务的程度。即市场的细分和选择必须适应企业本身的营销力量和开发能力,必须是企业可能进入并占有一定市场份额的,否则没有现实意义。例如细分后发现该市场已有许多竞争者,自己无力与之抗衡,或者虽有未满足的需要,但缺乏原材料或技术,货源无着落,难以生产经营,就不要贸然去开拓,否则难免以大量的投资开始,以赔钱失败告终。再如,某些偏远山区居民收入水平低,尚无电力供应,企业无论做何努力也难打开电冰箱的销路。所以也不值得去细分这些市场。

(4)效益性

效益性是指细分市场的容量是否能保证企业获得足够的经济效益。如果细分市场的规模小,市场容量有限,细分工作烦琐,成本花费大,获利低,就不值得去细分。当然,细分范围也不能过大,使细分的市场不具体和不准确,不利于企业选择目标市场。

6. 市场细分的程序

(1)选定产品市场范围:明确整体市场

选定产品市场范围即明确企业任务、目标,是对市场环境充分调查分析之后,以市场未满足的需求为依据,来确定企业的产品市场范围。

(2)估计潜在顾客的基本需求

在选定市场范围以后,企业从地理因素、心理因素、行为因素等几方面大致估计一下潜在顾客对产品有哪些基本需求,例如空调机的性能,南方需要制冷好,北方需要制热量大。

(3)分析潜在顾客的不同需求

企业依据人口因素做抽样调查,向不同的潜在顾客了解哪些需求对他们更重要,初步形成几个消费者需求相近的分市场。如由于家庭居住面积大小不同,需要功率大小不同的空调机;由于家庭收入不同,需要价格不同、功能各异的空调机。

(4)剔除潜在顾客的共同需求

检验各个细分市场的需求,剔除其中的共同需求,以他们之间需求的差异作为市场细分的依据。如一般都希望空调机噪声小,耗电量低,这是共同的需求,但不能作为市场细分的依据,而不同的家庭需要功率大小不同的空调机,这种需求的差异就可以作为市场细分的依据。

(5)为细分市场定名

根据不同消费者的特征,划分为相应的细分市场,并赋予一定名称。从名称上可联想该市场消费者群的特征,如商用空调机、汽车用空调机及家用空调机等。

(6)进一步认识各细分市场的特点,作进一步的细分或合并

由于市场因素呈现出动态性,因此需进一步分析每一细分市场的不同需求与购买行为及其原因,了解进入细分市场的新因素,重新划分和重新命名细分市场,以使企业不断地适应市场变化。如随着人们生活水平的提高,家庭装修宾馆化,宾馆客房空调机和家用空调机可以合并为家用空调机,而家用空调机又可细分为立柜式、分体式等。

(7)选择和确定目标市场

测量各细分市场的大小及顾客群的潜力,估算可能获利水平,从中选择使企业获得有利机会的目标市场。通过分析,企业可能发现若干个有利可图的细分市场,应将这些细分市场按盈利程度排列,依次选择,直至企业的能力不能再顾及为止,最终确定目标市场。

(二)选择目标市场

目标市场也叫目标顾客群,就是企业营销活动所要满足的市场需求,是企业决定要进入的市场,即企业的服务对象。企业的一切营销活动都是围绕目标市场进行的,选择和确定目标市场,明确企业的服务对象关系到企业任务、企业目标的落实,是企业制订市场营销战略的首要内容和基础出发点。

1. 评估细分市场

企业在评估各种不同的细分市场时,必须考虑三个因素:细分市场的规模和发展潜力、细分市场的吸引力、企业的目标和资源。

(1)有一定的规模和发展潜力

所谓适当的规模是相对于企业实力而言。大型企业应选择销售量大的细分市场,以发挥其生产能力;而小型企业如果也选择销售量大的细分市场就不适当了,因为市场规模过大,所需投入的资源就会超出小企业的能力,并且也难以和大企业在同一个细分市场中展开竞争,所以选择规模较小,被大企业认为不值得去经营的细分市场,才是适当的。

所谓发展潜力是指这些细分市场的需求尚未得到充分满足,因而具有扩大销售量、增加产品的花色品种以提高企业利润的潜在可能性。同时,要关注发展潜力向现实购买力转化的可能性与速度。

(2)具有良好的吸引力

一个具有适当规模和发展潜力的细分市场并不一定就是企业理想的目标市场。因为从经济效益的角度来看,这种细分市场并不一定能给企业带来满意的盈利。因而能作为目标市场的细分市场还必须具有足够的吸引力。细分市场的吸引力分析,就是对以下五种威胁本企业长期盈利的主要因素做出评价:

①市场内同行业之间是否存在激烈的竞争?
②细分市场是否会吸引潜在竞争者?
③细分市场上是否存在替代产品?
④顾客讨价还价的能力是否增强?
⑤供应商的讨价还价能力是否加强?

(3)符合企业的目标和资源能力

能够选为目标市场的细分市场,除了满足前述两个条件外,还必须与企业的目标和资源能力相符合。某些细分市场虽然有较大的吸引力,但如果不符合企业的长远目标,也只能放弃,因为这些细分市场不能推动企业完成自己的目标,甚至会分散企业的精力,影响主要目标的完成。

即使这个细分市场符合企业目标,企业还必须考虑是否具备在该细分市场获取所需要的技术和资源的能力。无论哪个细分市场要在其中取得成功,必须具备一定的条件。如果企业在该细分市场中的某个或某些方面缺乏必要的能力,企业也只有放弃这个细分市场。

如果企业在各方面均已具有在该细分市场获得成功所必须具备的技术及资源条件,还必须考虑这些能力和竞争者比较是否具有优势,以压倒竞争对手。如果企业无法在该细分市场具有某种形式的相对优势,这就意味着将在竞争中失利,这种细分市场就不宜选为目标市场。

2. 目标市场选择

通过对细分市场的评估,企业将发现一个或几个值得进入的细分市场,这将有待于企业做出抉择,考虑从中选取哪些和多少细分市场作为目标市场,这就是目标市场的确定问题。在选取目标市场时有五种可供考虑的市场覆盖模式。

(1)密集单一市场

这是指企业只选取一个细分市场,进行集中市场营销。企业集中全力只生产一种产品,供应某一类顾客群。

采用单一细分市场集中化模式的理由可能是:企业已具备在该细分市场获胜所需条件;或者限于资金能力,只能经营一个细分市场;或者该细分市场中没有竞争对手;或者准备以此为出发点,以求取得成功后向更多的细分市场逐步发展。

选取单一细分市场进行集中市场营销具有两个优点:第一,由于企业的经营范围限于一个选定的细分市场,企业对这个选定的细分市场的需求特点就能作更深入的了解,从而使其产品更能符合购买者的需要,取得更大的市场占有率。第二,由于企业集中所有力量为某一个细分市场服务,在生产和销售上实行专业化,因而企业可以节省市场营销费用,提高投资收益率,增加盈利。

但是这种策略也有缺点,如果选定的细分市场范围太小,企业集中经营一个狭小的细分市场,缺乏回旋余地,经营风险就会增大。当所经营的细分市场上需求发生突然变化,或出现强大的竞争者时,企业的处境将立刻恶化。因此很多企业在对单一细分市场进行集中市场营销取得成功后,或本身的实力足以兼顾较多的细分市场时,迅速采取选择性专业化、产品专业化或市场专业化等方式把经营范围扩展到较多的细分市场上去,以减少经营风险。

(2)选择性专业化

企业选取若干个细分市场作为目标市场,其中每个细分市场都具有良好的盈利机会,而且符合企业的目标和资源,但是每个细分市场之间,很少或根本没有任何联系。这实际上是一种多样化的经营模式,其优点是可以有效地分散经营风险,即使某个细分市场经营失利,企业仍可继续在其他细分市场取得盈利。但是这种策略要求企业拥有较大的资源能力。

(3)产品专业化

企业集中生产一种产品,并向各类顾客销售这种产品。如空调厂只生产空调器一种产品,而同时向家庭、机关、学校、银行、餐厅、招待所等各类用户销售。产品专业化模式的优点是企业专注于一种产品的生产,有利于形成和发展生产和技术上的优势,在该专业化产品领域树立很高的声誉。但是也有缺点,即当该产品领域被一种全新的技术所替代时,就会发生销售量大幅度下降的危险,如柯达、诺基亚。

(4)市场专业化

这是指企业专门为满足某一个顾客群体而经营这类顾客所需要的各种产品。例如某工程机械公司专门向建筑工程公司供应推土机、打桩机、起重机、水泥搅拌机等以及建筑工程中所需要的其他施工机械。

市场专业化策略由于产品类型众多也能有效地分散经营风险。但由于集中于一类顾客，当这类顾客由于某种原因，其购买力下降时，实行市场专业化策略的企业就会发生收益下降的风险。

(5)市场全面覆盖

这是指企业生产各类产品去满足各种顾客群体需要的策略。只有大型企业才有能力选用全面覆盖的模式。例如国际商用机器公司在计算机市场上、通用汽车公司在汽车市场上以及可口可乐公司在饮料市场上就采用这种全面覆盖的策略。

3. 目标市场营销策略

目标市场覆盖范围大小不同，所能采取的市场营销策略也不相同。归结起来有三种，即无差异市场营销、差异性市场营销和集中性市场营销。前两种营销策略都是以整个市场作为目标市场，属于为整个市场服务的策略；而第三种策略只是集中力量为一个选定的细分市场服务的策略。

(1)无差异市场营销策略

无差异市场营销策略是只使用单一的营销策略来开拓市场。即推出一种产品，采用一种价格，使用相同的分销渠道，应用相同的广告设计和广告宣传。这种策略的特点是企业把整个市场视为一个完全相同的大目标市场，而不考虑消费者需求的差异性。例如：美国可口可乐公司的早期营销采用的就是无差异市场营销策略，公司面向所有的购买者，只生产一种同样瓶装、同一口味的饮料，采用单一广告主题将产品推向全世界。

采用无差异市场营销策略可以利用大规模的生产，减少生产成本，降低储存和运输费用，节约营销研究、管理、广告设计和分销费用。但是，这种策略忽视了顾客需求上的差异性，因此不能满足顾客的多种需求，同时容易引来竞争者，加剧市场的竞争。这种策略仅适用于顾客需求大致相同的产品。

(2)差异性市场营销策略

差异性市场营销策略是把整个大市场细分为不同的市场群，来选择其中部分子市场作为目标市场，根据不同的目标市场采取不同的营销策略。其特点是企业对市场不再采取一视同仁的态度，而是针对不同目标市场设计不同的产品，根据不同的产品，制定不同的价格，采用不同的分销渠道和不同的广告宣传，去满足不同顾客的需求。如美国可口可乐公司现在已生产出多种瓶装的饮料，使用多种广告主题，实行多种定价策略。

差异性市场营销策略能较好地满足不同顾客的需求，有利于扩大企业的市场占有率，增加销售量。同时，采用多样化的营销策略，可增强企业市场竞争能力和应变能力。但这样会增加生产成本和经营费用，而且要做到对不同目标市场分别进行市场营销研究分析、制作广告等也使营销成本大大增加。因此，企业是否采用此策略，不仅应视其能否提高产品的销售量，更要考虑企业的长期利润是否大于其费用支出。

(3)集中性市场营销策略

集中性市场营销策略是指企业把整个市场细分为若干个子市场，选择其中一个或少数几个细分市场作为目标市场，集中企业所有的力量，实行专业化生产和销售。其特点是不以追求整个市场为目标，在大市场中得到小份额；而是全力以赴，经营具有特色的产品或"拳头"产品来占领市场，在局部市场上取得明显优势，即在小市场中占有较大的份额。采取这种策略根据产品的属性和给消费者带来的利益定位对资源有限的中小企业比较有利。企业能在其占领的细分市场内取得强有力的市场地位,获得较高的知名度,可准确把握消费者的不同需求。有针对性地采取集中性市场营销策略,可节约成本,提高企业投资利润率。但是采用这种策略的风险性较大,因为其目标市场狭小,一旦市场发生变化,或者强大的竞争对手进入市场时企业就会陷入困境。为了弱化市场风险,许多企业一般将目标市场分散于好几个细分市场尽量采取差异性市场营销策略。

4. 影响目标市场营销策略选择的因素

目标市场营销策略的三种类型各有优缺点,因而各有其适用的范围和条件。一个企业究竟采用哪种策略,应根据企业、产品、市场和竞争的具体情况来决定。

(1) 企业实力

企业实力主要包括资源条件、生产能力、销售能力及对营销活动的管理能力。如果企业实力强大,则可采取无差异性市场营销策略或者差异性市场营销策略。反之,如果企业实力不强,无力经营多个目标市场,则最好采用集中性市场营销策略,选择一个子市场作为目标市场。这样容易在局部市场上取得优势,获得成功。

(2) 产品的同质性

消费者对产品特征感觉相似的程度,对于同质性产品,如钢铁、食盐等,其竞争主要表现在价格上,对于这类商品企业应采取无差异市场营销策略。而对于那些可作不同设计的异质性产品,如冰箱、相机等,则采用差异性市场营销策略或集中性市场营销策略。

(3) 市场的同质性

指各细分市场间的相似程度。当市场同质性较高时,即各细分市场的顾客需求、偏好大致相同,对市场营销策略的刺激反应也大致相同,对销售方式的要求无多大差别,则企业可采取无差异市场营销策略。反之,当市场同质性较低时,即消费者对商品的需求、偏好相差甚远时,则企业宜采取差异性或集中性市场营销策略。一般情况下,新产品进入市场的早期,顾客需求同质性较强,可采用无差异市场营销策略;而随着顾客对产品日益熟悉,差异化需求不断强化,企业就应转向差异化市场营销策略。

(4) 产品生命周期

企业应随着产品所处的生命周期阶段的变化而变换市场营销策略。当新产品刚投放市场时,往往市场竞争者较少,企业的主要任务是探测市场需求和潜在顾客,扩大市场规模,因此可采用无差异市场营销策略。当产品进入成长期和成熟期,由于产品品种日益增多,竞争也日趋激烈,企业为了战胜对方,应采取差异性市场营销策略。当产品进入衰退期时,为保住原有市场,延长产品生命周期,集中力量对付竞争者,企业应采取集中性市场营销策略。

(5) 竞争者市场营销策略

当大多数企业处于激烈竞争的环境中,在选择市场营销策略时,如果不考虑竞争对手的策略,则很难在竞争中获胜。当竞争者都进行积极的市场细分时,采用无差异市场营销策略的企业则难以生存。相反,当竞争者都实行无差异市场营销策略时,推行差异性市场营销策略或集中性市场营销策略的企业较有前途。

(6) 竞争者的数目

企业可根据市场竞争者数目多少来选择市场营销策略。当同类产品的竞争者很多时,满足各细分市场顾客群的需要就显得十分重要,因此为了增强竞争能力,可以选择差异性市场营销策略或集中性市场营销策略。当同类竞争者很少时,企业可采取无差异性市场营销策略。

(三) 市场定位

市场定位(marketing positioning)也称作"营销定位",是市场营销工作者用以在目标市场(此处目标市场指该市场上的客户和潜在客户)的心目中塑造产品、品牌或组织的形象或个性的营销技术。企业根据竞争者现有产品在市场上所处的位置,针对消费者或用户对该产品某种特征或属性的重视程度,强有力地塑造出本企业产品与众不同的、给人印象鲜明的个性或形象,并把这种形象生动地传递给顾客,从而使该产品在市场上确定适当的位置。

简而言之,就是在客户心目中树立独特的形象。市场定位包含:产品定位,侧重于产品实体定位,如质量、成本、特征、性能、可靠性、用途、款式等;企业定位,即企业形象塑造,如品牌、员工能力、知识、可信度等;竞争定位,确定企业相对于竞争者的市场位置;消费者定位,确定企业的目标顾客群。面向消费者市场时,品牌定位是市场定位的关键。

市场定位是树立企业形象、品牌形象、产品形象的基础。市场定位是为适应消费者心目中的某一特定地位、兴趣、爱好等而设计企业产品和营销组合的行为。即从各方面为产品明确一定的特色,树立一定的市场形象,在潜在顾客的心目中,确定一个适当的位置。

市场定位是企业营销活动中的一项战略性工作,目的是获取竞争的优势,使本企业的产品在目标市场中取得较竞争产品更为优越的地位,适宜的定位往往是企业成功的关键。

市场定位是企业制订营销策略组合的基础,它的确定对产品本身的设计、定价、分销、促销有着决定性影响。营销组合的各个要素都要与定位相匹配,才能创造出完整的定位形象。

1. 市场定位的分类

(1) 初次定位、重新定位及心理定位

初次定位是指企业对尚未投放市场的产品,即在投放前确定其市场地位的活动。

重新定位是指企业为已在某市场销售的产品,重新确定某种形象,以改变消费者原有的认识,争取有利的市场地位的活动。重新定位通常是由于受到同类产品强有力的竞争,或消费者需求发生转移,或销售量骤减等原因引起,如某日用化工厂生产婴儿洗发剂,强调该洗发剂不刺激眼睛来吸引有婴儿的家庭,但随着出生率下降,销售量减少,为了增加销售,该企业将产品重新定位,强调使用该洗发剂能使头发松软有光泽,用以吸引女青年。

心理定位是根据消费者的心理需求,突出产品的某些属性以争取有利的市场地位的活动。心理定位应贯穿于产品定位的始终,无论是初次定位还是重新定位,都要考虑消费者的心理需求。

(2) 针对式定位与创新式定位

针对式定位是企业选择靠近于现有的竞争者或与其重合的市场位置,争夺同样的目标顾客。一般来说,企业采用这种做法应考虑:能否生产比竞争者质量更优或成本更低的产品;该市场能否容纳两个或两个以上相互竞争的企业;自己是否有比竞争者更多的资源;这种定位与本企业的声誉和能力是否相符。

创新式定位则是企业避开与竞争者直接对抗,将其位置定于某处市场"空隙",发展目前市场上没有的某种特色的产品,开拓新的市场领域。在企业定位前,必须明确创新定位所需的产品在技术上、经济上是否可行,以及有无足够的顾客偏好这种产品。

2. 市场定位的依据

(1) 根据顾客得到的利益定位

产品本身的属性以及由此获得的利益能使消费者体会到它的定位。精美的时装可以突出其"高档"的特点,普通的服装则应宣传经济实惠、大众化的特点。有时,新产品应强调一种竞争对手所不具备的属性,这种定位往往容易收效明显。

(2)根据产品的特点定位

构成产品内在特色的许多因素都可以作为市场定位所依据的原则。比如所含成分、材料、质量、价格等。"七喜"汽水的定位是"非可乐",强调它是不含咖啡因的饮料,与可乐类饮料不同。"泰宁诺"止痛药的定位是"非阿司匹林的止痛药",显示药物成分与以往的止痛药有本质的差异。一件仿皮皮衣与一件真正的水貂皮衣的市场定位自然不会一样,同样,不锈钢餐具若与纯银餐具定位相同,也是难以令人置信的。

(3)根据产品使用的用途和场合定位

为老产品找到一种新用途,是为该产品创造新的市场定位的好方法。如尼龙,最早用于降落伞上,后用于袜子、服装、尼龙绳等。

(4)根据产品使用者定位

企业总是试图把其产品推荐给适当的使用者,以便塑造恰当的形象。例如不同品牌的香水定位各不相同,有的定位于雅致的、富有的、时髦的妇女,有的定位于生活方式活跃的年轻人。

(5)根据竞争的需要定位

产品可定位于与其相似的另一种类型的产品档次,以便与之对比,如有一种冰激淋,该企业广告称其与奶油的味道一样。

也可通过强调与同档次的产品并不相同进行定位,特别是当这些产品是新产品或独特产品时,如不含阿司匹林的感冒药片、不含铅的汽油等都是新类型的老产品,定位时应突出与其他同档次产品的不同特点。

还可定位于与竞争者直接有关的不同属性或利益,如百事把七喜汽水定位为"非可乐",强调七喜汽水中不含咖啡因,暗示可乐饮料含咖啡因,对消费者健康不利。

事实上,许多企业进行市场定位的依据往往不是一个,而是多个综合使用,因为作为市场定位体现的企业、品牌及其产品形象是全方位的。

3. 市场定位的常用策略

(1)特色:让消费者感觉产品与众不同或(和)无与伦比。

适用于最早进入市场且确有自身特色的产品,可快速见效,但特色如何避免被模仿是关键,特别是在技术飞速进步的背景下。

(2)受益:特色的延伸,如牙膏含氟(特色)—防止蛀牙(受益),进一步明确了品牌的内涵,并具有足够的灵活性(理性—情感);缺点仍在于难以持久。

(3)问题解决方案:消费者需要的是问题的解决,而不是特定的产品。

适用于特定行业:金融业/信息产业/传媒业等,它以顾客的情感满足为核心。注意,如何与竞争者区别?如何保证承诺?

(4)竞争:直面竞争对手,强调企业的优势,适用于企业定位,但用于产品定位则较困难。限制因素:竞争对手的报复;法律限制。

(5)企业信誉或标识:前提是企业有强大的品牌信誉优势。

注意:企业信誉的维持是前提;企业或品牌形象的有效管理。

(6)产品使用场合、时间、实用性等:可以有效区分不同产品与品牌,以细密的市场细分为基础,充分挖掘市场潜力。

限制因素:市场层次丰富是前提。

(7)目标用户:大众消费性且需求存在细微差异的市场适用,它可以使企业与顾客建立密切联系。

前提是企业能进行精确的市场细分与市场调研,并能不断跟踪市场变化。

(8)渴望:是人们对自身生活方式和社会地位的期待。

渴望要素包括:身份、地位与威望(与财富成就相关),如劳力士;自我完善(非财富因素),如露华浓(Revlon Cosmetics),"我们经营的不是化妆品,我们经营的是希望"。

(9)信念与归属感:信念是人生的支柱,由此引发的归属感予人以巨大力量,而现代社会的消费者对此更为渴望,它可以使企业获得稳固的市场地位。

注意:长期的易变性;准确的定位目标受众;长期的承诺与应诺。

(10)价值:价格、性价比、情感因素是价值构成的核心要素,此战略成功的关键在于强调顾客价值而不是价格。

(11)情感:单独使用难以打动对价格敏感的顾客。

情感唤起渴望,进而激发欲望是最具说服力的定位要素。

(12)个性:必须定位准确,人们对不喜欢的个性毫无感觉。

(13)只争第一:第一总是最令人难忘的,但它依赖于持续的创新和大量的投入。

三、任务设计

根据选定的传统产品和创业计划,开发属于自己的项目特色,完成品牌和产品定位陈述
(1)运用市场细分工具对整体市场进行有效细分,并陈述理由。
(2)根据细分结果,选择恰当的目标市场策略,确定目标顾客,并陈述理由。
(3)针对目标顾客特征,结合竞争及自身特点,确立自己的产品及品牌定位,并陈述理由。
(4)根据定位,形成完整的品牌和产品定位陈述。

四、知识拓展

(一)品牌

首先,我们需要了解一下关于产品品牌化的术语:

品牌:是一种名称、术语、标记、符号、色彩或图案,或是它们的组合,其目的是帮助顾客辨认某个销售者或销售者群体的产品或劳务,并使该产品或劳务同竞争对手的产品或劳务区别开来。

品牌名称:是品牌中以文字标识出来的那一部分。

品牌标记:是品牌中非文字但可以识别出来的那一部分。如符号、图案、独具一格的色彩或字母。

商标:是一个品牌,或品牌的一部分,这部分已获得专有权,并受到法律保护。商标保护着销售者使用品牌名称和(或)品牌标记的独占权。商标与品牌既有密切联系又有所区别,严格地说,商标是一个法律名词,品牌则是商业称谓。

版权:是复制、出版和出售文学、音乐或艺术作品受到法律保护的专有权利。

产品品牌化是营销人员面临的一个具有挑战性的决策。

1. 品牌决策

在为个别产品制定营销战略时,销售者必须面对品牌问题。产品品牌化可以给产品增加价值,因此它是产品战略的一个根本性问题。

(1)品牌化决策

首要的决策是,企业是否应该给产品使用品牌。当今很少有不使用品牌的产品:食盐被包装在显著地标有制造商标识的包装物里;橙子上贴有橙子种植地名的标签;一般的螺母和螺丝被包装在有经销商标签的玻璃纸内;汽车部件分别标有汽车制造商的品牌名称。

但是,一些产品可能不需要使用品牌。一般来说以下一些情况可以使用无品牌策略:

①顾客高度熟悉,且本身不易变化、创新的产品,如常用药品、水果、蔬菜等。

②同质性极强的产品,如原料、动力、水、电等。

③短期、临时性的产品,如中秋节期间一些酒楼生产和销售的月饼等。

④简单的生产资料类产品,如小工具等。

无品牌产品是无品牌、简易包装、价格较低廉的普通商品。这些产品达到标准质量,但售价明显较低。这些产品之所以售价低,是因为产品的构成成分质量较低,标签和包装的费用支出较低,营销费用也达到了最低限度。食品、家庭用品和药品等行业所出现的无品牌产品严重威胁着那些售价较高的有品牌商品,而且使品牌化本身经受着严峻的考验。

实际上,既然建立品牌要付出成本(包括包装费用、标签费用和法律保护费等),而且还要承担该品牌被证明没有受到用户欢迎的风险,那么为什么销售者还要使用品牌呢?原因是,销售者可以从中受益:

①品牌名称的树立使销售者可以较容易处理订货单并发现其中的问题。

②销售者的品牌名称和商标对产品独特之处提供法律保护,否则产品会遭到竞争对手的仿制。

③品牌化为销售者提供了一个良好的契机,去博得顾客对品牌的忠诚,并从中谋取利润。品牌忠诚在竞争中对销售商起到保护作用,并使销售商有较大的控制能力来规划市场营销组合。

④品牌化有助于销售者细分市场。

⑤良好的品牌有助于公司形象的树立。

在决定对产品使用品牌标记时,制造商可采取多种选择。产品既能用制造商的品牌推入市场;也可以以一个经过特许的专用品牌推入市场;也可以由制造商将产品卖给中间商,然后中间商再标上私人品牌(又可称为中间商品牌、分销商品牌或经销商品牌);还可以由制造商在某些产品上标上自己的名称,而将另一些产品标上私人品牌出售。

(2)家族品牌决策

给自己产品标注品牌的制造商面临着进一步的选择。品牌名称战略至少可以归纳为以下四种:

①个别品牌:即不同产品线或产品项目分别采用不同品牌。

②对全体产品采用一揽子的统一家族品牌。

③对全体产品采用不同类别的家族品牌,即根据产品线不同区别使用不同品牌。

④公司商号名称与个别品牌相结合。

采用个别品牌战略究竟有哪些好处呢?一个最主要的益处是,它没有将公司的声誉维系在某一产品品牌的成败之上。假如某一品牌的产品遭到失败或者出现质量较低的情况,将不会损害制造商的名声。如生产高档手表或者优质食品的制造商,可以不用其优质产品的品牌名称,而用其他品牌引进质量较低的产品线。个别品牌名称战略可以使公司为每一种新产品寻找最佳的名称。每一个新的品牌名称都可以树立起消费者新的刺激和信念。

对所有的产品使用共同的统一家族品牌名称也有许多好处。因为不需要进行"牌名"的调查研究，也不需要花费大量广告费用求得公众对品牌的认知和偏好，所以推出新产品所用的费用比较少。再者，如果制造商的声誉比较好，产品的销路也会因此而非常好。

如果某公司生产多种截然不同的产品，那么该公司就不适于采用一揽子的家族品牌名称了。更关键的是，品牌一旦被顾客认可，就会在顾客心中形成一个固有概念（即"品牌是属于顾客的"），这时新产品形象能不能契合统一品牌的固有形象就可能成为问题。如"999"集团曾经用"999"这一品牌命名其旗下的速冻食品，显然让顾客难以接受。

品牌名称应是产品概念的整体强化部分，而绝不是随意的想象。对品牌命名的要求包括：
①它应使人联想到产品给人们带来的利益；
②它应该能够使人们联想到产品的作用和颜色等特性；
③它应该易读、易识、易记，简明的品牌名称有很好的效果；
④它应有自己显著的特征；
⑤它应有较强的文化适应性。

尽管绝大多数的制造商耗费了大量的时间和金钱来创建他们自己的品牌，但是一些企业通过申请许可的方式，采用其他制造商已经创立的品牌名称和符号；或者交付一笔费用，将一些流行电影和书本中的著名人物或角色的名字作为自己的商品品牌，这就是所谓特许经营。这方面最明显的例子就是周边产品的经营。

共同品牌在最近又重获生机。所谓共同品牌，是指两个已经创立的不同企业品牌名称用在同一产品之上。一般而言，共同品牌的建立，都是由一个企业将获得特许的一家企业的著名品牌与自家品牌合并，共同使用。共同品牌的建立往往给品牌双方都带来好处，如可使联合后的品牌具有更强的消费吸引力和更高的品牌价值，还可使一方企业把已有的品牌扩展到其单独难以进入的领域中去。

（3）品牌扩展决策

品牌扩展战略，是指充分利用已获得成功的品牌名称把改进型产品或者新产品推入市场。

以改进型产品为例，清洁剂产品行业首先推出 X 品牌产品，紧接着推出新的经过改进的 X 品牌产品，进一步又推出具有附加利益的 X 品牌新产品。品牌扩展也包括新包装规格、新口味和新款式的投入。利用业已成功的名牌推出新的产品，博得了许多人的浓厚兴趣。另一种品牌扩展策略，是耐用品制造商为了达到宣传其品牌以低价为起点的目标，在其产品线的低端增加"降低档次"的产品型号。尽管用来"促销"的品牌是"降低档次"的，但还应该符合品牌的质量形象。销售人员在以促销模型作广告时，必须保证备有存货，不应该给顾客一种"受了骗，然后又被甩掉了"的感觉。

品牌扩展决策使制造商用于新品牌促销所需支付费用大大节省，并且促使人们迅速接受新产品。但同时，如果新产品没能博得顾客的好感，就有可能造成顾客对同一品牌名称的其他产品所持的态度大大受损。

（4）多品牌决策

采用多品牌战略的销售者，总是对同类产品使用两个或更多的品牌。

制造商出于多种原因采取多品牌战略：
①制造商可以取得更多的货架空间，并因此增加零售商对其品牌的依赖。
②几乎没有顾客会对某一品牌绝对忠诚，以至于不对其他品牌感兴趣。因此，捕捉"品牌转换者"的唯一办法是提供几种品牌。

③新品牌的产生能给制造商的组织机构中投入竞争和效率。多品牌战略定位于顾客不同的利益和要求,可以使每一品牌吸引不同的追随者。

在决定是否推出新品牌时,制造商将考虑如下几个问题:

①能否为新品牌制造出一个独特的典故?

②这一典故是否会引起顾客的认同?

③新品牌分别吞并多少本产品制造商的其他品牌,以及竞争对手的品牌?

④新品牌的销售额能否补偿产品开发和产品促销所支付的费用?

在使用多品牌策略时,很容易落入陷阱,即每一品牌仅能获得很小的市场份额,但其中没有一个品牌会获得更多的利润。这样做的公司会将其资源消耗于若干品牌上,而不如只搞少数几种高利润的产品品牌。因此,这些公司应当剔除掉比较薄弱的品牌,并建立严密的筛选程序来选择新品牌。如果公司的品牌能吞掉竞争对手的品牌,而不是在公司内部自相残杀,这将是最理想的。

(5)新品牌决策

当企业进入一个新的产品种类时,它可能发现原有品牌名并不适合于它,这时企业就可建立一个新的品牌名称。当企业发现其旧品牌的影响力在逐渐丧失时,也可考虑建立新品牌。建立新品牌的另一条捷径也许是通过收购其他公司来获得有实力的品牌。

(6)品牌再定位决策

无论一种品牌在市场上的最初定位是否合适,今后公司都必须对之重新定位。因为竞争者可能继该公司品牌之后推出它的品牌,并削减公司的市场份额。此外,顾客对品牌的偏好有可能转移,那么公司品牌的需求将因此减少。

在品牌重新定位的决策工作中,管理人员必须权衡两个因素。第一个因素是将品牌转移到目标市场的费用。该费用包括产品质量改变费、包装费、广告费等等。一般情况下,重新定位所选择的目标位置离原位置距离越远,所需费用越高。改进品牌形象的必要性越大,所需的投资也越多。第二个因素是定位于新位置的品牌能获得收益的程度。收益的大小取决于以下因素:偏好细分市场上的消费者人数;这些消费者的平均购买率;在同一细分市场内竞争者的数量和实力;在该细分市场中为品牌所制定的价格。

(二)商标

1. 商标的概念与作用

商标是商品的标记,是生产者和经销者为了区别自己的和别人的商品,而在商品上使用的经国家有关部门注册,受法律保护的品牌或品牌的一部分。它通常运用文字、符号、图案、色彩或把这些因素组合起来使用,是代表产品本身的质量水平、信誉程度、性能特点与生产厂家的一种标志。在我国因习惯问题,存在注册商标与非注册商标的区别。

我国采用"注册在先原则"确认商标的专有权。所谓"注册在先原则",是指使用商标的单位必须向主管部门提出申请,申请在先者经过审查核准注册之后,享有专有权,并受到国家法律的保护。但对驰名商标可以例外。

商标是产品整体概念中不可缺少的内容,无论是与产品的生产与销售,还是与产品的消费和使用,都存在着极为密切的关系,它的作用概括起来有以下几个方面:

- 维护企业正当权益,保护企业声誉。
- 监督企业保证产品质量,维护消费者的切身利益。
- 宣传企业产品,促进产品销售。

2. 商标质量策略

商标包含着消费者对产品一定质量水平的认可。企业在进行商标决策时，相应地要为商标确定一个质量形象。一般来说，企业应根据自己产品的质量水平、盈利能力、竞争能力确定产品商标的质量等级，并且尽可能地树立名牌商标的形象。

(1) 产品质量标准决策

建立并贯彻质量体系管理主要是企业应依据 ISO9000 标准，构建完善的质量体系，以保证质量标准的贯彻和实现。

依据质量体系，加强质量控制。ISO 质量体系对产品质量的全过程的控制程序、作业内容、核查做了明确规定，有效地解决了质量管理的操作性问题，完善了全面质量管理的内容，使影响产品质量的有关因素始终处于受控状态，保证了有序、高效的质量控制。

(2) 质量水平决策

一般地说，产品质量与投资收益成正比。但由于质量水平越高，产品成本也越高，因此其市场会随价格的上升而缩小。

由于上述原因，企业在制定质量水平时，必须从市场定位出发，从目标市场的需要出发。

(3) 产品质量调整决策

①提高产品质量。不断提高产品质量是创名牌的必由之路，产品质量是企业的生命线，珍惜企业和产品的形象，创造顾客满意，不断提高顾客满意度，应是营销的基本任务。

②保持质量标准。当企业产品质量已达到营销需要，即可以有效满足目标顾客的需要时，就可以采用这一策略。

③降低质量标准。在以下特定情况下可以采用此策略：

A. 顾客对质量的要求减低时。如在现代条件下，随着顾客，特别是年轻人消费中"喜新厌旧"倾向的出现，对产品耐用性的要求就可以适当地降低。

B. 权宜之计。当原材料、动力等的价格大幅度上涨，而售价无法上涨时，为维护企业生存可临时性地使用。

3. 商标战略

商标是企业的无形资产，驰名商标更是企业的巨大财富，企业一定要注意商标的保护。

(1) 注意商标的及时注册与续展

商标、域名抢先注册，抢占他人无形资产的行为愈演愈烈，许多企业因此损失严重，对此在《反不正当竞争法》中专门作了有关规定，以保护知名商标。而在 WTO 协议中有更严格的要求，这一点也在商标法中予以明确规定；同时，我国对域名进行了类似于商标的保护。更重要的是企业必须主动行动起来，尤其是在我国企业大规模进军全球市场的背景下，更要注意域外商标的及时注册与续展。

(2) 防御性商标注册

所谓防御性商标注册，即在不同商品类别中注册与使用相同或相似的一系列商标。具体地说就是注册一系列文字、读音、图案相同或相似的商标，保护正在使用的商标或以后备用。其原因是商标注册是分类进行的，我国商标注册将商品分为 34 个大类、服务行业分为 11 个大类，因此同一商标使用的范围有一定限制，产品跨行业、跨种类时，就必须分别注册。如红豆集团的商标决策是把与"红豆"中文发音相同的、含义相近的文字注册，如"虹豆""相思豆"，结果，1994 年在与某旅游工艺品厂申请注册"思豆"的商标纠纷中，经国家工商局商标评审委员会裁定，"红豆"获胜，同时红豆集团还在国外 54 个国家和地区申请了商标注册。

又如"娃哈哈"注册了"哈哈娃""哈娃娃"等一系列保护性商标。防御性商标注册的另一种方法就是同一商标运用于完全不同种类的产品或不同行业,防止他人在不同种类的产品或不同行业使用你的商标。

（3）商标法对驰名商标(well-known trademark)的保护

所谓驰名商标是指长期使用、广为知晓并享有社会声誉的商标,在我国,驰名商标的认定机构是商标行政主管机关和人民法院。除此之外,其他任何组织不得认定或采取其他变相方式认定驰名商标,商标所有人也无权自封其商标为驰名商标。驰名商标享有以下特权：

①不适用申请在先原则。即非驰名商标拥有人,无论其在任何情况下都无权注册驰名商标。而驰名商标拥有者有禁止他人抢注的权利。

②驰名商标标识可不具备显著性特征。即不受商标法禁止性条款的限制。

③有禁止他人"淡化"其商标的权利。所谓"淡化"是指未经许可,将与驰名商标相同和类似的商标用于不相同或类似的商品。

（4）注册后保护

这些权利只在商标注册后享有：①他人不得以任何方式将驰名商标用于商品包装、装潢和名称上；②他人不得将驰名商标用于企业名称或名称的一部分。

（三）数字化时代的品牌营销

品牌,一直以来都是影响消费决策的关键要素,可以帮助企业在消费者心中建立一个有效区隔,其核心是品牌基因(Brand DNA)。

品牌基因包括品牌核心价值和品牌个性。具有不同的品牌基因是品牌之间形成差异化的根本原因。品牌基因是品牌资产的主体部分,它让客户明确、清晰地记住并识别品牌的利益点与个性,是驱动客户认同、喜欢乃至爱上一个品牌的主要力量。

在品牌基因中,个性是价值观和产品融合后,真性情的流露,是内容和形式的统一,是理智与情感、物质和精神的最高契合。品牌风格表现出相对的稳定性。它真实可辨,却极难模仿和控制,这也是品牌世界里,最牢固又最活跃的部分。科学家核磁共振研究表明：我们购买行为有85%是由潜意识控制的,而非显性的理智。同时,消费行为学家告诉我们,成功的沟通,信息传递80%来自情绪和身体语言,而非内容。这就是为什么我们能在几秒钟内爱上一件产品,并决定带回家的原因。消费者的潜意识,会趋同与选择与自己共鸣的风格(情境),以求得自我的强化。因此,基于品牌价值观与品类发展出的品牌风格或者说性格,人格化地呈现了品牌基因内核,深刻影响品牌命运。

最高阶的营销,是实现品牌与用户"共情"。现今社会品牌众多,大众不可能会记住每一个品牌,因此品牌要做的是帮助受众获得自我实现,而不是名牌时代的自我标榜。

拿我们前面讨论分析了的"农夫山泉"来说,它的品牌理念非常清晰,就是"大自然的搬运工",就是中国文化最底层的"天人合一"自然观！

这是一种对人与自然关系的认知和态度,是一种坦然面对人生的坚持。它把热爱自然、热爱生活的人连接在一起,让营销回归了价值观,回归了生活态度。

所以一个成功的品牌应当是个有形象、有血肉、有骨架、有灵魂的组织体系,其传播沟通设计都是通过各种方法打造从产品到品牌的路径和烙印,从而建立产品与消费者的情感联系。

企业经营和其他人类活动一样,都是一种系统。而现实的生存压力,迫使我们深陷片段化的解决(如频繁的营销炒作),这就像对某一个音符的过分强调,会毁掉整个乐章一样,在品牌塑造时,快照式的解答,也必然侵蚀未来。品牌创造绝不是各要素的拼接。品牌的孕育,理应在一开始就是完整的,任何肢解和拆分都将导致品牌的残疾。因此,我们需要系统建构;我们需要重新关照整体,让破镜重圆;我们需要一个科学的品牌认知框架深度解决企业盈利,以及持续盈利的终极命题。

因此,企业应该从创立之初起,就从内到外、从上到下共同努力,进行点—线—面系统化的品牌营销。

总结起来,系统化的品牌营销工作应该从战略定位、形象体系、传播体系、体验体系、架构关系、价值体系、管理体系 7 个方面展开,如图 3—1 所示。而其中最核心的是战略定位(品牌内核),因为战略定位是品牌整体后续工作的目标、方向、原则与指导,决定品牌的灵魂。

1. 品牌战略定位

作为品牌工作的核心,品牌战略定位应该是基于大量的市场调研分析决定的。还需要随着市场和企业发展变化,不断调整优化,要定期(如每年)对原有战略及基于原有战略制定的战术结果进行评估,从而为战略优化—品牌更新提供参考。

2. 品牌形象体系

品牌战略定位确定后,就要建立品牌形象体系,也就是品牌识别系统。完整的形象体系应该包含三层:理念识别、行为识别和视觉识别。其中理念识别包含品牌人格,使命、愿景、价值观、名称、slogan 等;行为识别除了企业自身的外表、举止和沟通,还包含合作伙伴,如代理商的外表、举止和沟通;视觉识别除了 Logo、名片、文件袋,还包含前台门面、员工制服、产品 App 界面、公司内部装饰等。而这三层中的每个部分,都会对品牌产生至关重要的作用,因此都应该是结合一定的方法论经过充分思考讨论得出的,并构成一个完整体系。

以最重要的理念识别层面为例。使命、愿景、价值观,首先要明确其定义:使命是找企业存在的意义,愿景是确定企业要达成的目标,价值观是通过一致的思想准则来控制集体成员的行为,三者对对保证企业发展方向、达成企业发展目标、凝聚团队士气起着极其重要的作用,企业应发自内心地提出并身形一致的践行这些理念,否则只能形同虚设。品牌名称,绝不是简单的文字选择,而要符合战略定位、可以被合法注册、少用生字冷僻字、善于联想,暗示产品属性,预埋发展管线,考虑当地风俗,避免资源浪费等原则,从而才能降低识别成本、传播成本和使用成本。Slogan,同样应该从品牌战略、产品特性、用户洞察三个方面作深入思考做到"易读、易懂、易记"。品牌故事,必须是真实的、强化品牌定位的、情节生动感人的以及可以引出品牌使命的,而且品牌故事应该只有一个,深入展现并传播一个品牌故事,才有利于建立品牌认知。

3. 品牌传播体系

品牌传播,目的是让人们对品牌形成认知、改变认知,重塑认知,进而产生好感,形成偏好忠诚。通俗来说,就是让消费者行动发生,让不知道的产生向往,不喜欢的扭转偏见,已购买的形成忠诚。

从实施角度来说,应该从"心、技、体"三个角度入手。

"心"即洞察消费者心声,发现他们的"心灵触点",这就需要在软文、广告、视频等内容策划上使消费者能产生情感共鸣,并且所有内容要围绕品牌理念做到风格一致。

"技"即各类媒体渠道。既包括新媒体如微信、微博,也包括传统媒体如电视、杂志,还有线下渠道,如实体店铺、海报、代言明星等。而"技"的成功必定是各渠道"联合作战"的结果,所以需要学会了解各类媒体的适用特点。

"体"是消费者的亲身体验,也就是整个传播过程要尽量使客户参与体验,拥有体验感,这样才越容易打动消费者。

图 3-1 品牌营销体系

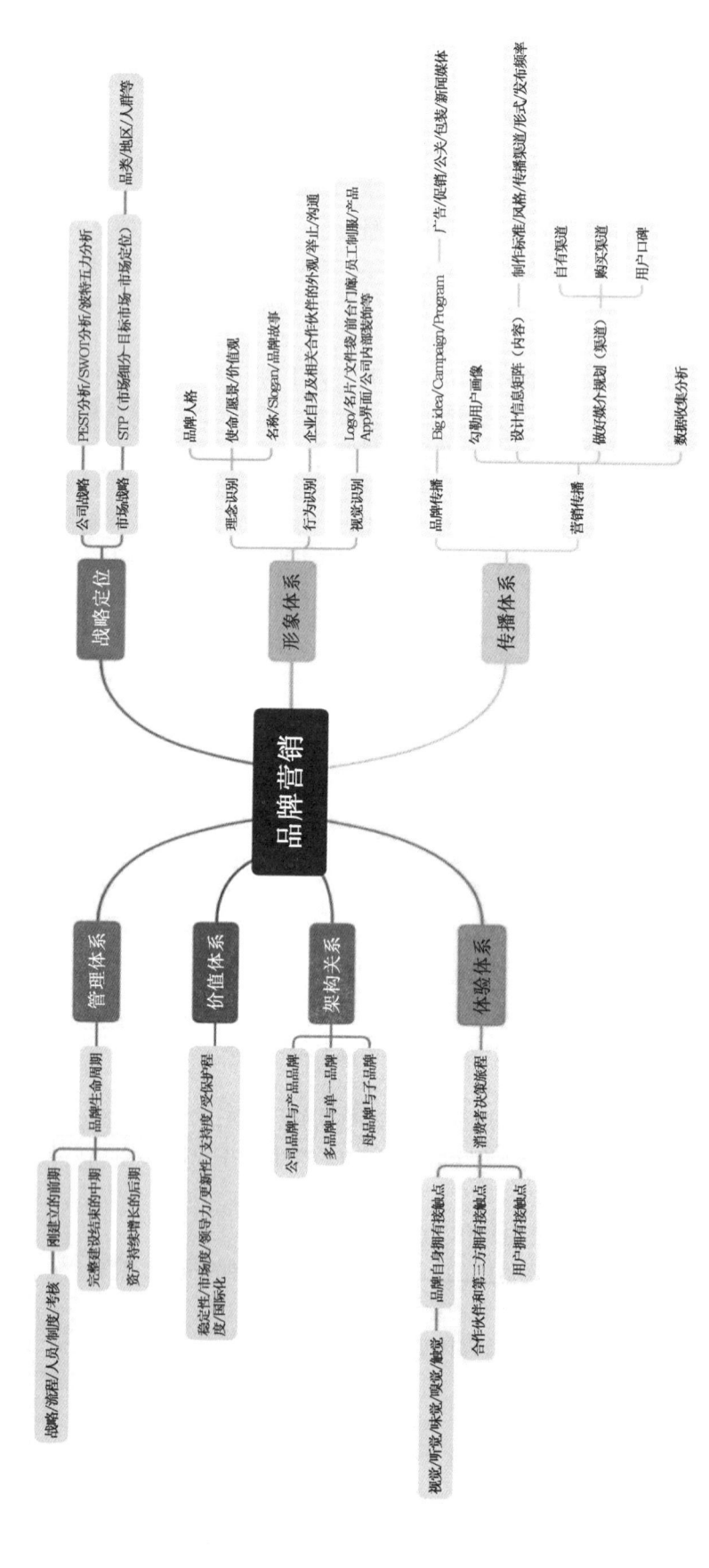

4. 品牌体验体系

与传播体系一脉相承的体验体系,想强调的是围绕"注意—兴趣—搜索—比较—购买—分享"的消费者购买决策旅程,随时随地都应该让消费者与品牌产生沟通联系,形成品牌认知,为"溢价"和"信用"这两个品牌作用的形成添砖加瓦。

其中品牌体验包含了视觉、听觉、味觉、嗅觉及触觉五个方面。品牌体验的接触点,除了品牌自身的品牌产品设计、App界面、一线服务人员表现,品牌自己的媒体曝光资源、官网、微信和微博账户、固定展厅、办公环境等,品牌通过市场动作获得的用户接触点,如广告、公关报道、路演活动移动展厅等,还包含了企业的上下游合作伙伴,品牌或营销服务的供应商,合作的媒体、意见领袖所拥有的接触点资源,以及用户自发产生的接触点,如用户上传的UGC内容视频、发布的言论等。

要打造好的品牌体验,就要找出以上所有接触点,评估每个接触点现有表现,明确每个接触点对用户的影响,通过优先顺序选出关键接触点,然后执行并不断优化。

5. 品牌架构关系

品牌架构是企业需要慎重考虑的问题,因为不良的品牌架构将会使企业在未来的发展中受很大限制。对企业来说,通常在品牌架构上要考虑两个方面的问题,首先是企业成立之初就应该确定公司品牌与产品品牌相互独立还是统一的问题;其次随着企业发展面临的如何处理母品牌与子品牌的关系。

6. 品牌管理体系

品牌管理主要指根据品牌生命周期对相关指标的管理。我们可以把品牌管理分为三个阶段:品牌刚建立的前期、品牌完整建设结束的中期、品牌资产持续增长的后期。

前期目标是建立一个新品牌,包括使命、愿景、价值观和定位等等品牌要素。此时的管理指标是"差异"。占领用户心智是此阶段的首要任务,所以要常问自己,我和现在已有的品牌有差异么?差异点在哪里?除此之外,一些常规的品牌管理操作,如商标注册等等琐碎事情,要在这个阶段完成。

中期目标是发展壮大一个既定品牌,包括与消费者产生牢固的关系,形成正确的品牌形象或者提升知名度等。在这个阶段,常问自己的是,我所做的事情是否可以让消费者想到我的品牌?我制定的要求是否能帮助消费者关联到我的品牌?

后期指维护一个成熟的品牌,主要进行品牌资产的积累、品牌形象的维护或保持品牌的成长力等。这是品牌已经拥有了自己的理念和定位,深受消费者们的拥护和喜爱,所以要保证不同传播渠道之间的内容一致,也要确保内容与品牌理念等原则性信息一致,如果不一致,就需要果断放弃。

7. 品牌价值体系

品牌价值,通常被认为是难以衡量和计算的。其实品牌价值既可以进行财务评估,也可以通过一定的市场评估体系来进行衡量。

根据国际知名品牌咨询公司InterBrand对品牌价值的定义:"品牌价值是在某一个时间点由品牌所有者运用类似评估有形资产的方法计算,如果它是适当的,或者可能认可的,它就是出现在资产负债表上的品牌价值的金额"。可以看出,它是将品牌资产中的正向部分,用公式折算成现金价值。除了财务评估,InterBrand还提出了7项评估标准:

(1)稳定性:主要是品牌在市场上长期表现稳定的能力。

(2)市场度:主要是品牌在市场中的占有份额,份额越高分值越高。

(3)领导力：主要指品牌的定价能力，以及引领行业标准的能力。

(4)更新性：主要指品牌是否能够适应时代做出即刻性调整从而确保品牌地位/形象不变。

(5)支持度：主要指组织内部对品牌未来的发展的投入程度，包括人财物。

(6)受保护程度：主要指品牌在知识产权、专利、品牌形象上的保护，这个也和品牌所面对的市场环境有关。

(7)国际化：不仅是简单考量这个品牌的海外市场表现，而且要考量品牌的跨文化沟通能力。

因此，企业在品牌营销的过程中，也应该注意从以上这些方面开展工作来保证价值实现。只有系统化地开展品牌营销工作，才能真正实现品牌营销目标，达成品牌营销的真正目的。

五、案例分析（课程思政）

本案例的探讨，应聚焦于以下问题：

1. 瑞幸的市场定位是什么？星巴克是瑞幸的主要竞争对手吗？
2. 如何理解营销活动（产品）的艺术化？成功的背景是什么？
3. Z世代消费者有哪些特征？

两极反转，消费品成功的秘诀被瑞幸玩明白了

曾经的瑞幸承认财务造假、虚假交易，并发布道歉声明，如今的瑞幸宣布破产保护程序成功结束、发布经审计的2021年度财务报告、确认立信为公司新的独立注册会计师事务所，可能在为重归纳斯达克主板做准备。一个在当时看上去除了破产并进行巨额赔偿之外别无出路的公司，就在这短短两年内发生了180度的惊天逆转。

瑞幸复活早已是业内都知道的秘密，但能保持这样快的势头仍有些超出观察者的预期。2022年4月14日晚间，瑞幸像一家正常的中概股公司一样发布了经过审计的2021年度财报，显示总净收入达到79.653亿元人民币，相比2020年增长97.5%，总收入几乎同比翻倍；自营门店层面利润则达到12.528亿元人民币，历史性实现门店层面年度利润转正；门店规模更是进一步扩张至6 024家，成为中国最大的咖啡连锁品牌之一。在疫情反复致快消整体增长趋缓的背景下，瑞幸取得这样的成绩实属不易。

把自身打造成一件营销艺术作品

从瑞幸诞生那天起，营销基因就刻在了这家公司的商业模式里。时代早已剧变，流量为王的信息喧嚣时代，让"酒香不怕巷子深"这句话盖上了厚厚的尘土，做实业，尤其是做大众消费品的零售业，不会吆喝的品牌甚至会直接胎死腹中。瑞幸从出生那天起，就把自己设计成为一个营销艺术作品，无人不知无人不晓。传统咖啡市场巨头的星巴克，无数次被瑞幸进行过"碰瓷式"营销，那封经典的控诉星巴克公开信为媒体界提供了足够多的报道和分析素材，在当时引发的传播爆点丝毫不亚于任何一个上市企业。

在信中，瑞幸以一个弱者姿态控诉了星巴克的两大罪状：与物业签订排他性条款，导致瑞幸无法入驻商铺；对供应商施压，要求对方二选一。不仅向反垄断机构投诉，还向法院起诉，仿佛受尽了委屈。虽然星巴克并不接招，直接回应道："我们无意参与其他品牌的市场炒作。"但媒体的连番报道，已让瑞幸的目的得以达成。

在此之后，瑞幸似乎就永远站在流量的中心位置，直上直下，声势浩大，你永远搞不清他们什么时候突然塌房，什么时候又奇迹般崛起，但只要他们搞事情，就一定会上头条。

强强联合制造热点的无限联名

2022年4月11日,瑞幸与椰树联名的"椰云拿铁"正式上市。这个34年不对外进行品牌合作的椰树似乎终于意识到品牌建设与沟通的力量,与瑞幸一起缔造了这个四月最成功的新消费营销事件。

这款新品采用瑞幸的"椰云工艺",用椰浆代替常规奶盖,号称"轻盈绵密"和"一口吞云"。瑞幸沿袭椰树椰汁的包装风格,为这款新品设计了定制杯套和袋子,而这更是成功带火了这个产品,各种拼贴画简直是被网友们玩坏了。

"土到极致便是潮"。字要足够大,颜色要足够艳。包装上的字体放大重点,将其颜色改为黑色的底色与白、红、蓝、黄进行对冲,牢牢抓住消费者的眼球,更是带动了消费者的创造性。这款最新与椰树合作的椰云系列上市当天就打破了瑞幸的销售新纪录,椰云拿铁首发当天总销量即超过66万杯,上线一周销量达到495万杯。

重组运营思路回归产品

在瑞幸的世界里,没有慢慢来这回事,从它诞生那天起,创始团队就已经编制好了一个快速上市的棋局,作为一家互联网公司,流量和获客即是瑞幸的生命线,在营销决策上,瑞幸毫不犹豫走上了闪电战的路线。

成立18个月后成功上市,创下了全球最快IPO纪录;而后又承认22亿元人民币虚假交易,被纳斯达克要求退市,创造了纳斯达克中国公司最快退市的纪录。这样充满传奇色彩的故事,在国内外也都是极为罕见的。

紧接着高层换血,郭谨一接替陆正耀成为新CEO,大刀阔斧进行改革。一改过去激进粗放的打法,回归商业本质,关注利润和现金流,深度梳理公司营销、产品、运营和扩张,削减多元化投入,强化建设门店、产品、用户三大核心部门。重心从营销侧到产品侧的转移,瑞幸开始发力打造爆款,整个2021年,推出113款全新现制饮品,平均3到4天出一款新品。而以往从未低于20%甚至一度高达60%的市场营销费用率,自2020年下半年来下降到了5%以下。

曾几何时,宁愿碰瓷都要和星巴克粘在一起的瑞幸,几乎成了爆款制造机,悄然更换了自身的产品定位,不再强调大师咖啡的精品标签,而是全面奔向年轻消费者,开始精细化梳理品牌调性与受众群体,精准匹配最适合自身与年轻人的对话模式。调整战略和稳健的发展步调为瑞幸带来了良好的行业声誉和扭亏为盈的历史性突破。

结语

回首瑞幸的"逆袭",多少都带有一种绝处逢生的味道,但若从另一个角度看这也是快速转型的必经之路。可口可乐在发展过程中实现了营销策划理念的转型:从早期的3A(即Available买得到、Acceptable乐得买、Affordable买得起)转型到3P(即Pervasive无处不在、Preferred心中首选、Price Relative To Value物有所值)。

一手缔造了瑞幸营销帝国的瑞幸咖啡联合创始人、CGO杨飞也曾多次在公开场合表达过,瑞幸是先做名牌,再做品牌。或许曾经的轰轰烈烈是瑞幸快速冲向3A所选择的捷径,但想过渡到3P却是只能用时间来沉淀,坚定长期主义得到思路。消费并不是一个那么"快"的行业,它始终要慢慢上行才能走得很远。慢一点,会更快,但是永远不要停止脚步。

资料来源:胡润百富. 两极反转,消费品成功的秘诀被瑞幸玩明白了[EB/OL]. 微信公众号"胡润百富",2022—05—07.

案例点评：

目前，我国的咖啡市场进入了一个高速发展成长期，人均咖啡消费量由2013年的3.2杯，增加为2019年的7.2杯。虽然与发达国家相比，仍处于较低的水平，并且差距很大，但是在消费升级的大背景下，人们收入水平的提高以及消费结构的改善，加上咖啡功效的多样化，我国的咖啡消费量将长期处于增长的趋势，现磨咖啡的消费增长最为迅猛。

瑞幸其实一开始就定位为以初入职场年轻人为目标顾客，通过现提和外卖，融合线上、线下，为目标顾客提供一杯"口粮茶"级别的现磨咖啡，从而和星巴克为都市白领精英提供"第三空间"的"上层路线"相区隔。但这一定位在企业的超高速发展中迷失了，包括频频碰瓷星巴克。从这个意义上说，瑞幸的财务造假事件反而是一件幸事，它打醒了瑞幸，回到自己正确的定位上！

在瑞幸的反转故事中，我们还应该关注以下问题：

1. 现代消费者对艺术、创造力、活力的需求，如何体现到企业营销中？
2. "而以往从未低于20%甚至一度高达60%的市场营销费用率，自2020年下半年来下降到了5%以下"。数字化手段如何推动品牌营销？
3. 瑞幸是如何利用线上线下融合来构建品牌的？

六、知识链接

（一）新产品开发

市场营销学中使用的新产品概念不是从纯技术角度理解的，产品只要在功能或形态上得到改进与原产品产生差异，并为顾客带来新的利益，且企业首次生产的即可视为新产品。企业新产品开发的实质是推出不同内涵与外延的新产品，大多数情况下，是改进现有产品而非创造全新产品。

1. 新产品分类

（1）全新产品

全新产品从技术上一般是指运用新原理、新技术、新工艺和新材料制造的市场上前所未有的产品；而营销中更强调全新产品要求顾客培养新的消费观和新的消费行为模式，而不强调技术。如轿车早就奔跑在中国的道路上，但"家庭轿车"却是在大约20年前才进入中国消费者的视野。

（2）换代新产品

换代新产品是指改变市场上已经出现的产品结构和性能而形成的产品，它使原有产品的性能得到改良和提高，具有较大的新增价值，但涉及新的消费观和消费行为模式的因素较少。如数字电视从技术角度而言是一次飞跃，但对顾客看电视的行为模式影响却有限，所以只能称之为换代新产品。

（3）改良新产品

改良新产品是指对现有产品的质量、特点、外观款式、包装加以全面或局部改良之后生产出来的产品。这类产品与原有产品差别不大，易为市场接受，市场上销售的大部分新产品均属于这种类型。

（4）成本降低产品

是指因成本剧降，性能提升，从而导致产品市场性质发生根本变化的产品。如2020年以来的新能源汽车，在电池性能和成本取得突破后，掀起了汽车市场的革命，中国汽车行业也迎来了"换道超车"。

(5) 重新定位产品

重新定位产品是指重新为产品寻找消费群,使之畅销起来,实质是为产品重新选择目标市场。如"东方树叶"从"便携"的茶,到"健康饮品"的转变。

(6) 仿制新产品

企业生产市场竞争者已有的新产品。这种新产品减少了技术上的风险,投资较少,适用于独立开发产品有困难的企业,但须警惕法律障碍。同时,也是后发者模仿—学习—自主研发—超越不可或缺的一个过程,关键是要秉持赶超的目标,就如中国高铁为代表的中国制造。

2. 新产品开发过程

新产品开发过程由八个阶段构成:构想阶段、构思筛选阶段、概念的形成和测试阶段、制定市场营销战略阶段、进行营业分析阶段、产品开发阶段、市场试销阶段、正式上市阶段。

(1) 构想阶段

构想阶段主要是寻找产品的构思,以满足某种新需求。新产品的构思可来源于顾客、竞争者、营销人员、技术人员、中间商、市场调研部门等。

(2) 构思筛选阶段

征求到创意构想之后,还要进行抉择和取舍,筛选工作可从以下几方面入手,进行创意评估:新产品需求潜量是否充足;新产品与企业现有能力是否适应;新产品的竞争力与盈利能力如何。

在构思筛选阶段,企业要避免两种失误:①"误弃",即公司没有认识到该构思的发展潜力而将其误弃。造成这种结果的原因,一是思想太保守,二是没有统一的评价标准。②"误用",即公司将一个没有发展前途的创意付诸开发并投放市场,由此造成的产品失败可分成三类:产品彻底失败,销售量很少,连可变成本都收不回来;产品部分失败,虽不能收回全部投资,但销售额可以保证收回全部可变成本和部分固定成本;产品相对失败,只获得比企业通常投资收益低的利润。不论是"误弃",还是"误用",都会给企业带来损失,因此,在构思筛选阶段必须切实注意。

(3) 产品概念的形成和测试阶段

产品概念是企业从顾客角度对构思的详尽描述,是把构思、想法具体化的过程。在产品概念的形成与测试阶段,企业必须考虑谁将使用新产品,新产品能满足用户什么需要与欲望和在什么场合使用等问题;企业还要从销量、盈利与企业研制产品的关系等方面,确定所需的产品概念。一个构思可以形成多个产品概念。

产品概念形成以后,为检验产品概念是否明确、恰当,企业还需要对产品概念进行测试,一般情况通过产品测试需要弄清楚以下几个问题:

①产品概念的描述是否清楚易懂?
②顾客能否明显发现该产品的突出优点?
③在同类产品中,顾客是否偏爱本产品?
④顾客购买这种产品的可能性有多大?
⑤是否愿意放弃现有产品而购买这种新产品?
⑥本产品是否能满足目标顾客的真正需要?
⑦在产品的各种性能上,有什么可改进的地方?
⑧购买该产品的频率是多少?

⑨谁将购买这种产品？
⑩目标顾客对该产品的价格作何反应？

通过这些方面的了解，企业可以更好地选择和完善产品概念。

(4) 制定市场营销战略阶段

在发展出产品概念以后，需要制定市场营销战略，企业的有关人员要拟订一个将新产品投放市场的初步的市场营销战略报告。它由三个部分组成：①描述目标市场的规模、结构、行为，新产品在目标市场上的定位，头几年的销售额、市场占有率、利润目标等；②新产品的计划价格、分销战略以及第一年的市场营销预算；③计划长期销售额和目标利润以及不同时间的市场营销组合。

(5) 进行营业分析阶段

营业分析是指分析新产品的预计销售量、成本和利润估计情况，以了解其是否符合企业的目标。

①销售额的估计。企业的高层管理人员通过对过去的销售情况及目标市场情况深入细致的考察以后，估计出该产品的销售额有多少。在估计新产品的销售额时，还应该考虑到这种产品是一次性购买的产品，还是偶尔购买的产品，或者是经常购买的产品。

②成本和利润的估计。在对新产品的长期销售额做出预测之后，可推算这期间的生产成本和利润情况。这需由研究与开发部门、生产部门、市场营销部门和财务部门共同讨论分析，估计成本，推算利润，一般可采用损益平衡模型、现金流量模型、简单市场营销组合模型、贝叶斯决策模型、投资收益率分析等方法进行分析。企业的市场营销策略和手段，一方面可以促进新产品的销售，另一方面也会使成本增加。因此，合理地确定市场营销预算，使企业盈利最大化，是十分重要的。

(6) 产品开发阶段

若产品概念通过了以上各个阶段，便可以进入开发实体产品阶段。新产品必须具备产品概念描述的各种特点和属性，还要经过严格的技术测试和顾客的测试，取得各方面对新产品的考核意见以后，以预算的生产成本进入正式生产阶段。

(7) 市场试销阶段

如果新产品开发试验结果感到满意，就要着手用品牌名称、包装和初步市场营销方案把产品包装起来，把产品推入预先选择的市场进行试销。市场试销的规模取决于两个方面：①投资费用和风险大小；②市场试销的费用预算和时间。

在试销过程中，企业要注意收集有关资料：①在有竞争的情况下，新产品试销情况及销售趋势如何，同时与原定目标相比较，调整决策；②哪一类顾客购买新产品，重购反映如何；③对产品质量、品牌、包装还有哪些不满意；④新产品的试用率和重购率为多少，这两项指标是试销成功与否的判断值，也是新产品正式上市的依据；⑤如果采用几种试销方案，选择比较适合的方案。

(8) 正式上市阶段

正式向市场推出试销成功的新产品。企业要决定何时推出新产品、何地推出新产品、向谁推出新产品、如何推出新产品等几个问题。

①何时推出新产品：企业必须分析何时是新产品推出的最佳时期，如节假日。如果是季节性较强的产品，新产品就应该在消费季节到来之前进入市场；如果公司新产品会影响公司其他产品的销售量，就应延迟推出新产品的时间；如果新产品还可以进一步改进或可能受到了经济

衰退的影响,企业可等晚些时候再推出。

②何地推出新产品:企业还需要决定向哪里投放新产品,尤其要决定新产品在哪个地方推出。企业一般进行有计划的市场扩展,特别是中小型企业会选择有吸引力的城市或地区,一次只进入一个,然后再扩展。如顶新集团推出的康师傅方便面,就是把城市作为首选市场,在城市打响之后,再迅速渗透入各地农村,并成为我国目前最具价值的方便面品牌之一。

③向谁推出新产品:新上市的产品,最先的促销对象应是最有希望购买的一个群体,由这些使用者带动其他群体。新产品最理想的潜在顾客,一般具有如下特征:创新使用者;喜欢冒险;可能是大量使用的用户;对新产品颇有好感;是某一方面的"舆论领袖",有宣传影响力。

④如何推出新产品:新产品开发过程自始至终要有营销活动参与,企业必须制定把新产品引入扩展市场的实施计划,新产品营销预算也要合理分配到各营销组合因素中,时机不同、地域不同,营销重点也不同。

(二)新产品扩散

所谓新产品扩散,是指新产品上市后随着时间的推移不断地被越来越多的消费者所采用的过程;也就是说,是新产品上市后逐渐地扩张到其潜在市场的各个部分的过程。扩散与采用的区别,仅仅在于看问题的角度不同。采用过程是从微观角度考察消费者个人由接受新产品到成为重复购买者的各个心理阶段;而扩散过程则是从宏观角度分析新产品如何由少到多,在目标顾客群体中传播的过程。个体认知论是在假设个体在不受外界影响情况下,认知新事物的规律性。而扩散理论则展示了,认知新事物时,消费者如何相互影响的问题。

1. 新产品采用者类型

就消费者市场而言,按照顾客接受新产品的快慢程度,新产品的采用者可以分为五种类型,其分布符合正态分布:

(1)创新采用者。该类采用者约占全部潜在采用者的2.5%。任何新产品都是由少数创新采用者率先使用的,因此,他们具备如下特征:极富冒险精神;收入水平、社会地位和受教育程度较高;一般是年轻人,交际广泛且信息灵通。

但创新采用者因其采用的动机往往过于"冒险",多数时候其对后续大众的采用影响有限,我们所说的市场最小量常常就可以对应这一部分的购买。

(2)早期采用者。早期采用者是第二批采用新产品的群体,占全部潜在采用者的约13.5%。他们大多是在群体中具有一定威信,受到周围朋友的拥护和信任,成为某些领域的舆论领袖。这类采用者多在产品的导入期后期或成长期早期采用新产品,并对早期大众影响极大,对新产品扩散有着决定性影响。

但遗憾的是,由于早期大众与早期采用者具有相似的外部特征,到目前为止,我们缺乏有效方法准确定位产品的早期采用者。

(3)早期大众。这类采用者的采用时间较平均采用时间要早,占全部潜在采用者的约34%。他们往往因为各种原因,在对新产品做出购买决策或由购买决策转向实际购买时,出现犹豫和彷徨,这时早期采用者的采用行为就成了"压垮骆驼的最后一根草"。也就是说,早期大众其实事先已对新产品购买决策做了大量基于其独立判断的准备,只差"临门一脚"而已了。所以,早期大众绝非一般意义上盲目的模仿者或"赶时髦者"。

(4)晚期大众。这类采用者的采用时间较平均采用时间稍晚,占全部潜在采用者约34%。他们往往因年龄、性格、受教育程度和收入状态等因素,限制了其获取新产品信息的来源和质量。所以,他们只能比较被动地接受新产品,直到多数人都采用且反映良好时才行动。

(5)落后采用者。这类采用者是采用新产品的落伍者,占全部潜在采用者的约 16%。与前述 4 类采用者相比较,他们在社会经济地位、个人因素和沟通行为等三个方面存在着较大落差,其社会地位和收入水平最低。因此,他们在产品进入成熟期后期乃至进入衰退期时才会采用。

对消费者接受新产品的上述五种类型的划分,是新产品市场扩散理论的重要依据。因为一种新产品的使用,必然在一定程度上引起消费者生活习惯、生活方式的改变,从而造成转移风险;同时新产品质量、性能、使用效果、价格和服务等方面能不能给人们带来比原有产品更多的利益也存在疑问;另一方面,消费者都存在不同程度的疑虑心理,采取购买行为事实上要冒一定的风险,这往往使消费者接受新产品都要经过或快或慢、或简单或复杂的心理过程。

在这个过程中,早期采用者作为"舆论领袖"的口碑作用,对新产品的扩散极为重要。因为经过他们试用后,新产品的相对优点得到显露与证实,其他消费者就会减少或消除疑虑心理,增强对新产品的信任感,促使形成人数较多的早期大众和晚期大众采用。消费者这种从众心理是人们寻求社会认同感和安全感的表现,是产品得以流行的重要条件。

2. 舆论领袖

大众传播往往是通过人际关系来影响受众,其内容首先由大众传媒流向舆论领袖,然后再由他们传向他们想要影响和能影响的人们。

其中对舆论领袖所下的定义是:人们所认识和信赖的人,往往跟他们有相同的社会地位,被认为具有某些专长和对某些问题见解深刻。舆论领袖能够向人们提供建议和解释,改变他们的态度和影响他们的行为;与社会正规组织的领导人物不一样,舆论领袖是非正式的领导,给人出谋划策,其影响力常常比大众传媒更大;舆论领袖既是受众中的一部分,同时又能够影响一部分受众,舆论领袖在传播过程中的这种特殊地位,决定其具有十分巨大的影响力。

在新产品扩散中,舆论领袖是指能够非正式地影响别人的态度或者一定程度上改变别人行为的个人。他们主要具有以下作用:告知他人(追随者)有关新产品的信息;提供建议以减轻别人的购买风险;向购买者提供积极的反馈或证实其决策。所以舆论领袖是一个告知者、说服者和证实者。

不过,舆论领袖只是一个或几个消费领域的领袖,他们仅仅在这一个或几个领域施加自身的影响,离开这些领域,他们就不再是领袖也就没有影响了。同时,每一个社会阶层都有舆论领袖,大多数情况下,信息是在每一个阶层内水平流动而不是在阶层之间垂直流动。

(1)舆论领袖的特征

①舆论领袖交际广泛,信息获取能力强于大众;

②舆论领袖能够容易被接触,并有机会、有能力影响他人;

③具有较高于其追随者的社会经济地位,但不能高出太多,否则,二者就难以沟通;

④更乐于创新,尤其当整个社会倡导革新时。

(2)网络时代的舆论领袖正在发生的变化

①舆论领袖的社会附加属性被淡化。传统传播模式中舆论领袖的生活阅历、社交性和社会经济地位这三种社会给予的附加属性是二项必备的指标。但网络的匿名性使舆论领袖失效,同时让产生舆论领袖的范围扩大了,但这并不意味着成为舆论领袖的"门槛"的降低。

②舆论领袖及其追随者之间具有更大的异质性。主要表现在舆论领袖的影响范围扩大了。网络具有开放性,使得参与其中的人不会受地域、社会方式、地位背景等因素的限制,具有了很大的差异性,这决定了他们及他们所传播的信息的异质性。这从根本上导致了网络舆论

领袖影响力范围的扩大,"蝶化效应"一触即发。

③网络舆论领袖地位确立的快捷性和不稳定性。网络信息传播的快捷性使得网络舆论领袖的言论、观点有可能在较快的时间内传递开来、形成规模,使网络舆论领袖地位的确立有了"捷径"可走。但这样的方式形成的舆论领袖如果不能在长时间里持续传递有价值的信息和观点,就很容易"昙花一现";同时,由于网络上信息和人才的丰富性,加之"快餐"式的信息消费模式,舆论领袖追随者们的注意力很容易被转移而使舆论领袖的地位受到威胁。这都让网络舆论领袖具有了很强的不稳定性。

④舆论领袖"信息传递者"的角色被弱化。在互联网时代,通过搜索引擎等技术受众可以轻而易举地直接获得任何所需要的信息,网络舆论领袖传递信息的作用被大大地削弱。他们的影响力更多地表现在信息分析、观点引导和态度示范的作用上。

⑤舆论领袖观点传播的低噪性。在网络中,网络舆论领袖的观点是通过文字、图像等文本形式来进行传播的,很大程度上保证了网络舆论领袖的观点在传播过程中的不失真,因此很容易在这种双向的沟通中获得消解,从而使这网络舆论领袖观点传播的噪声降至最低。

⑥舆论领袖的观点更具客观性。网络信息传播方式的扁平化,让舆论领袖与更多的其他群体成员处在了同一个大的语言环境中,促成了他们之间更密切的交流和互动,这些群体成员通过互动和交流又成为舆论领袖社会化的参照。即网络的平权性和及时性使得网络受众并不仅仅甘于对舆论领袖"俯首称臣",他们更喜欢的是"对话式"和"讨论式"地在交流与分享过程中接受舆论领袖的观点。这便给网络舆论领袖提供了充足的反馈信息用来进行自我的调整,使他们的观点能够综合各方的声音,从而更具客观性。

(三)产品生命周期

产品生命周期(product life cycle,PLC),是指产品的市场寿命。一种产品进入市场后,它的销售量和利润都会随时间推移而改变,呈现一个由少到多由多到少的过程,就如同人的生命一样,由诞生、成长到成熟,最终走向衰亡,这就是产品的生命周期现象。所谓产品生命周期,是指产品从进入市场开始,直到最终退出市场为止所经历的市场生命循环过程。产品只有经过研究开发、试销,然后进入市场,它的市场生命周期才算开始。产品退出市场,则标志着生命周期的结束。

市场营销学定义的典型产品生命周期为:导入、成长、成熟、衰退四个阶段,如图3-2所示。

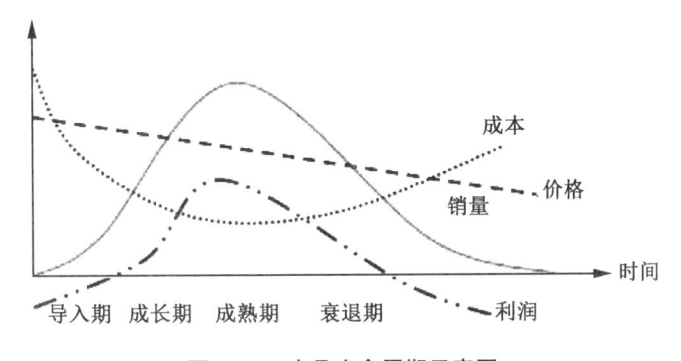

图3-2 产品生命周期示意图

产品生命周期管理(Product Lifecycle Management,PLM)是一种应用在单一地点的企业内部、分散在多个地点的企业内部,以及在产品研发领域具有协作关系的企业之间的,支持产品信息创建、管理、分发和应用的一系列应用解决方案。按照管理内容划分,在产品定义阶段,主要管理企业的智力资产;在产品生产阶段,主要管理企业的物理资产;在产品支持阶段,主要管理与运作支持相关的资源。按照时间划分,在产品的生命周期前期,主要管理产品概念的产生、物理设计、制造;在产品生命周期中期,主要管理产品的分发、使用、维修、服务;在生命周期末期,主要管理产品的再利用或者报废。随着 PLM 软件的兴起,产品生命周期开始包含需求收集、概念确定、产品设计、产品上市和产品市场生命周期管理。就像人的生命周期把父母前期的准备和孕育的过程、分娩的过程也定义到人的生命周期。

近现代很多优秀的企业觉得上述两种生命周期并不能完全地概括产品生命周期。在基于产品管理概念的基础上把产品生命周期概括为:产品战略、产品市场、产品需求、产品规划、产品开发、产品上市、产品市场生命周期管理 7 个部分。

研究产品生命周期时必须注意的问题:

①产品生命周期是由顾客需求和技术更新所决定的,随着消费个性化的发展和技术更新周期的缩短,产品生命周期总体呈缩短的趋势。

②不仅产品种类有生命周期,产品形式、品牌也有生命周期。

产品种类的生命周期要比产品形式、产品品牌长,有些产品种类生命周期中的成熟期可能无限延续。产品形式一般表现出上述比较典型的生命周期过程,即从导入期开始,经过成长期、成熟期,最后走向衰落期。

至于产品品牌的生命周期,一般是不规则的,它受到市场环境及企业市场营销决策、品牌知名度等多因素的影响,随着营销环境的变迁,品牌更新仍是企业必须面对的任务。

③产品生命周期有多种形态,并不是每一种产品的生命周期曲线都呈正态分布。

比如风格型产品生命周期往往呈现为再循环形态;时尚型产品生命周期往往呈现非连续循环形态;而技术更新频繁或产品新用途不断开发的产品往往呈现出扇贝型的多循环状态。如图 3-3 所示。

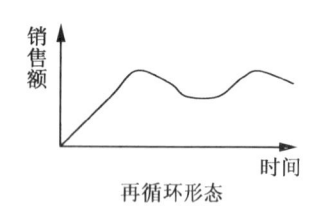

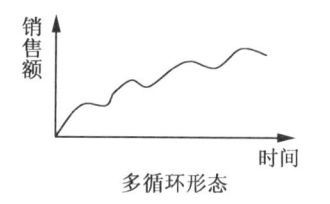

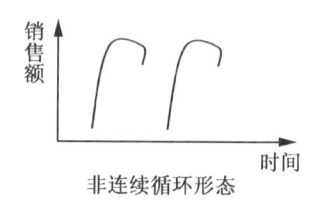

图 3-3 不规则产品生命周期示意图

④在不同的市场上,同一产品可能处于生命周期的不同阶段。

比如家庭轿车,中国城市市场尚处于成长期,发达国家早已进入成熟期,而中国农村市场还处于导入期。

1. 导入期

特征是销售增长缓慢;产品技术、性能不完善;价格偏高;分销渠道未建立、健全;促销费用高;竞争未出现;利润少,甚至亏损。整体而言产品在市场中生死未卜,顾客是否接受还是未知数。

根据这一阶段的特点,企业应努力做到:投入市场的产品要有针对性;进入市场的时机要合适;设法把销售力量直接投向最有可能的购买者,使市场尽快接受该产品,以缩短导入期,更快地进入成长期。具体策略：

产品：完善生产工艺与流程，降低成本，稳定产品质量。

价格：快速掠取策略；缓慢掠取策略；快速渗透策略；缓慢渗透策略。

渠道：迅速建立与完善销售渠道。

促销：着重解决引起注意的问题。

2. 成长期

顾客已接受新产品，市场迅速扩展，销售增长率与利润率快速增加；产品趋于成熟；竞争者大量涌现。在成长期，企业应致力于在迅速扩展的市场中最大限度地提高市场占有率。具体策略：

产品：迅速扩大生产规模，创造规模优势；增加花色品种，满足个性化需求。

价格：适时适当地降价，以提高市场进入门槛，遏阻潜在竞争者。

渠道：巩固现有渠道，开辟新渠道。

促销：把重心从引起注意，转移到树立产品形象。

3. 成熟期

销售增长率下降；部分顾客转而寻求其他产品或替代品；行业生产能力过剩，竞争达到白热化；利润率下降，利润总额增长达到最大。在成熟期，企业首先要致力于维持市场占有率，获取最大限度的利润；其次要寻求新市场，以延长产品生命周期，并致力于使产品进入新的生命周期。具体策略：

产品：改进改型，增加新特点、新用途；进入新的细分市场；开发新的地域市场。

价格：以成本为基础，以利润为核心，通过大幅度降价，扩大市场份额；通过再细分，提升产品附加价值，巩固利润率。

渠道：减少渠道层次，促进渠道规模化，扩大渠道覆盖面，便利顾客，降低流通费用。

促销：前期以广告为主的促销，要转为以刺激需求、促进销售的销售促进为主。

4. 衰退期

产品销售量急剧下降；企业从这种产品中获得的利润很低甚至为零；大量的竞争者退出市场；消费者的消费习惯已发生改变等。面对处于衰退期的产品，企业需要进行认真的研究分析，决定采取什么策略，在什么时间退出市场。通常有以下几种策略可供选择：

继续策略：继续沿用过去的策略，仍按照原来的细分市场，使用相同的分销渠道、定价及促销方式，直到这种产品完全退出市场为止。

集中策略：把企业能力和资源集中在最有利的细分市场和分销渠道上，从中获取利润。这样有利于缩短产品退出市场的时间，同时又能为企业创造更多的利润。

收缩策略：抛弃无希望的顾客群体，大幅度降低促销水平，尽量减少促销费用，以增加利润。这样可能导致产品在市场上的衰退加速，但也能从忠实于这种产品的顾客中得到利润。

放弃策略：对于衰退比较迅速的产品，应该当机立断，放弃经营。可以采取完全放弃的形式，如把产品完全转移出去或立即停止生产；也可采取逐步放弃的方式，使其所占用的资源逐步转向其他的产品。

(四)包装策略

1. 包装的含义

市场营销学认为，产品包装一般包括以下三个部分：①首要包装即产品的直接包装，如牙膏皮、饮料瓶都是这种包装；②次要包装即保护首要包装的包装物，如包装一定数量的牙膏的纸盒或纸板箱;③装运包装即为了便于储运、识别某些产品的外包装。

此外,在产品包装上还有标签,这是指为了说明产品,而贴在产品上的招贴或印在产品包装上的文字、图案等。在标签上一般都印有包装内容和产品所包含的主要成分、品牌标志、产品质量等级、生产厂家、生产日期和有效期、使用方法等,有些标签上还印有彩色图案或实物照片,以促进销售。

2. 产品包装的作用

搞好产品包装,可以美化产品,保护产品,便于运输、携带和储存产品,使产品在市场营销过程中,在顾客使用产品期间,不致损坏、变质、散落,保护产品的使用价值。

搞好产品包装,可以促进销售,增加盈利。特别是在实行顾客自我服务的情况下,更需要利用产品包装来向广大顾客宣传介绍产品,吸引顾客的注意力。现代产品包装装潢已成为营销的一个重要手段。

搞好产品包装,还可以增加产品价值。由于消费者收入水平和生活水平的提高,消费者一般愿意为良好包装带来的方便、美感、可靠性和声望多付些钱。所以,良好的包装不仅可以促进销售,而且可以提高售价,并增加产品附加价值。

3. 包装设计

企业在设计包装时,应考虑以下几点要求:

(1)包装应与商品的价值或质量相适应。

"一等产品,三等包装","三等产品,一等包装",都不利于企业销售。

(2)包装应能显示商品的特点或独特风格。

如对于以外形和色彩表现其特点的商品,如服装、装饰品、食品等,包装应向购买者直接显示产品本身,以便于选购。

(3)包装应方便消费者购买、携带和使用。

这就要求包装有不同的规格和分量,适应不同消费者的需要。如牙膏的不同香型,就是为了满足不同消费者的需求。

(4)包装上的文字说明应实事求是,符合法律规定。

如产品成分、性能、使用方法、数量、有效期限等要符合实际,要按规定标明厂名、厂址和其他相关内容,以增强顾客对商品的信任。

(5)包装装潢应给人以美感。

设计时要考虑消费者的审美习惯,使消费者能从包装中获得美的享受,并产生购买欲望。比如:饮料通常采用绿色作为包装的主打颜色。包装材料应符合环保要求和运输要求。

(6)包装装潢上的文字、图案、色彩等不能和目标市场的风俗习惯、宗教信仰发生抵触。

4. 包装决策

符合设计要求的包装固然是良好的包装,但良好的包装只有同包装决策结合起来才能发挥应有的作用。可供企业选择的包装决策有以下几种:

(1)相似包装决策。

即企业生产的各种产品,在包装上采用相似的图案、颜色,体现共同的特征。其优点在于能节约设计和印刷成本,树立企业形象,有利于新产品的推销。但有时也会因为个别产品质量下降影响到其他产品的销路。

(2)差异包装决策。

即企业的各种产品都有自己独特的包装,在设计上采用不同的风格、色调和材料。这种决策能够避免由于某一商品推销失败而影响其他商品的声誉,但也相应地会增加包装设计费用和新产品促销费用。

(3)相关包装决策。

即将多种相关的产品配套放在同一包装物内出售。如系列化妆品包装。这可以方便顾客购买和使用,有利于新产品的销售。

(4)复用包装决策或双重用途包装决策。

即包装内产品用过之后,包装物本身还可作其他用途使用,如奶粉包装铁盒,这种决策的目的是通过给消费者额外利益而扩大产品销售。

(5)分等级包装决策。

即对同一种商品采用不同等级的包装,以适应不同的购买力水平,如送礼商品和自用商品采用不同档次的包装。

(6)附赠品包装决策。

即在包装上或包装内附赠奖券或实物,以吸引消费者购买。

(7)改变包装决策。

当某种产品销路不畅或长期使用一种包装时,企业可以改变包装设计、包装材料,使用新的包装。这可以使顾客产生新鲜感,从而扩大产品销售。

项目四　我要成长

学习目标

1. 初步掌握产品与价格的基础知识。
2. 初步掌握产品分析和定价的基本方法。
3. 认识有形产品、无形产品营销的区别与联系。

学习要点

1. 熟练掌握营销策划的基本方法。
2. 进一步强化营销组合概念,初步建立整合营销意识。

一、案例讨论

中国品牌二次出海,胜算何在?

很难想象,越来越多的中国品牌,正在被海外消费者疯狂抢购。

日本心斋桥,这个大阪市最大的购物区,一家优衣库因为疫情的原因长久闭店,而这个店面,被SHEIN拿了下来做"试穿"服务。并且,这里只能试不能买,要想购买的话必须到线上下单。

即便如此,2022年10月开业当天,依旧吸引了4 000名顾客进店,很多人排了三个小时队进店拍照打卡。第二天,顾客人数直接飙到6 000。大阪的这种"美学"热情,可以说是大洋彼岸的"宗主国"蔓延而来。

2021年9月的一天,早上8点,美国迈阿密林肯路的街头,一家还没开门的店,门口却已经排起一条看不见尾的长队。穿着时尚的男男女女们,拿着手机激情下单,各式自拍打卡,网红们则激动地站在门店前给粉丝直播。

这是SHEIN迈阿密快闪店开业前的景象。

这家欧美风快时尚女装店，备受美国 Z 世代的追捧，他们排队 6 个小时，只为抢上一件 SHEIN 的衣服。就像茶颜悦色刚在长沙开出时一样，动辄排队五六个小时，还得找黄牛代购才能喝上。

而当这些美国女孩们被问及是否知道 SHEIN 是一家中国电商品牌时，她们震惊地说道："真的吗？完全看不出来，我身边的朋友几乎都在买。"

还是在美国，近年，在西方最大的购物节黑色星期五，65 万台海信 4K 高清电视，被美国消费者抢购一空。线下卖场里，消费者为了抢一台海信电视差点打了起来。不只是美国，海信之名已经远播中东，甚至连阿联酋沙迦王室和驻迪拜警察总局都在用海信电视。

在中东，这块被全球视为文化和衣着最"保守"的地方，还发生了这样一个"奇观"：未来的中东土豪们，出生之后就穿着中国纸尿裤，童年时代穿的是中国衣服。一家名叫 Hibobi 的母婴品牌，一年在中东卖出 5 000 万美元。甚至可以说，Hibobi 正在重塑中东的服装审美。

关于审美，最容易联想到的是美妆。在全球美妆个护第三大市场日本，在资生堂、高丝、Pola Orbis 和花王四大本土美妆巨头的把控下，日本彩妆行业似乎并没有给国外品牌留下太多想象空间。巴黎欧莱雅自身难保，已经在两年前宣布彩妆线彻底退出日本市场。但是，一家名叫 ZEESEA 滋色的中国美妆公司，却成为日本亚马逊排名第一的美妆品牌。

为什么这么多中国品牌能被全世界的消费者"疯抢"？

客观来说，在 10 年前，甚至 5 年前，这种情景是很难想象的。1987 年，时任宝洁公司副总裁 Lou Pritchett 和沃尔玛的创始人山姆·沃尔顿（SamWalton），来了一次友好的独木舟旅行，这也是中国品牌的噩梦之旅。

宝洁和沃尔玛的缘分始于 20 世纪 60 年代。只是，刚开始不太和谐。作为全世界最大的日化用品制造商，宝洁被世界上最大的零售企业沃尔玛选为供应商。都是世界最大，一山难容二虎。宝洁总是企图控制沃尔玛对其产品的销售价格和销售条件，而沃尔玛也不甘示弱，威胁要终止宝洁产品的销售，并且把宝洁的商品摆在最差的货架。冲突的过程中，双方的利益都受到了损失。直到 1987 年，宝洁希望自己的"帮宝适"婴儿纸尿裤能在沃尔玛有个好销量，才有了上面的"友好"旅行，也终于达成了"要合作"的共识。可怕的是，这次合作促成了让中国品牌噩梦缠身的"宝洁—沃尔玛"模式。

简单来说，就是宝洁开发并给沃尔玛安装了一套"持续补货系统"，通过这套系统，宝洁可以在千里之外，获得沃尔玛各个货架与仓库的第一手信息；这样也同时帮助了沃尔玛对货品的管理，防止滞销商品库存过多或畅销商品断货，也可以按月为宝洁记账单。这样合作的结果是，沃尔玛店里的宝洁产品利润增长了 48%，几乎没有多余的存货。宝洁如愿以偿地获得了最好的货架位置，在沃尔玛的销售收入和利润都大增了 50% 以上。宝洁的竞争对手不仅不能获得最佳位置，甚至还要额外缴纳 15% 的入场费。零售行业利润本就有限，15% 不是小数目。因此，"宝—沃"的蜜糖，就成了其他品牌的砒霜。2004 年，宝洁 514 亿美元的销售额中的 8% 来自沃尔玛，沃尔玛 2 560 亿美元销售额，有 3.5% 归功于宝洁。在宝洁和沃尔玛开香槟庆祝的时候，中国品牌就要遭殃了。

在 20 世纪 90 年代的中国，日化界流传着这样的说法——"北有熊猫，南有白猫"。前者，说的是熊猫洗衣粉，诞生于 20 世纪 50 年代的北京。在 1990 年，熊猫洗衣粉的年产量达到 6 万吨，市场占有率保持在 10% 左右，稳居全国洗衣粉前三名。再加上熊猫洗衣粉名字中有国人喜爱的国宝，因此当时很多人都认为这一品牌前途无量。然而，宝洁也关注到了熊猫洗衣粉。当时国内市场的竞争加剧，熊猫洗衣粉也希望借助外国资本扩大影响，甚至想通过外资销售网络把自己的产品卖到国外。于是,1994年,"熊猫"洗衣粉的生产者北京日化二厂,与宝洁公司成立了合资公司。宝洁以65%的股份实现对合资公司的绝对控股,并花1.4亿元买断了"熊猫"品牌50年使用权。上岸第一剑,先斩"意中人"。买断品牌之后,宝洁就把"熊猫"洗衣粉的价格提高了50%。因此,熊猫洗衣粉的销量急剧下降。这时,宝洁再利用"熊猫"原有渠道的品牌效应,力推自己旗下的汰渍和碧浪洗衣粉。本想借外资的大船出海,没想到自己被推到海里,原来的小船也被打翻。如今,中国人每天要买超过100万包汰渍洗衣粉,"熊猫"洗衣粉早已销声匿迹。在熊猫品牌价值被榨干后,宝洁还将其卖回北京日化二厂,但市面上已经全是宝洁的产品。

营销学之父菲利普·科特勒曾说过,"销售终端是离消费者身体最近的地方"。没有终端销售渠道,就算中国品牌有"本土优势",也卖不出去。而掌握了终端渠道的外国企业,则可以随时消灭看不顺眼的中国品牌。更加残酷的现实是,国外零售企业"硬性"掌控了终端销售渠道,国外品牌还"软性"掌控了渠道。一般情况下,商场会对店铺的营业额进行抽成,也就是俗称的"扣点"。但是,在国外大牌刚开始进入中国的时候,各个商家为了赚个人气,对奢侈品大牌的扣点一般不会超过20%,水电等费用也比较少,而其他品牌扣点往往高达30%~40%。

北京双安百货在引入香奈儿(Channel)的时候,扣点仅为15%。这些商铺,愿意以更低的租金、最好的位置将这些大牌引入,而很多普通品牌,只能在犄角旮旯里穷折腾。与此同时,这些掌控终端渠道和"廉价"商场旺铺的外国品牌,又不断通过广告宣传自己的优秀完全得益于"产品质量"。这也导致国内的很多品牌商,尤其是广大消费者,在目睹耳闻很多"大败局"之后,才会明白:不是把技术和产品做到极致,就能在市场中活下来,"宝洁—沃尔玛"的盘外招,才是品牌的不传之秘。

2021年12月,沃尔玛关闭了它在中国大陆开出的第一家门店。同为外资零售巨头的家乐福,从2022年12月就接连传出"会员卡无法使用"的消息。大家担心购物卡中的钱花不出去,开始连续几天跑到家乐福扫货,就差把货架搬回家了。2022年11月,家乐福还被曝出多家供应商停止供货,因为家乐福欠了他们的货款。20世纪90年代末,家乐福在北京站稳脚跟后,迅速在中国各大一二线城市四散开来。新颖的商品陈列、先进的促销手段、一站式购物,今天看来再普通不过的手段,在当时却让中国国内零售业大开眼界。超市里堆放的"菜篮子"、在开放透明的区域现场制作面包等场景,跟菜市场和小超市一比,高级得很。而且那个时候家乐福还有专门的购物班车。周末坐班车去家乐福逛超市,在门口吃一顿肯德基,是当时最流行的生活方式。紧随家乐福之后的,是美国的沃尔玛和荷兰的万客隆,分别选择了深圳和广州作为起点。2010年,家乐福、沃尔玛的中国门店数,差不多都在200家左右。根据当时媒体报道的数据,排名前三的外资超市占据了31%的市场份额。

但好景不长。2010年,正值中国电子商务高速发展的时期,大家发现在网上可以比在超市买到更便宜的东西。2011—2016年期间,手机购物用户以每年超过10%的速率增长。与此同时,中国零售市场也迎来第一波"外资退潮期"。

2010年7月,家乐福第一次在中国关店。2011年,沃尔玛在中国市场亏损高达1.17亿美元。更大的转折出现在2017年。当年,家乐福全球亏了近45亿元,中国区就亏损了10亿元。沃尔玛在2016年还盈利900多亿元,到2018年时,净利润只剩下440多亿元。从2016年到2020年,沃尔玛中国关闭了约80家门店;2021年,沃尔玛中国又关闭了30余家大卖场。从2019年至2022年三季度末,家乐福中国门店数量从233家减少至151家。被称为"亚洲规模最大旗舰店"的北京中关村家乐福也正式关店。在第一波"外资退潮期"不久,"宝洁—沃尔玛"

的盘外招失灵。

国产品牌乘上了电商的东风，顺势而上。

2012年的6月19日，是三只松鼠出征淘宝的第一天，章燎原还亲手为第一单打包，尤为细心。两个月后，三只松鼠日销千单。当年天猫"双11"，三只松鼠就卖出了766万元坚果，拿下了自己的第一个品类冠军，并于2016年超过良品铺子的营收规模。2019年，三只松鼠全年销售额突破100亿元，也摇身一变成为上市公司。

同样乘上了电商的东风的，还有那些"第一主播"们。在家乐福等外资零售巨头倒下的前一年，2016年，阿里巴巴推淘宝直播，邀请了包括薇娅在内的多名主播入驻。到了2018年，薇娅直播间全年销售额27亿元，仅双十一当天成交额就有3.3亿元。在薇娅的最后一场双十一直播中，销售额超过了80亿元。（而抖音直播通过算法将流量普惠于各类别主播，而不是超级主播的做法，又迅速完成对淘宝直播的超越。——编者注）

当掌握在外资手中的线下货架开始瓦解，掌握在国内电商品牌手中的线上货架日渐高耸，被压已久的中国品牌开始出现势不可挡的崛起。还是在2010年，阿里巴巴正式"出海"，开通了淘宝国际版，也就是"速卖通"。之后的九年时间，近20万中国卖家出海，速卖通的买家数也达到了1.1亿人次，中国企业通过速卖通卖出了2 295亿美元。而在中国市场没能打过淘宝的eBay，也把中国的业务重心转为跨境零售出口，跟速卖通竞争中国卖家。"华强北采购一根数据线，8块钱，放到ebay上面14.99美元，很快有人下单"。渠道的竞争，以及巨额的利润，也"诱惑"着更多中国企业走上出海之路。

比如1995年成立的迪奥皮具，通过给国际品牌代工，巅峰时期，一年出口近70万只箱包。迪奥皮具掌门人梁睿锋看来，"代加工走的每一步路都是别人的品牌"。2014年，他创立芭菲丽品牌。3年之后，迪奥皮具终止了代工的合作，开始集中精力做自主品牌。

2017年6月的一个出海销售的活动日，芭菲丽就卖出了过去2个月的销售额。

不论国内还是国际，零售的核心，都是物流。而把视野拉远，除了海上，我们还会看到两条物流大动脉：陆上丝路和空中丝路。

2011年，首列中欧班列启航，大大缩短了中国与欧洲的距离。到了2022年，全年开行中欧班列已经达到1.6万列，发送货物160万标箱。

2017年的冬春新航季中，中国航空公司新开丝路沿线国家国际航线95条，国外航空公司也新开18条沿线国家的国际航线。2022年"双11"，出海电商已经实现欧洲核心9个国家2—7天的送达时效。

但有一批中国品牌，依然觉得这个速度不够快，还想到达"离消费者身体最近的地方"。

乔布斯曾经说过这么一句话："消费者并不知道自己需要什么，直到我们拿出自己的产品，他们就会发现，这就是我想要的。"所以苹果在开发产品的时候，并没有过多地考虑"消费者需求"这么个因素。在他看来，苹果的产品设计是高于消费者的存在。也只有这样才能确保品牌商一劳永逸。很多时尚品牌和乔布斯想的一样，消费者并不知道什么是时尚，也不知道自己要怎么穿。

早在1956年就被调配出来的"克莱因蓝"，几十年间并未有人提起。直到2017年，出现在了奢侈品牌CELINE的国际秀场上，在2019—2021年间，Dior、LV、Gucci等品牌纷纷推出克莱因蓝的服饰。"克莱因蓝"就这么的成为2021年的年度流行色。

奢侈品如此，快时尚依然如此。

快时尚的鼻祖HM，在2013年成为第一个登上巴黎时装周的快时尚品牌。

在 HM 光鲜的设计师名单上,不乏范思哲、Jimmy Choo 这样的名字,也有 Alexander Wang 这样的新贵,这种做法让 H&M 看起来更接近大品牌,因此也吸引了一部分高端消费者。由于品牌主导消费,HM 也让一种风格维持的时尚感越来越短,最短甚至缩短到 15 天,消费者也被迫一起换新。

中国品牌是怎样做的呢?

在美国被疯抢的中国快时尚品牌 SHEIN,在营销上更青睐于普通素人。更愿意把普通人当人,当主角。毕竟,普通素人,才是所有服装最大的消费群体。

SHEIN 拥有一个 800 人的买手团队,通过线下渠道追踪用户消费习惯,技术出身的老板还让团队学会利用数据来分析消费者到底喜欢什么。在 SHEIN 的 App 里,还有一个专供用户讨论和分享穿搭心得的社区。发布了穿搭内容后,这些人可以获得 SHEIN 产品的免费配送,或者是达成销售后获得佣金,SHEIN 有近 20% 的流量来自这种素人的推荐。可以这么说,对于欧美时尚品牌,消费者是仰视。对于 SHEIN,消费者是平视。

另一家同样做女装零售的品牌 Cider,在它的官网上,甚至能够让用户根据自己的心情,来搜索贴合自己心情的衣服。

学会"尊重"消费者的中国品牌远不止这些。

2019 年,国货美妆品牌花西子建立了海外官方社交账号,开始布局日本市场。

当时,花西子推出了以"西湖十景"为主题的"西湖印记定制礼盒"。西湖历来是中国文人诗词歌咏赞颂的对象,也因此成为东亚诸国的文化圣地。这是个很讨巧的做法,"上有天堂,下有苏杭",这是一句外国人都知道的名言。因此也就不难理解,为什么花西子的"西湖印记定制礼盒"会在日本社交网站受到热捧,甚至还登上了时尚杂志《VOGUE》日文版。

2020 年正式入驻日本亚马逊后,花西子的"同心锁口红"很快登上了销售榜前三。这款口红产品售价 6 129 日元,比香奈儿等大牌的价格还要高,但融入了中国古代婚恋文化中的同心锁元素使其备受好评,至今仍是花西子销量最高的单品。

花西子也是一个把消费者当人的品牌。有网友问不知道深肤色人用是什么样子,花西子就找来不同肤色的模特拍效果图,并将图片在各个市场的社交媒体上传播。

另一家出海美妆品牌滋色,相比花西子的文化输出,塑造出一个更像国际新锐大牌的形象。滋色凭借着国内的供应链体系优势,与老牌跨国美妆品牌一样,针对不同国家、不同肤色消费者的偏好,成立单独的产品团队,连不同市场的官网的设计风格都贴合了当地特点。在刚进入日本市场时,由于日本消费者更喜欢通过许多文字来了解产品,滋色使用的广告视觉,并不是欧美的简洁风格,滋色的广告宣传上,更多是文字部分。

在更加本土化的打法之下,滋色进入日本市场一年便取得了达 100 亿日元(约合 5 亿元人民币)的销售额。由于其在国外销售的单品价格是国内的 5 到 10 倍,还有国外消费者托中国留学生代购。

经历了国内消费市场的内卷,中国品牌们早就意识到以高高在上的姿态说出"为了你好""你不懂",这样的套路在消费者身上越来越行不通了。消费者需要明明白白感受到品牌商把自己当人了,并且尊重自己了。就像 2018 年的新品发布会上,苹果专为中国用户推出了支持双卡双待的"特供版"。

尾声

在线下时代,得益于船坚炮利、雄厚资本,掌握了线下终端渠道的外资企业,有能力将国产品牌逼退到消费者视线之外。因此很长一段时间,中国企业只能停留在"代工厂"的地位,

"Made in China"也是西方人眼中"廉价""劣质"的代名词。事实上,国内外那些贴着外国品牌标、昂贵的生活用品,又有几件不是中国制造呢?

如果说产品出海,其实我们早就做到了。当下的叙事中,我们反复强调的出海,其实是品牌出海。说白了,我们要把我们"制造"的商品上的外国品牌撕掉,换上我们自己的品牌,然后以更加人性化的方式送到全球消费者手中。我们向来不缺乏制造的能力,缺少的只是把产品直接递到消费者手中的能力。

资料来源:酷玩实验室.中国品牌二次出海,胜算何在?[EB/OL].微信公众号"酷玩实验室",2023—03—08.

思考与讨论:

1. 数字化的时代,产品、价格、渠道、促销都发生了哪些变化?

2. 案例中中国品牌再出海,都做对了什么?讨论一下,我们还有哪些优势可以支撑中国品牌走向世界市场的中心?

二、基本知识点

营销组合(Marketing Mix)是指企业在市场上用来与目标顾客有效沟通和互动,从而实现营销目标的一系列营销工具的综合运用,是企业对营销环境中确定可控营销因素的最佳组合。一般情况下营销组合指 4P—4C:

产品(Product)—客户价值(Customer Value)

价格(Price)—客户成本(Customer Cost)

渠道(Place)—客户便利(Customer Convenience)

促销(Promotion)—客户沟通(Customer Communication)

(一)产品策略

企业的市场营销活动,以满足顾客需求为中心,而顾客需求的满足只能通过提供某种产品来实现。因此,产品是企业市场营销组合中的一个基础性因素。产品战略直接影响和决定着其他市场营销组合因素的实施,对企业市场营销的成败关系重大。

在现代市场经济条件下,每一个企业都应致力于产品质量的提高和组合结构的优化,并随着产品生命周期的发展变化,灵活调整市场营销方案,以更好地满足消费者需求,提高企业产品竞争力,取得最好的经济效益。

在市场营销组合的各个要素中,产品是市场营销组合中最重要的因素,因此从产品开始研究最为恰当。首先我们提出一个问题:什么是产品?产品是一个复杂的概念,在此我们将从营销的角度进行探讨。其次,我们希望通过探讨在消费品市场和组织市场上各种产品的分类方法,挖掘出适当的市场营销战略与产品类型之间的内在联系。最后,我们研究一些重要决策,包括:如何安排产品组合、产品组合中的产品线、产品线中的单个产品,以及产品组合优化等问题。

1. 产品概念

广义的产品概念:向市场提供的,引起注意、获取、使用或者消费,以满足欲望或需要的任何东西。

20世纪90年代以来,菲利普·科特勒等学者倾向于使用五个层次来表述产品整体概念,认为五个层次的表述方式能够更深刻、更准确地表述产品整体概念的含义,如图4-1所示。产品整体概念要求营销人员在规划市场供应物时,要考虑到能提供顾客价值的五个层次。

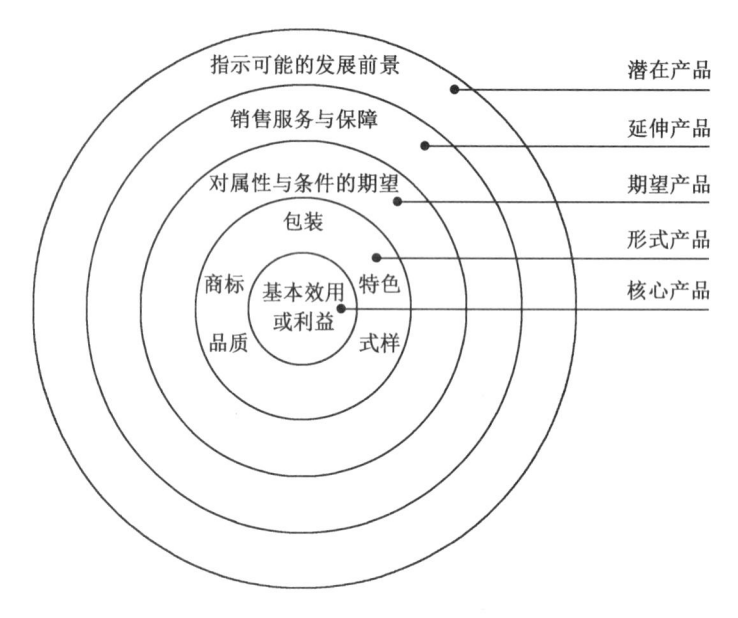

图4-1 产品的整体概念

(1)核心产品。核心产品是指向顾客提供的产品的基本效用或利益,从根本上说,每一种产品实质上都是为解决问题而提供的服务。

产品最基本的层次是核心产品,它回答"购买者真正要购买的是什么"这个问题,每一产品实际上是为解决人们的需要而提供的服务。营销人员的任务在于,挖掘出各种产品背后所隐藏的各种需要,而不是仅仅出售产品本身。核心产品在产品整体中位于核心地位,它向顾客提供基本效用或利益。因此,营销人员向顾客销售任何产品,都必须具有反映顾客核心需求的基本效用或利益。

(2)形式产品。形式产品是指核心产品借以实现的形式。由五个特征构成,即品质、式样、特征、商标及包装,即使是纯粹的服务,也具有相类似的形式上的特点。

(3)期望产品。期望产品是指购买者在购买产品时期望得到的与产品密切相关的一整套属性和条件。期望产品要求营销人员必须正视顾客的整体消费系统:任何一个产品的购买者在使用该产品时,都试图通过该产品来完成全部工作,这就是购买者的整体消费系统。在这种思路和方法的指导下,营销人员就会发现许多能够增加产品附加价值的机会,从而有效地提高竞争能力。

(4)延伸产品。延伸产品是指顾客购买形式产品和期望产品时附带获得的各种利益的总和,包括产品说明书、保证、安装、维修、送货、技术培训等。

国内外很多企业的成功,在一定程度上应归功于他们更好地认识到服务在产品整体概念中所占的重要地位。现代竞争并不仅在于产品本身,而在于它们是否能用各种不同的形式为产品增加价值,比如:包装、服务、广告、顾客咨询、融资、送货上门、仓储,以及人们所重视的其他附加价值。任何一个公司在为产品提供附加价值的时候,都应该寻求最佳、最有效的途径。

(5)潜在产品。潜在产品是指现有产品,包括所有附加产品在内的,可能发展成为未来最终产品的潜在状态的产品。潜在产品指出了现有产品可能的演变趋势和前景。

2. 产品的分类

(1) 根据其耐用性和具体性的不同,实体产品分为非耐用品和耐用品

非耐用品(Nondurable goods)指使用时间较短,甚至一次性消费的商品,如手纸、糖果、牙膏等。这类产品单位价值较低,消耗快,消费者往往经常购买、反复购买、大量使用。所以,适应的营销战略应该是:尽量增加销售产品的地点、场所,使消费者在很多地方都能买到。销售价格中不宜包含过多的盈利;并且应大量采用广告宣传,吸引顾客尝试性购买,促使形成对该产品的偏好。

耐用品(Durable goods)指使用时间较长,至少在1年以上的物品,如电冰箱、汽车、电视机、机械设备等。耐用品单位价值较高,购买频率较低,通常需要大量采用个人推销和服务,一经出售便可获得较高的利润,而且需要销售者提供较多的保证条件。

(2) 根据消费者的购买习惯,产品分为便利品、选购品、特殊品和非渴求品

便利品是指顾客时常购买或立即决定购买,并在购买前几乎不作产品比较和购买努力的产品。对顾客而言,这类产品一般具有价值低廉、价值构成简单,同时因频繁购买而高度熟悉的特点。便利品可以进一步细分为日用品、冲动品和救急品。

日用品是顾客有规律性地购买的产品。例如:某消费者可能经常性地购买牙膏和饼干,这些产品都属日用品。

冲动品是消费者没有事先计划好,也没有努力寻找而冲动性购买的产品。由于消费者一般不会专程选购它们,这种产品随处可以购买到。因而这类产品,如口香糖和杂志通常被放置在收银台旁边,就是为了使那些原来可能并没有购买欲望的顾客做出冲动性购买行为。

救急品是消费者有紧迫需求时购买的产品。如下雨时购买雨伞,天气炎热时购买冷饮。这类产品往往被生产厂商放置在许多网点销售,以便抓住良机,在顾客需要这些产品时及时出售。

选购品是消费者在选购这类产品时,总是从产品的适用性、质量、价格和式样等基本特征做出比较,然后才采取购买行为。对顾客而言,这类产品相对于便利品价值有明显提高,价值构成较复杂。其中一些也是频繁购买,但产品更新快速,从而需要比较,如服装;另一些主要是耐用品,购买间隔较大,上一次的经验要有所调整,所以也要比较和重新认识,如家具、家电等。选购品有同质品和异质品之分。

同质品是顾客认为在质量、价值构成等高度标准化,但价格却存在明显不同的产品,因此有必要选择性购物。销售者不得不同购买者"洽谈价格"。

但当顾客选购服装、家具和其他异质品时,受到顾客重视的往往是产品特色,而不是价格。假设顾客要购买一件细条纹衣服,那么衣服的剪裁水平,合身与否,以及外观效果比微小的价格差异要重要得多。因此,为了满足不同消费者的个人偏好,经营异质品的销售者必须准备大量的花色品种,销售者还必须雇用一批受过良好训练的推销人员,为顾客提供信息和咨询服务。

特殊品是指特征独特并为顾客所喜好的特定产品,通常指各种特殊品牌、特殊材料、特定品质与式样的产品。如首饰、机械手表、发烧音响、高档摄影器材、收藏品、艺术品等。

特殊品的价格比较昂贵,顾客购买时十分慎重,重视产品质量、品牌和生产企业,对产品的服务和附加利益要求较高,但一旦对产品和品牌较熟悉,就能迅速决策购买。

非渴求品是指消费者从未听说或者即使听说过一般情况下也不想购买的产品。有些新产

品,如烟尘检测仪和食品加工机就属于这种产品。传统的非渴求品,指人们知道但不想购买的一些产品,如墓地、墓碑以及百科全书等等。非渴求品的特性决定了这种产品需要花费大量精力从事宣传广告和个人推销,一些十分成熟的个人推销技巧,就是在推销非渴求产品的挑战中形成的。

(3)按照工业品进入生产过程的方式来分类,通常把工业品分为材料和部件、资本品项目以及供应品和服务

材料和部件指价值将完全转移到所生产的成品中去的那类产品。材料和部件又分为原材料、半成品和部件。市场营销中考虑的主要因素是质量、价格和服务,相比之下,品牌和广告的重要性就较微小。

资本品项目指部分地进入最终产品的产品。资本品项目包括两个部分:装备和辅助设备。

装备由建筑物(如工厂和办公室)与固定设备(如发电机、钻床、计算机)所构成。装备总是被大量购置。购置前总要经过长时期的谈判,然后由用户从制造商那里直接购买。制造商需要雇用高水平的销售力量,其中包括销售工程师。制造商很乐意设计具有各种特色的产品和售后服务。广告的形式在出售装备时也是需要的,但其效果远远不如个人推销那样有效。

辅助设备包含轻型制造设备和工具(如手用工具、起重卡车),以及办公设备(如打字机、办公桌)。多数的厂家是利用中间商出售产品,原因是这些产品市场的地理位置较分散、用户众多并且订购数量较小。在选择中间商时,最主要的考虑因素是质量、特色、价格和服务。尽管广告会给销售带来明显效果,但销售力量比广告要重要得多。

供应品和服务指根本不会进入最终产品的那类产品。

供应品可分为两个类别:作业用品(如润滑油、煤、打印纸)和维修用品(如油漆、钉子、笤帚)。供应品一般都是通过中间商来销售;价格和服务因素是重要的考虑因素,因为供应品是十分标准的物品,顾客对品牌没有特别的偏好。

商业服务包括维修服务(如清洗窗户、修理机器)和商业咨询服务(如法律咨询、管理咨询、刊登广告)。向顾客提供维修服务通常采取订立维修合同的形式。通常情况下由小型单位提供维修服务,而专业修理服务则由设备的原始生产厂家提供。商业咨询服务通常被认为是一种正规的、新的购买任务方式,顾客对供应商的选择是建立在供应商的声誉和人员素质之上的。

由此可见,产品的特征将会给市场营销战略的制定带来重大影响。同时,其他因素也将影响着市场营销战略,比如产品寿命周期所处的阶段,竞争者数量和竞争者所采取的战略,以及经济气候等。

3. 产品组合

(1)产品组合的含义

产品组合(product mix)是指一个企业提供给市场的全部产品线的组合,即企业的业务经营范围。

产品线(product line)是指企业提供给市场的所有产品中,那些在技术上密切相关、具有相同的使用功能、满足同类需要的一组产品。

产品项目(product item)是指同一产品线中具有不同品种、规格、质量和价格等属性的特定产品。产品组合的特点是从其宽度、长度、深度和关联度四个方面表现出来的。

产品组合的长度是指企业各条产品线所包含的产品项目的总数。

产品组合的宽度或广度是指一个企业所拥有产品线的数量。

产品组合的深度是指产品组合中每个产品线所包含的产品项目的个数。例如,X公司的牙膏有4种规格和3种配方,那么,它的深度为12(4×3=12),通过计算公司的每一品牌的种类数目,还可得到X公司产品组合的平均深度。

产品组合的关联度是指各产品线的产品项目在最终用途、生产条件、销售渠道或其他方面相互关系的紧密程度。如产品最终用途是消费品,又通过同一销售渠道进入市场,其关联度较大。但如果产品对不同购买者起不同的作用,则关联度较小。

其中,产品线又称产品大类,是指企业对拥有的全部产品项目分类。现代企业用于分类的标准主要是两大类:生产性条件(如技术、功能等)和市场性条件(如价格、目标市场、分销渠道等)。产品项目是指产品组合中具体的某一产品。

产品组合优化应遵守的基本原则:

◆ 满足需要原则:产品的开发是为了满足消费需求服务的,产品结构上的每一项目都要能满足市场需要,生产的产品要具备一定的市场规模。

◆ 利润原则:利润是企业营销的最终目的,不管是产品开发还是产品线的调整都要考虑企业利润。

◆ 竞争原则:建立产品结构时,要从竞争的角度出发,采取与竞争者"避实就虚"或"针锋相对"的策略。

◆ 资源利用原则:必须考虑企业本身的资源利用问题,产品结构选择要考虑企业人力资源、设备条件、财力状况。如有闲置资源,可再增加产品组合的宽度和长度。

(2)产品组合的优化

①扩大产品组合:包括拓展产品组合的宽度和加强产品组合的深度。

前者是在原产品组合中增加一个或几个产品大类,扩大经营产品范围;后者是在原有产品大类内增加新的产品项目。当企业预测现有产品大类的销售额和利润额在未来一段时间内有可能下降时,就应考虑在现行产品组合中增加新的产品大类,或加强其中有发展潜力的产品大类;当企业打算增加产品特色,或为更多的细分市场提供产品时,则可选择在原有产品大类内增加新的产品项目。

具体方式有:在维持原产品品质和价格的前提下,增加同一产品的规格、型号和款式;增加不同品质和不同价格的同一种产品;增加与原产品相类似的产品;增加与原产品毫不相关的产品。

一般而言,扩大产品组合,可使企业充分地利用人、财、物资源,分散风险,增强竞争能力。扩大产品组合的优点是:满足不同的偏好的消费者多方面需求,提高产品的市场占有率;充分利用企业信誉和商标知名度,完善产品系列,扩大经营规模;充分利用企业资源和剩余生产能力,提高经济效益;减小市场需求变动性的影响,分散市场风险,降低损失程度。

②缩减产品组合:当市场繁荣时,较长、较宽的产品组合会为许多企业带来较多的盈利机会,但当市场不景气或原料、能源供应紧张时,缩减产品反而可能使总利润上升。这是因为从产品组合中剔除了那些获利很小甚至不获利的产品大类或产品项目,使企业可以集中力量发展获利多的产品大类和产品项目。

削减利润很低或者亏损的项目是为了集中精力经营好利润比重高的品种;削减竞争处于劣势的产品项目,是因为发现竞争对手在相同的项目中占有很大的优势,企业的项目不断地走下坡路而企业通过努力又无法与之抗衡,这样可以避免无益的投入。

缩减产品组合策略是削减产品线或者产品项目,特别是要取消那些获利小的产品,以便集中力量经营获利大的产品线和产品项目。

缩减产品线的方式有：减少产品线数量，实现专业化生产经营；保留原产品线削减产品项目，停止生产某类产品，外购同类产品继续销售。

缩减产品组合的优点有：集中资源和技术力量改进保留产品的品质，提高产品品牌的知名度；生产经营专业化，提高生产效率，降低生产成本；有利于企业向市场的纵深发展，寻求合适的目标市场；减少资金占用，加速资金周转。

③产品线扩展策略：产品线扩展是指公司在现有产品类别中增加新的产品项目（如新风味、新颜色、新配方、新包装等），并以同样的品牌名称推出。产品线延伸的结果通常是产生了这个品牌不同的口味、不同的成分构成、不同的形式、不同的大小，或者不同的用途。产品线扩展策略的形式有如下三种。

向上延伸：有些企业的产品线原来定位于低档产品，由于希望拥有各档产品齐全的完全产品线，或者是受到高档产品较高的利润率和销售增长的吸引，或者希望高档产品来提高整条产品线的档次，企业会采取产品线向上延伸，准备进入高档产品市场。

可能的风险：那些生产高档产品的竞争者会不惜一切坚守阵地，并可能会反戈一击，向下扩展进攻低档产品市场；对于一直生产低档产品的企业，顾客往往会怀疑其高档产品的质量水平；企业的营销人员和分销商若缺乏培训和才干的话，可能不能胜任为高档产品市场服务。

奇瑞进军中端以失败告终

2009年，奇瑞中高端品牌瑞麒和威麟发布，但是2012年8月，历经数月的奇瑞内部整合终于落下帷幕，乘用车方面将只保留奇瑞一个品牌，瑞麒、威麟两个品牌将逐步停用。而开瑞品牌将会保留，但转移到控股公司，继续发展微面、皮卡等商用车，在新奇瑞全新的AE两个产品系列开发完毕之前的这段过渡期内，瑞麒、威麟品牌还将继续销售。奇瑞曾经寄希望于"多生孩子好打架"，但是显然这个策略是不成功的。"孩子多了能壮大实力，但是别忘了抚养这些孩子是需要投入的，对于奇瑞这样一个并不富裕的家庭来说，培养4个孩子显然是一个沉重的负担。"业内有关分析人士说。

2008年，奇瑞提出了6个发展主题，并于2009年推出了多品牌体系，由原来的奇瑞单一品牌扩张为奇瑞、开瑞、瑞麒、威麟四大品牌，其中后两者为奇瑞的高端品牌。但是，奇瑞的转型并不成功。由于瑞麒和威麟两大品牌的新产品在投放市场后销售乏力，负责销售瑞麒和威麟品牌产品的麒麟公司被迫解散，瑞麒和威麟品牌重新划归奇瑞销售总公司名下。经历波折后，奇瑞开始重新思考进军中高端市场的路径，并于2010年下半年开始进入战略转型。

奇瑞面临恶劣的竞争环境。2012年上半年，奇瑞汽车仅完成全年销售目标的37.9%，奇瑞第一季度净利润亏损9 782万元。"奇瑞的产品集中在低端市场，而汽车项目众多，企业面临巨大的成本压力。"一位接近奇瑞的行业分析人士指出，奇瑞官网资料显示，该公司建立了A00、A0、A、B、SUV五大乘用车产品平台，上市产品包括13大系列26款车型，在国内自主品牌车商中，可以说是最长的产品链。

资料来源：林劲榆.奇瑞放弃瑞麒、威麟两个品牌[N].新闻晨报，2012-08-28.

向下延伸：指企业原来生产高档产品，后来决定增加低档产品。企业采取这种决策的主要原因是：企业发现其高档产品的销售增长缓慢，因此，不得不将其产品大类向下延伸；企业的高档产品受到激烈的竞争，必须用侵入低档产品市场的方式来反击竞争者；企业当初进入高档产品市场是为了建立其品质形象,然后再向下延伸;企业增加低档产品是为了填补市场空白,不使竞争者有隙可乘。

企业原来生产高档产品,后来增加低档产品,有可能使高档产品的形象受到损害(低档产品最好用新的品牌,不使用原先高档产品的品牌);有可能会激怒生产低档产品的企业,导致其向高档产品市场发起反攻;企业的经销商可能不愿意经营低档产品,因为经营低档产品所得利润较少。

五粮液的向下延伸

2013年7月23日,五粮液在成都举行"创新驱动发展暨新品上市发布会",推出中等价位战略新品"五粮特曲"和"五粮头曲",迈出布局全价位全产品线的重要一步。

在发布会上,五粮液集团董事长唐桥表示,中国白酒经过"黄金十年"的高速发展,正在向理性回归,行业进入调整期。面对产业结构调整、增长方式转变、价值回归等变化,公司把握行业发展趋势,审视市场环境变化,确立了"做精做细高端产品,做强做大中价位产品,做稳做实低价位产品"的发展思路,在巩固高端市场"名酒"形象的同时,优化增长方式,加快新产品的打造,占领中高价位市场,布局新的区域市场,向广阔的"民酒"市场进军。

此次推出的"五粮特曲"的价格锁定在300~500元之间,"五粮头曲"在200~300元之间。据了解,公司将采取"小区域平台商"运营模式,以地级行政区域为招商单元,更加贴近一线市场和消费者,实施渠道扁平化,快速满足消费者的需求。

资料来源:五粮液迈出布局全价位全产品线步伐[EB/OL]. 中国食品投资网,2013-07-24. http://food.ocn.com.cn/Info/201307/iu241041.html.

双向延伸:即原定位于中档产品市场的企业掌握了市场优势以后,决定向产品大类的上下两个方向延伸,一方面增加高档产品,另一方面增加低档产品,扩大市场阵地。

在现代市场经济条件下,企业的产品大类具有不断延伸的趋势。生产能力过剩会促使产品经理开发新的产品项目;推销人员和经销商也渴望产品大类更为全面,以满足更多顾客的需求;为了追求更高的销售额和利润,产品经理也希望增加产品大类上的品种。但是,需要切记的是一家企业所能达到的最大的产品大类长度并不一定是其产品大类的最佳长度。

(4)产品大类现代化

在某些情况下,虽然产品组合的宽度、长度都很恰当,但产品大类的生产形式却可能已经过时,这就必须对产品大类实施现代化改造。

产品大类现代化决策首先面临这样的问题:是逐步实现技术改造,还是以最快的速度用全新设备更换原有产品大类。逐步现代化可以节省资金耗费,但缺点是竞争者很快就会察觉,并有充足的时间重新设计它们的产品大类;而快速现代化决策虽然在短时期内耗费资金较多,却可以出其不意,击败竞争对手。具体产品大类的调整,要结合企业及市场的实际状况,充分运用产品组合优化的具体方法。

4. 产品组合分析

(1)用直方图分析每个产品线或产品项目的销售和获利情况

产品组合中每一个产品线或产品项目在销售和获利方面所产生的贡献各不相同。产品经理对每个产品线或产品项目所占全部销售量和利润额的百分比均应做到心中有数。图4—2中,我们以一个由五种产品项目所组成的产品线为例,说明这个问题。产品线上第一个产品项目销售量占总数的 50%，利润额占总数的 30%，前两个项目占总销售量的 80% 和总利润的 60%。如果这两个产品项目突然受到竞争对手的冲击，则产品线的销售量和利润必将急剧降低。如果销售量在少数几个产品项目上高度集中，那么该产品线将很脆弱，企业务必密切注视和保护好这些高度集中的产品项目。在另外一端，最右边的一个产品 E 所占产品线总销售量和利润额的百分比只占全部产品线销售量和利润的 5%。在这种情况下产品经理甚至可以考虑将这一滞销的产品项目从产品线上撤销。

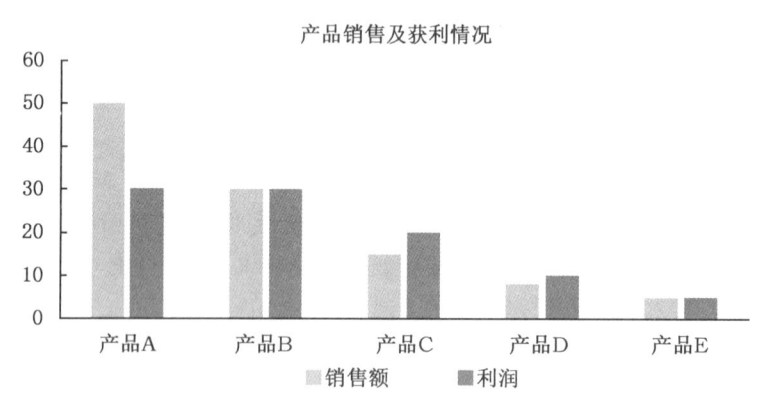

图 4—2　直方图分析法

（2）用产品项目定位图分析在相同市场中，自己的产品线或产品项目与竞争对手的对比状况

产品经理还必须以竞争对手的产品线状况为参照，来研究自己的产品线定位问题。以一家造纸公司生产纸板的一条生产线为例，纸张重量和成品质量是纸板的两个主要属性。纸张重量有 90、120、150 和 180 重量单位，共四种标准重量级别。成品质量则分为三个标准档次。图 4—3 是 X 公司和 A、B、C、D 四个竞争对手的不同产品项目定位图。竞争者 A 出售两个产品项目，这两个产品项目均为超重量级，成品质量处于中低档范围之内。竞争对手 B 出售四种产品项目，这四种产品项目的重量和成品质量均有所不同。竞争对手 C 出售两种产品项目，重量和成品质量成正比，重量越大的，成品质量也越高。竞争对手 D 共出售三种产品项目，都是轻重量级的，但成品质量却不相同。最后，X 公司提供出售三种品种项目，三种品种项目重量分属不同等级，成品质量在低、中档之间变动。

（3）利用 ABC 分类法分析产品组合（产品线）

ABC 分类法又称帕累托分析法，也叫主次因素分析法，是项目管理中常用的一种分析方法。它是根据事物在技术或经济方面的主要特征，进行分类排队，分清重点和一般，从而有区别地确定管理方式的一种分析方法。由于它把被分析的对象分成 A、B、C 三类，所以又称为 ABC 分析法。在 ABC 分析法的分析图中，有两个纵坐标，一个横坐标，几个长方形，一条曲线，左边纵坐标表示频数，右边纵坐标表示频率，以百分数表示。横坐标表示影响质量的各项因素，按影响大小从左向右排列，曲线表示各种影响因素大小的累计百分数。一般地，是将曲线的累计频率分为三级，与之相对应的因素分为三类：A 类因素，发生累计频率为 0%—70%，是主要影响因素；B 类因素，发生累计频率为 70%—90%，是次要影响因素；C 类因素，发生累计频率为 90%—100%，是一般影响因素。利用 ABC 分类法分析产品组合（产品线）的具体分析步骤如下（以销售数据为例）：

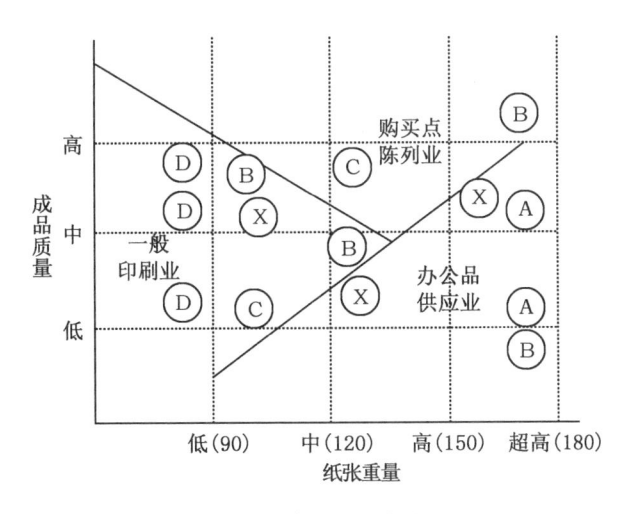

图 4-3 产品项目定位图

①收集各个产品线(产品项目)的年销售量、商品单价等数据。

②对原始数据进行整理并按要求进行计算,如计算销售额、品目数、累计品目数、累计品目百分数、累计销售额、累计销售额百分数等。

③作 ABC 分类表。在总品目数不太多的情况下,可以用大排队的方法将全部品目逐个列表。按销售额的大小,由高到低对所有品目顺序排列;将必要的原始数据和经过统计汇总的数据,如销售量、销售额、销售额百分数填入;计算累计品目数、累计品目百分数、累计销售额、累计销售额百分数;将累计销售额为 60%～80% 的前若干品目定为 A 类;将销售额为 20%～30% 左右的若干品目定为 B 类;将其余的品目定为 C 类。如果品目数很多,无法全部排列在表中或没有必要全部排列出来,可以采用分层的方法,即先按销售额进行分层,以减少品目栏内的项数,再根据分层的结果将关键的 A 类品目逐个列出来进行重点管理。

④以累计品目百分数为横坐标,累计销售额百分数为纵坐标,根据 ABC 分析表中的相关数据,绘制 ABC 分析图,如图 4-4。

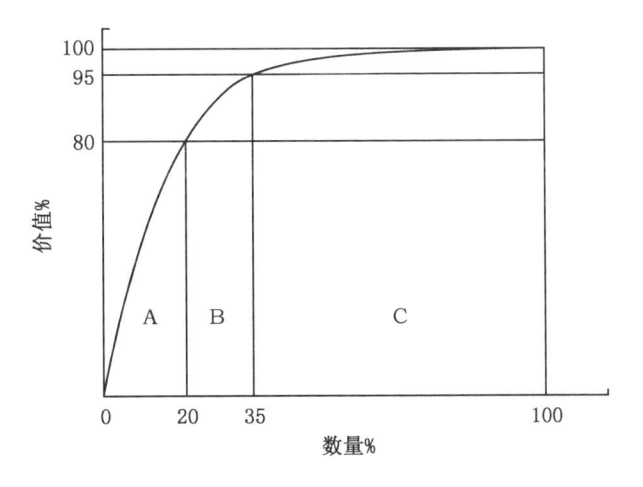

图 4-4 ABC 分析图

⑤根据 ABC 分析的结果，对 ABC 三类商品采取不同的管理策略。

要注意的是以上分析方法的分析结果都只是一种静态结果，无法反映产品组合（产品线）的动态变化趋势，比如 ABC 分析得到的 C 类产品线（产品项目）虽然销售有限，但原因可能不同（新产品或衰退产品？），因此还需借用波士顿矩阵这类分析手段。

(4) 利用波士顿矩阵分析产品组合（产品线）

波士顿矩阵（BCG Matrix），又称波士顿咨询集团法、四象限分析法等。

波士顿矩阵认为一般决定产品结构的基本因素有两个，即市场引力与企业实力。市场引力包括企业销售量（额）增长率、目标市场容量、竞争对手强弱及利润高低等。其中最主要的是反映市场引力的综合指标——销售增长率，这是决定企业产品结构是否合理的外在因素。

企业实力包括相对市场占有率、技术、设备、资金利用能力等，其中相对市场占有率是决定企业产品结构的内在要素，它直接显示出企业竞争实力。

通过以上两个因素相互作用，会出现四种不同性质的类型，形成不同的产品发展前景，如图4-5：市场增长率和相对市场占有率"双高"的产品群（明星类产品★）；市场增长率和相对市场占有率"双低"的产品群（瘦狗类产品×）；市场增长率高和相对市场占有率低的产品群（问题类产品？）；市场增长率低和相对市场占有率高的产品群（现金牛类产品￥）。

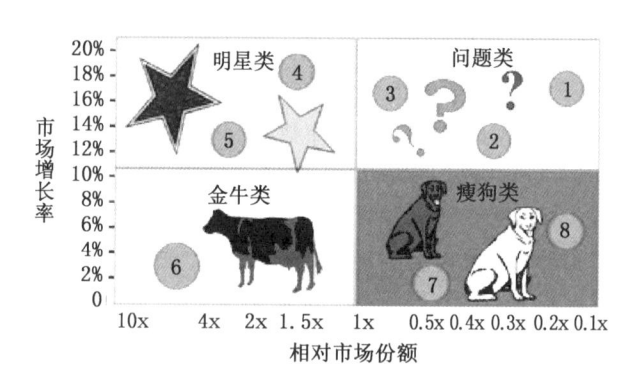

图 4-5 波士顿矩阵图

本法将企业所有产品从市场增长率和相对市场占有率角度进行再组合。纵坐标市场增长率表示该业务的销售量或销售额的年增长率，用数字 0－20% 表示，并认为市场增长率超过 10% 就是高速增长；横坐标相对市场占有率表示该业务相对于最大竞争对手的市场份额（本企业排第一，就和第二比；本企业不排第一，就和第一比），用于衡量企业在相关市场上的实力。用数字 0.1（该企业销售量是最大竞争对手销售量的 10%）－10（该企业销售量是最大竞争对手销售量的 10 倍）表示，并以相对市场份额为 1.0 为分界线。需注意的是，这些数字范围可能在运用中根据实际情况的不同进行修改。矩阵图中的八个圆圈代表公司的八个业务单位，它们的位置坐标表示这个业务的市场增长率和相对市场份额的高低；面积大小（圆圈半径）表示该单位的销售额大小。

其目的在于通过产品所处不同象限的划分，使企业采取不同决策，以保证其不断地淘汰无发展前景的产品，保持"问号""明星""金牛"产品的合理组合，实现产品及资源分配结构的良性循环。

基本步骤是先核算企业各种产品的市场增长率和相对市场占有率，再绘制四象限图。

市场增长率可以用本企业的产品销售额或销售量增长率。相对市场占有率计算公式为：

本企业某种产品绝对市场占有率＝该产品本企业销售量/该产品市场销售总量；本企业某种产品相对市场占有率＝该产品本企业市场占有率/该产品市场占有份额最大者(或特定的竞争对手)的市场占有率。

以 10% 的销售增长率和 1 的相对市场占有率为高低标准分界线，将坐标图划分为四个象限。然后把企业全部产品按其销售增长率和市场占有率的大小，在坐标图上标出其相应位置(圆心)。定位后，按每种产品当年销售额的多少，绘成面积不等的圆圈，顺序标上不同的数字代号以示区别。

波士顿矩阵对于企业产品所处的四个象限具有不同的定义和相应的战略对策。

①明星产品(stars)。它是指处于高增长率、高市场占有率象限内的产品群，这类产品可能成为企业的现金牛产品，需要加大投资以支持其迅速发展。

明星业务是由问题业务继续投资发展起来的，可以视为高速成长市场中的领导者，它将成为公司未来的现金牛业务。但这并不意味着明星业务一定可以给企业带来滚滚财源，因为市场还在高速成长，企业必须继续投资，以保持与市场同步增长，并击退竞争对手。企业没有明星业务，就失去了希望，但群星闪烁也可能会耀花了企业高层管理者的眼睛，导致做出错误的决策。这时必须具备识别行星和恒星的能力，将企业有限的资源投入在能够发展成为现金牛的恒星上。

②现金牛产品(cash cow)，又称厚利产品。指低市场成长率、高相对市场份额的业务，这是成熟市场中的领导者，它是企业现金的来源。由于市场已经成熟，企业不必大量投资来扩展市场规模，同时作为市场中的领导者，该业务享有规模经济和高边际利润的优势，因而给企业带来大量财源。企业往往用现金牛业务来支付账款并支持其他三种需大量现金的业务。

图 4-5 中所示的公司只有一个现金牛业务，说明它的财务状况是很脆弱的。因为如果市场环境一旦变化导致这项业务的市场份额下降，公司就不得不从其他业务单位中抽回现金来维持现金牛的领导地位，否则这个强壮的现金牛可能就会变弱，甚至成为瘦狗。

③问题产品(question marks)。它是处于高增长率、低市场占有率象限内的产品群。前者说明市场机会大，前景好，而后者则说明在市场营销上存在问题。其财务特点是利润率较低，所需资金不足，负债比率高。

问题非常贴切地描述了公司对待这类业务的态度，因为这时公司必须慎重回答是否继续投资、发展该业务这个问题。只有那些符合企业发展长远目标，企业具有资源优势，能够增强企业核心竞争能力的业务才能得到肯定的回答。图 4-5 中所示的公司有三项问题业务，不可能全部投资发展，只能选择其中的一项或两项，集中投资发展。

④瘦狗产品(dogs)，也称衰退类产品。它是处在低增长率、低市场占有率象限内的产品群。其财务特点是利润率低、处于保本或亏损状态，负债比率高，无法为企业带来收益。一般情况下，这类业务常常是微利甚至是亏损的。

瘦狗业务存在的原因更多是由于感情上的因素，虽然一直微利经营，但像人对养了多年的狗一样恋恋不舍而不忍放弃。其实，瘦狗业务通常要占用很多资源，如资金、管理部门的时间等，多数时候是得不偿失的。图 4-5 中的公司有两项瘦狗业务，可以说，这是沉重的负担。

按照波士顿矩阵的原理，产品市场占有率越高，创造利润的能力越大；另一方面，销售增长率越高，为了维持其增长及扩大市场占有率所需的资金亦越多。这样可以使企业的产品结构实现产品互相支持，资金良性循环的局面。按照产品在象限内的位置及移动趋势的划分，形成了波士顿矩阵的基本应用法则。

第一法则：成功的月牙环。在企业所从事的事业领域内各种产品的分布若显示月牙环形，这是成功企业的象征，因为盈利大的产品不止一个，而且这些产品的销售收入都比较大，还有不少明星产品。问题产品和瘦狗产品的销售量都很少。若产品结构显示出散乱分布，说明其事业内的产品结构未规划好，企业业绩必然较差。这时就应区别不同产品，采取不同策略。

第二法则：黑球失败法则。如果在第三象限内一个产品都没有，或者即使有，其销售收入也几乎近于零，可用一个大黑球表示。该种状况显示企业没有任何盈利大的产品，说明应当对现有产品结构进行撤退、缩小的战略调整，考虑向其他事业渗透，开发新的事业。

第三法则：西北方向大吉。一个企业的产品在四个象限中的分布越是集中于西北方向，则显示该企业的产品结构中明星产品越多，越有发展潜力；相反，产品的分布越是集中在东南角，说明瘦狗类产品数量大，说明该企业产品结构衰退，经营不成功。

第四法则：踊跃移动速度法则。从每个产品的发展过程及趋势看，产品的销售增长率越高，为维持其持续增长所需资金量也相对越高；而市场占有率越大，创造利润的能力也越大，持续时间也相对长一些。按正常趋势，问题产品经明星产品最后进入现金牛产品阶段，标志着该产品从纯资金耗费到为企业提供效益的发展过程，但是这一趋势移动速度的快慢也影响到其所能提供的收益的大小。

如果某一产品从问题产品（包括从瘦狗产品）变成现金牛产品的移动速度太快，说明其在高投资与高利润率的明星区域时间很短，因此对企业提供利润的可能性及持续时间都不会太长，总的贡献也不会大；但是相反，如果产品发展速度太慢，在某一象限内停留时间过长，则该产品也会很快被淘汰。

在本方法的应用中，企业经营者的任务，是通过四象限法的分析，掌握产品结构的现状及预测未来市场的变化，进而有效地、合理地分配企业经营资源。在产品结构调整中，企业的经营者不是在产品到了"瘦狗"阶段才考虑如何撤退，而应在"现金牛"阶段时就考虑如何使产品造成的损失最小而收益最大。

充分了解了四种业务的特点后还须进一步明确各项业务单位在公司中的不同地位，从而进一步明确其战略目标。通常有四种战略目标分别适用于不同的业务。

①发展：以提高经营单位的相对市场占有率为目标，甚至不惜放弃短期收益。要使问题类业务尽快成为"明星"，就要增加资金投入。

②保持：投资维持现状，目标是保持业务单位现有的市场份额。对于较大的"金牛"可以此为目标，以使它们产生更多的收益。

③收割：这种战略主要是为了获得短期收益，目标是在短期内尽可能地得到最大限度的现金收入。对处境不佳的金牛类业务及没有发展前途的问题类业务和瘦狗类业务应视具体情况采取这种策略。

④放弃：目标在于清理和撤销某些业务，减轻负担，以便将有限的资源用于效益较高的业务。这种目标适用于无利可图的瘦狗类和问题类业务。一个公司必须对其业务加以调整，以使其投资组合趋于合理。

（二）定价策略

产品的销售价格是企业的市场营销过程中一个十分敏感而又最难有效控制的因素，它直接关系着市场对产品的接受程度，影响着市场需求量即产品销售量的大小和企业利润的多少。价格的高低涉及生产者、经营者和消费者（或用户）三方的利益，无论是生产者、顾客还是竞争对手，对产品的价格都十分关注。

定价策略是企业产品开拓市场、站稳市场、扩大市场的主要因素之一,是市场营销组合决策的重要组成部分,对企业市场营销组合的其他因素有重要的影响。

1. 影响定价的主要因素

价格是一个变量,它受到许多因素的影响和制约,包括企业的内部因素和外部因素。内部因素主要指:定价目标、成本、产品特点、产品的分销渠道、促销策略等;外部因素主要是市场和需求情况、货币流通状况、市场竞争、国家法律和政策、社会心理等等。产品定价时必须首先对这些因素进行分析,认识它们与价格的关系,据此选择企业的定价方法和策略。

(1)产品成本

产品成本包括制造成本、营销成本、储运成本等,它是价格构成中一项最基本的因素。成本是产品定价的最低限度,产品价格必须能够补偿产品生产、分销和促销的所有支出,并补偿企业为产品承担风险所付出的代价。企业利润是价格与成本的差额,因而企业必须了解成本的变动情况,尽可能去掉产品的过剩功能,节省一切不必要的消耗,降低成本和价格,从而扩大销售,增加盈利。

企业产品的总成本除生产成本外,还包括商品在流转环节中的流通费用,因此产品的总成本又称为产品的完全成本。从经济学的角度,价格通常应由正常的生产成本、合理利润、应纳税金和流通费所构成。

价格＝生产成本＋流通费用＋利润＋税金

而成本又分为短期成本与长期成本。短期是指企业不能自由调整生产力要素投入,不能自由选择生产规模的特定时期。长期则正好相反,即在长期成本中只包含变动成本,而不含固定成本,从长期看所有成本都是可变的。长期单位成本在很大程度上取决于规模效益——指当各种生产要素都做相同比例变动时,对产量变动的影响:如果企业产出增加大于投入增加,企业支出会使规模效益增加;反之亦然。短期成本的变化规律,符合量本利分析理论,即在产量=销量的前提下,随着产量的提高,由于企业投入的已固定的生产要素利用率不断提高,产品单位成本不断下降,也就是说此时产量与产品单位成本成反比——短期边际成本下降。

一般企业都不是以个别成本去决定企业商品的价格,而是依据社会平均成本制订自己商品的价格,所以,企业应努力降低其个别成本。如果企业个别成本较大地低于社会平均成本,则可获得高额利润,并有充分的调价余地,企业在市场竞争中也有强大的优势。

(2)市场需求状况

企业有一种判断定价是否合理的通俗说法:"摆得住,卖得出",即商品在柜台里能摆得住,不会被顾客一下子全部买走;同时也能卖得出去,不会积压。这个价格就是符合供求关系的合理价格。因此,企业给产品定价不但要考虑营销目标、生产成本、营销费用等因素,而且还必须考虑市场供求状况和需求弹性。

①需求与供给的关系。一般情况下,市场价格以市场供给和需求的关系为转移,供求规律是一切商品经济的客观规律,即商品供过于求时价格下降,供不应求时价格上涨,这就是所谓市场经济"看不见的手"。在完全竞争的市场条件下,价格完全在供求规律的自发调节下形成,企业只能随行就市定价。在不完全竞争的市场条件下,企业才有选择定价方法和策略的必要和可能。

②需求的收入弹性。需求的收入弹性是指因消费者收入变动而引起的需求的相应变动率。有些产品的需求收入弹性大,意味着消费者货币收入的增加导致该产品的需求量有更大幅度的增加,如高档食品、耐用消费品、娱乐支出会出现这种情况。有些产品的需求收入弹性

较小，这意味着消费者货币收入的增加导致该产品的需求量的增加幅度较小，生活必需品的情况就是如此。

一种特殊情况是当顾客认为产品变成低档时，需求收入弹性呈现为负值，这意味着消费者货币收入的增加将导致该产品需求量下降。因为消费者收入增加后，对这类产品的需求量将减少，甚至不再购买这些低档产品，而转向高档产品。在这种情况下，产品、品牌的再定位就成为必然的选择。

③需求的价格弹性。即产品价格变动对市场需求量的影响。不同产品的市场需求量对价格变动的反应程度不同，价格弹性大小不同。需求的价格弹性在理论上有完全无弹性、完全有弹性、缺乏弹性和富有弹性。在现实中，需求的价格弹性主要是缺乏弹性和富有弹性。

所谓富有弹性，是指顾客对价格变动有较高的敏感性，此时市场需求与价格成反比。

缺乏弹性则相反，一般来说，缺乏弹性有如下情况：产品无替代品或企业无竞争者；购买者对价格不敏感；购买者保守，且并不努力寻找便宜的产品；购买者认可并接受较高的价格。

④需求的交叉弹性。

A. 替代性需求关系。指由于两种（或多种）产品之间，存在功能或利益的彼此替代关系，会导致在市场购买者实际收入不变的情况下，一种产品价格的小幅变化必然引发替代产品需求量的大幅度变化，即交叉弹性为正值。

B. 互补性需求关系。所谓互补性产品是指必须彼此配合才能发挥其作用的产品，当其中一个产品价格大幅度变化时，其关联产品需求变化较小，交叉弹性为负值。如汽车和维修用零部件、剃须刀架与刀片。此类产品往往表现为一为耐用品（主产品），另一为易耗品（副产品），营销实践中常常压低主产品价格，以带动对副产品的需求。如电信企业通过赠送手机，来扩大总体营业收入。

（3）竞争者的产品与价格

无论在哪一种竞争形态下，市场竞争状况对企业定价都有重要的影响，有时甚至是决定性的。在营销活动中，价格是抑制或刺激需求、吸引或排斥消费者的关键，价格竞争是企业之间争夺顾客、争夺市场的一种最主要形式。因此，企业定价时必须认真考虑市场的竞争状况，重点分析竞争对手的定价策略和定价措施，研究本企业产品的特点，确定竞争中对本企业有利的定价策略。

企业在制定竞争价格时，应综合考虑：

企业利用价格进行竞争，只能是一种权宜之计，必须与企业的营销目标和定价目标相一致，不能只顾一时的竞争取胜而丢掉企业的长期利益。

要善于掌握价格竞争的策略：当与竞争对手势均力敌时，要充分利用差异化，扬长避短，出其不意；当竞争对手十分强大，产品同质化水平很高时，要灵活地随行就市，尾随大企业的产品价格，在夹缝中求生存。

应根据产品的特性，确定具体的价格竞争策略：价格弹性大的产品，消费者对价格的变动较为敏感，受竞争状况的影响也较大，就要特别重视研究竞争对手的定价策略，制定有利的竞争价格；价格弹性小的产品，受竞争状况的影响不太大，可酌情定价。

（4）企业定价目标

企业为产品定价时，遵循市场规律制定定价策略，首先必须有明确的目标。不同企业、不同产品、不同市场有不同的营销目标，因而也就需要采取不同的定价策略。而决定企业定价的营销目标主要有以下五种：

①维持生存。当企业由于经营管理不善,或由于市场竞争激烈、顾客需求偏好突然变化时会造成产品销路不畅,大量积压,资金周转不灵,甚至濒临破产时,企业应为其积压产品定低价,只要能收回变动成本或部分固定成本即可,以求迅速出清存货,减少积压,收回资金。

②当期利润最大化。追求当期利润的最大化,而较少考虑企业的长期效益。实现这一定价目标,一般而言有两个途径:优质优价——以差异化为前提,通过更好地满足目标顾客需求,实现产品单位利润增加(销量不下降);大规模降价促销,以规模优势实现为前提,实现总利润增长,这条路径也可用于扩大市场占有率。

③保持或扩大市场占有率。市场占有率(市场份额)是企业的销售量(额)占整个行业销售量(额)的百分比,是企业的经营状况和企业产品竞争力的直接反映,它的高低对企业的生存和发展具有重要意义。

许多企业宁愿牺牲短期利润,以通过驱逐竞争者,确保长期的收益,即所谓"放长线,钓大鱼"。为此,就要实行全部或部分产品的低价策略,以实现提高市场占有率这一目标。

④保持最优产品质量。有些领先企业的目标是以高质量的产品占领市场,这就需要实行"优质优价"策略,以高价来保证高质量产品的研究与开发成本和生产成本。采取这种定价目标的企业,其产品一般都在消费者心目中享有一定声誉,利用消费者的求名心理,制定一个较高的产品价格。

⑤抑制或应付竞争。有些企业为了阻止竞争者进入自己的目标市场,故意将产品价格定得很低,如产品生命周期的成长期。这种定价目标一般适用于实力雄厚的大企业,而中小企业在市场竞争激烈的情况下,以市场主导企业的价格为基础,随行就市定价,从而也可以缓和竞争,稳定市场。

要注意的是,成本、需求、竞争是决定产品价格的基础要素,其中成本决定价格的下限,需求决定价格的上限,而竞争则在上限与下限间"固定"价格。而企业定价目标是在以上三者基础上对价格的调整性因素。

2.定价的主要方法

影响定价的三个最基本因素是产品成本、市场需求和竞争。因此,定价方法也可分为三类:成本导向定价法、需求导向定价法和竞争导向定价法。

(1)成本导向定价法

成本导向定价法,是以产品成本作为定价基础的定价方法。这里所讲的成本,指商品的总成本,包括固定成本和变动成本。

①平均成本加成定价法。平均成本是企业在生产经营一单位产品时所花费的固定成本和变动成本之和,在单位产品的平均成本加上一定比例的单位利润,就是单位产品的价格。售价与成本之间的差额就是"加成"。其计算公式是:

$$P = C \times (1 + n\%)$$

式中:P 为单位产品价格;C 为单位产品平均总成本;$n\%$ 为预期利润率(即加成)。

例:设某产品单位固定成本为40元,变动成本为60元,预期利润率为20%,则该产品的价格为:$P = (60 + 40) \times (1 + 20\%) = 120$(元)

②目标效益定价法。企业根据总成本和估计的总销售量,确定期望达到的目标收益率,然后推算价格。

例:设某企业接到 A 客户订单,销量为 1 000 个单位,如其全部投资为 50 000 元(其中固定成本 20 000 元,变动成本 30 000 元),则每个单位的成本为 50 元,如果确定的目标收益率

为 15%,那么该产品价格为:

企业的总收益=15%×50 000=7 500(元)
单位产品的利润=7 500/1 000=7.5(元)
产品价格=50+7.5=57.5(元)

目标收益率定价法计算比较简单,实现一定的销售额后即可获得预期的利润。但企业根据销售量倒推价格,而价格又是影响销售量的一个重要因素,因此销售量的估计难以准确。所以,此法其实主要适用于销量已知的订单化生产,或用于项目投资效益分析。

当然对于需求比较稳定的大型制造业、供不应求且价格弹性小的商品或垄断性的企业,以及大型的公用事业、劳务工程和服务项目等,在科学预测价格、销量、成本和利润四要素的基础上,目标收益法仍不失为一种有效的定价方法。

③边际成本加成定价法。也称为边际贡献定价法或变动成本定价法。即在定价时只计算变动成本,而不计算固定成本,在变动成本的基础上加上预期的边际贡献。"边际成本"是指每增加(或减少)一个单位产品所增加(或减少)的成本。从量上看,边际成本与变动成本基本相等,故按变动成本定价即按边际成本定价。

边际成本加成定价法最常见于追加订货的情况下,是一种适应订单化生产的灵活定价方法。注意:按变动成本定价的最低界限是产品价格只能高于变动成本,不能等于或低于变动成本,否则,企业就不能获得边际收益,不能补偿固定成本,那么企业生产越多,则亏损越大。

如上例,该产品单位总成本50元,其中单位固定成本为20元,单位变动成本为30元,在第一张订单中总固定成本20 000元已经收回。如此时客户A继续追加1 000个单位的订单,则可以运用此法(设加成率为50%):

产品价格=30×(1+50%)=45(元)

可见此时定价远低于首张订单的57.5元,但单位利润却翻了一番,A客户还会觉得很满意。

④盈亏平衡定价法。即根据盈亏平衡点原理进行定价。盈亏平衡点又称保本点,是指一定价格水平下,企业的销售收入刚好与同期发生的费用额相等、收支相抵、不盈不亏时的销售量;或在一定销售量前提下,使收支相抵的价格。使用这一定价法显然与企业高度关注市场占有率这一目标有密切的关系。

⑤投资回收定价法。企业开发产品和增加服务项目要投入一笔数目较大的资金,且在投资决策时总有一个预期的投资回收期,为确保投资按期收回并赚取利润,企业要根据产品成本和预期的产品数量,确定一个能实现目标的价格。这个价格不仅包括在投资回收期内单位产品应摊销的投资额,也包括单位产品的成本费用。利用投资回收定价法必须注意产品销量和服务设施的利用率。

⑥千分之一法。千分之一法也称千分之一法则或千分之一经验公式,是根据有关工程或设备造价的千分之一对产品或服务定价。酒店行业经常根据客房造价来确定房间出租价格,即将每间客房的出租价格确定为客房平均造价的千分之一。

(2)需求导向定价法

产品定价是否合理,最终取决于顾客,而价格是顾客的一种选择。需求导向定价法是指企业主要根据市场需求的大小和顾客对商品价值的认识程度,确定产品价格的定价方法。成本导向定价的逻辑关系是:成本+税金+利润=价格;而需求导向定价的逻辑关系是:价格-税金-利润=成本。

①"理解价值定价法"。即根据顾客对商品价值的理解和需求程度定价,这种方法多用于新产品和声誉较高的企业。因为消费者购买商品时总会在同类商品之间进行比较,选购那些既能满足其消费需要,又符合其支付标准的商品。消费者对商品价值的理解不同,会形成不同的价格限度,这个限度就是消费者宁愿多付货款而不愿失去这次购买机会的价格。

例如,X公司是生产和销售牵引机的一家公司,它的定价方法十分奇特,一般牵引机的价格均在20万元左右,然而该公司却卖24万元,虽然高40 000元一台,却卖得更多!当顾客上门,询问为何你公司的牵引机要贵40 000元,该公司的经销人员会给你算以下一笔账:

200 000元是与竞争者同一型号的机器价格

30 000元是产品更耐用多付的价格

20 000元是产品可靠性更好多付的价格

20 000元是公司服务更佳多付的价格

10 000元是保修期更长多付的价格

280 000元是上述总和的应付价格

40 000元是折扣

240 000元是最后价格

X公司的经销人员使目瞪口呆的客户相信,他们付240 000元,就能买到价值280 000元的牵引机一台,从长远来看,购买这种牵引机的成本比一般牵引机的成本更低。

②反向定价法。即根据顾客能够接受的最终价格,计算自己从事经营的成本利润后,逆向推算出产品价格。

③需求差异定价法。需求差异定价法以不同时间、地点、商品及不同消费者的消费需求强度差异为定价的基本依据,针对每种差异决定其在基础价格上是加价还是减价。主要有以下几种形式:

A. 因地点而异:如机场的商店、餐厅的价格普遍要远高于市内的商店和餐厅。

B. 因时间而异:旺季和淡季的产品价格差距明显。

C. 因产品而异:在奥运会举行期间,标有奥运会会徽或吉祥物的T恤的价格,比其他同类产品的价格要高。

D. 因顾客而异:因职业、阶层、年龄等原因,顾客存在需求差异。零售店在定价时给予相应的优惠或提高价格,可获得良好的促销效果。

实行差异定价要具备以下条件:市场能够根据需求强度的不同进行细分;细分后的市场在一定时期内相对独立,互不干扰;高价市场中不能有低价竞争者;价格差异适度,不会引起消费者的反感。

(3)竞争导向定价法

竞争导向定价法,是以竞争对手的价格作为定价依据的定价方法。企业定价时,主要考虑竞争对手的产品价格,如果竞争对手的价格变了,本企业产品成本与需求量没有发生变化,也要随之改变产品价格;如果竞争对手的价格没有变,本企业产品成本与需求量发生了变化,也不应改变产品价格。竞争导向定价要以提高产品的市场占有率为目的,制定有利于企业获胜的竞争价格。

竞争导向定价在具体运用中,主要有以下几种方法:

①随行就市定价法,又称流行水准定价法,它是指在市场竞争激烈的情况下,企业为保存实力采取按同行竞争者的产品价格定价的方法。这种定价法特别适合于完全竞争市场和寡头

垄断市场。

随行就市定价法这种"随大流"的定价方法，主要适用于需求弹性比较小或供求基本平衡的商品，如大米、面粉、食油以及某些日常用品；服务产品因单位成本难以估算，也常用此定价方法。随行就市是一种较为稳妥的定价方法，也是竞争导向定价方法中广为流行的一种。其主要形式有两种：一是参考在本行业中占有垄断地位的企业的产品价格定价，可稍高或稍低于垄断价格；二是以本行业的平均价格水平作为企业的定价标准。

随行就市法是最常见的定价方法之一。

②密封投标定价法(Sealed-Bid Pricing)，也称为投标竞争定价法，是指在招标竞标的情况下，企业在对其竞争对手了解的基础上定价。这种价格是企业根据对其竞争对手报价的估计确定的，其目的在于签订合同，所以它的报价应低于竞争对手的报价。这种特殊的价格策略，通常运用于重大工程、大型设备的承造、零部件的外购以及珍贵文物、艺术珍品的出售，或倒闭企业的财产拆卖等。

3. 产品定价的策略

企业在确定与实施定价策略时，必须遵循如下基本原则：第一，必须在国家政策规定的范围内进行，树立全局观念，主动考虑社会总体利益。第二，必须兼顾企业营销的近期目标与远期目标。第三，必须以正当合法的手段进行价格竞争。第四，必须主动考虑顾客的长远利益。

定价策略很多，常用的有以下几种：

(1)新产品价格策略

新产品上市时，在消费者大量需求的情况下，市场竞争者往往很少，因而企业定价的自由度比较大：企业既可以把新产品价格定得高一些，尽快收回投资；也可以把新产品价格定得低一些，以利扩大市场，限制竞争者的加入；同时，由于对新产品进入市场能否取得成功的把握性不同，于是产生了不同的新产品定价策略。

①撇脂定价策略。撇脂定价策略是一种高价策略，是指在新产品投放市场时定高价，争取在短时间内收回投资，并赚取高额利润。这种策略如同从牛奶中提取奶油一样，首先就把牛奶中精华部分取走，故称撇脂定价策略。高价格维持一段时间后，随着竞争者的加入，产品供应的增加，企业再把产品价格降下来。

使用以上策略必须具备以下市场条件：

A. 市场有足够的购买者，他们的需求缺乏弹性，即使把价格定得很高，市场需求也不会大量减少。

B. 高价使需求减少，但不致抵消高价所带来的利益。

C. 在高价情况下，仍然独家经营，别无竞争者。高价使人们产生这种产品是高档产品的印象。

英雄牌水珠笔就是运用撇脂定价策略的典型成功案例：1995年，国内文具用品市场日趋萧条，该厂成功地研制并生产出新产品水珠笔。当时每支成本为0.20元。专家们认为，这种产品在国内市场是第一次出现，奇货可居，尚无竞争者，最好是采用新产品的"撇脂定价策略"，利用消费者的求新求好心理以及要求商品新、奇、高、贵的特点，用高价格来刺激顾客购买。于是，该厂以每支11元的价格卖给零售商，零售商又以20元的价格卖给消费者。尽管价格如此昂贵，"水珠笔"却在一时间以其新颖、奇特和高贵而风靡全国，在市场上十分畅销。

②渗透定价策略。与撇脂定价相反，渗透定价策略是一种低价策略，即企业把新产品价格定得低一些，以吸引顾客，挤入市场，提高市场占有率。低价能使企业取得最大产品销售量，并

且能够限制竞争者的加入。

采取这种策略的市场条件是：

A. 市场需求对价格极为敏感，低价会刺激市场需求迅速增长。

B. 企业的生产成本和经营费用会随着生产经营经验的增加而下降。

C. 低价不会引起实际和潜在的竞争。

例如：我国内地香皂进入香港市场也是利用了廉价策略。改革开放前，香港的香皂市场大多被美、日、英、法等国的产品垄断，其香型、质量、包装、造型都超过中国内地，但每块香皂的售价高达数十元港币不等。根据这一情况分析，内地企业努力降低产品成本，以低廉的价格(2～3元港币)迎合香港众多中低收入阶层的消费需求，扩大了产品的销售量，在香港香皂市场上争得一席之地，获取了可观的利润。

(2)产品组合定价策略

产品线定价：当企业产品需求和成本具有内在关联性时，为了充分发挥这种内在关联性的积极效应，可采用产品线定价策略。在定价时，首先确定某种产品价格为最低价格，它在产品线中充当招徕价格，吸引消费者购买产品线中的其他产品；其次，确定产品线中某种产品的价格为最高价格，它在产品线中充当品牌质量象征和收回投资的角色；最后，产品线中的其他产品也分别依据其在产品线中的角色不同，而制定介于其间的不同价格。

①分级定价策略。分级定价策略是企业将系统产品按等级分为几组，形成相对应的几个档次的价格的策略。其目的是便于顾客按质选择、比较，满足不同类型消费者的需求，从而促进销售。

②单一价格定价。企业销售品种较多而成本差异不大的商品时，为了方便顾客挑选和内部管理的需要，企业所销售的全部产品实行单一的价格。如在市场风靡一时的"十元店""二元店"就是单一价格定价，店内所有的商品无论颜色、大小、款式、档次价格一律"十元"或"二元"。

③选择产品定价。选择产品定价就是顾客购买相关商品时，提供多种价格方案以供顾客选择。各种选择的定价方案是鼓励顾客多买商品。如上衣与裤子的出售，可以有三种组合方式及其相应的价格供顾客选择：只买上衣，每件700元；只买裤子，每条300元；成套购买，每套880元。可见，这种组合方式及其定价是鼓励顾客成套购进相关配套商品。

④模块化定价。装配式产品或组合性产品是由不同的相对独立的功能模块构成，可以先确定基本配置的价格，以此为基准，再对不同模块分别定价，以便顾客自由地选择。如手机一直根据64G、128G、256G等不同配置有不同定价。

(3)心理定价策略

心理定价，是指企业定价时利用消费者不同的心理需要和对不同价格的感受，有意识地采取多种价格形式，以促进销售。主要有以下几种：

①尾数定价。尾数定价就是定价时保留小数点后的尾数，这可使购买者对定价增强信任感，同时还可使人感觉价廉。例如，本应定价100元的商品，定成99.98元，本应定价70元的商品，定成69.95元，这种方法多用于需求价格弹性较大的中低档商品。

②声望定价。声望定价与尾数定价相反，它不是为了给人以价廉的感觉，而是故意把价格定成整数或定为较高价格，以显示其品牌或企业的名望。例如，美国著名的P&G公司将它的"海飞丝"洗发液打入中国市场时，在同类产品中定价最高，结果反而畅销。又如参加巴黎世界博览会的中国成套瓷器，就因为标价只有800法郎，使一些本想买去作家庭陈设的顾客欲购又止，因为这个价格不足以满足炫耀心理的需要。

③招徕定价。这是一种以低价产品吸引顾客,从而引发交叉购买的定价方式,其要点在于低定价产品必须能有效诱发交叉购买。

④参照定价。当顾客选购商品时,头脑中常有一个参照价格。参照价格可能是顾客已了解到的目前市场上这种产品的一般价格,也可能是把以前的价格当作参照价格,企业在定价时可以利用和影响顾客心目中的参照价格。例如,在柜台陈列时有意识地将某件价格较高的产品放在附近,以表示这些产品都属于高档之列,时装店常把妇女服装按价格的不同放在不同柜台出售,明确显示其档次的不同,以适应不同层次的需要。营销者还可用其他方式影响顾客的参照价格。如告诉顾客这种产品的原价比现价要高得多,或启发顾客将本企业的价格同竞争者的价格比较等。

⑤习惯定价策略。有些产品的价格是长时间形成的,消费者对此已形成习惯,企业应当按照这种习惯价格定价,不要轻易地改变,这就是习惯定价策略。

如果企业的产品要提价,最好不改变原标价,而将单位数量略微减少或质量适当降低,以减少成本,这样做比提高价格更容易为消费者所接受。如果成本价格无法降低,最好是把品牌或包装改变一下再行提价,让顾客以为这是一种经过改进的产品,多付钱是合理的。

(4)差别定价策略

需求差别定价,也叫价格歧视,就是企业按照两种或两种以上不反映成本费用的比例差异的价格销售某种产品或劳务。需求差别的定价有四种形式:

①按不同的价格把同一种产品或劳务卖给不同的顾客。例如,某汽车经销商按照价目表价格把某种型号汽车卖给顾客A,同时按照较低价格把同一种型号汽车卖给顾客B。这种价格歧视表明,顾客的需求强度和对商品的了解有所不同。

②对不同型号或形式的产品分别制定不同的价格。但是,不同型号或形式产品的价格之间的差额和成本费用之间的差额并不成比例。如同一品牌香烟的普通型与极品型的巨大价差。

③对处在不同位置的产品或服务分别制定不同的价格。即使这些产品或服务的成本费用并没有任何差异。例如剧院,虽然不同座位的成本费用都一样,但是不同座位的票价有所不同,这是因为人们对剧院的不同座位的偏好有所不同。

④对不同季节、时期甚至不同钟点的产品服务分别制定不同的价格。如旅馆、饭馆等在一天中某些时间、周末和平常日子的收费标准有所不同。

企业采取需求差别定价必须具备以下条件:市场必须是可以细分的,而且各个市场部分须表现出不同的需求程度;以较低价格购买某种产品的顾客没有可能以较高价格把这种产品倒卖给别人;竞争者没有可能在企业以较高价格销售产品的市场上以低价竞销;细分市场和控制市场的成本费用不得超过因实行价格歧视所得额外收入,这就是说,不能得不偿失;价格歧视不会引起顾客反感,进而放弃购买,影响销售;采取的价格歧视形式不能违法。

(5)折扣定价策略

企业为了调动各类中间商和其他顾客购买商品的积极性,对基本价格酌情实行折扣和折让价格,以鼓励购买者的积极性,或争取顾客长期购买。折扣定价策略的具体形式很多,常用的有以下几种:

①现金折。企业对现金交易的顾客或按约定日期提前以现金支付货款的顾客,给予一定折扣。在分期供货的交易中常采用这种折扣方式,目的在于鼓励顾客提前付款,以加速企业资金周转。现金折扣的大小,一般应比银行存款利率稍高一些,比贷款利率稍低一些,这样对企

业和顾客双方都有好处。例如,顾客必须在30天内付清货款,若在10天内付清,则给予2%的价格折扣,若在20天内付清,则给予1%的价格折扣。

②数量折。指按购买数量的多少,分别给予不同的折扣,购买数量愈多,折扣愈大。鼓励大量购买,或集中购买。数量折扣实质上是将大量购买时所节约费用的一部分返回给购买者。数量折扣分为累计折扣和非累计折扣。

非累计数量折扣:规定一次购买商品达到一定数量或购买多种商品达到一定金额,给予折扣优惠。这种折扣不仅能够鼓励顾客大量购买,而且也能节省销售费用。

累计数量折扣:规定顾客在一定时间内,购买商品达到一定数量或金额时,按总量的大小给予不同的折扣。这可以鼓励顾客经常向本企业购买,成为可依赖的长期客户。

③业务折。业务折又称功能折或交易折,是生产企业根据多类中间商在市场营销中所负担的不同的功能而给予不同的折扣,实质上是生产企业对中间商支付劳务报酬。如由于中间商承担了本应由生产者担负的运输、储存、宣传等功能,生产企业给予中间商一定的价格折让,这样有利于生产企业与中间商建立融洽的关系。

④季节折。经营季节性商品的企业,对销售淡季来采购的买主,给予折扣优惠,鼓励中间商及顾客提早购买,减轻企业的仓储压力,加速资金周转,调节淡旺季之间的销售不均衡。这种定价策略主要适用于季节性较强的商品,包括常年生产季节消费或季节生产常年消费的商品。

⑤推广让价。它是指生产企业为了鼓励中间商开展各种促销活动,给予某种程度的报酬,或以津贴形式或以让价形式推广。其形式主要有:

促销让价:当中间商为产品提供各种促销活动时,如刊登广告、设置样品陈列窗等,生产者给予津贴,或降低价格作为补偿。

以旧换新让价:进入成熟期的耐用品,部分企业采用以旧换新的让价策略,刺激消费需求,促进产品的更新换代,扩大新一代产品的销售。

(6)地区定价

即供应商对距离较远的购买者减价,补偿部分或全部运输费用,其实质是由买方和卖方共同承担运输费用,以鼓励外地顾客进货,拓展企业的市场范围。这种定价方式还隐含了供需双方所有权转移及责任划分的含义。

①统一交货定价。指企业对于卖给不同地区顾客的某种产品,都按照相同的出厂价加相同的运费定价。

②分区定价(Zone Pricing)。指企业把全国(或某些地区)分为若干价格区,对于卖给不同价格区顾客的某种产品,分别制定不同的地区价格。

③基点定价(Base-Point Pricing)。指企业选定某些城市作为基点,然后按一定的厂价加上从基点城市到顾客所在地的运费来定价,而不管货物实际上是从哪个城市启运的。

④运费免收定价(Freight-Absorption Pricing)。

4. 调整定价策略

当企业的内部环境或外部环境发生变化时,企业必须调整价格,以适应激烈的市场竞争。

(1)主动降价

企业生产能力过剩,产品积压,虽运用各种营销手段(如改进产品、努力促销等),仍难以打开销路;

高度同质化,面临着激烈的价格竞争,企业市场占有率下降,为了击败竞争者,扩大市场份

额,必须降价;

企业的产品成本比竞争者低但销路不好,需要通过降价来提高市场占有率,同时使成本由于销量和产量增加而进一步降低,形成良性循环。

(2)提高价格

在市场供不应求,企业无法满足顾客对其产品的全部需求时,只有提高价格以平衡供求,增加收入;

在通货膨胀物价上涨,使企业成本费用上升时,必须提高产品销价,以平衡收支,保证盈利;

提价可改善和提高产品形象等。

(3)企业对竞争者降价竞销的对策

维持原价不变,这时差异化优势是关键;

维持原价,同时改进产品质量或增加服务项目,加强广告宣传等;

降价,同时努力保持产品质量和服务水平稳定不变;

提价,同时推出某些新品牌,以围攻竞争对手的降价品牌。

一般说来,竞争者降价总是在准备已久的市场,而企业在事先毫无准备的情况下,突然面临对手降价进攻,往往难以立即做出准确适当的反应。因此,企业应加强营销调研,及时掌握竞争者的动态,同时做好应付意外情况的准备。

三、任务设计

以在项目三中设计的产品、服务特色为基础,围绕品牌定位,选择和利用网络零售、直播、微信小程序、连锁专卖、特许经营等线上线下途径,为复制与扩张自己的创业项目制定市场营销策略,并拟定商业策划书,用以说服可能的投资人

商业策划书需涵盖如下内容:

(1)营销环境分析。

①宏观环境分析:现有市场需求状况;市场潜力;重点分析市场需求发展的趋势,及影响这种趋势变化的各种因素(机会或威胁)。

②竞争分析:主要竞争对手类型,相对于主要竞争对手的优劣。重点分析与居民家庭这一特定目标顾客群体相联系,竞争优势如何体现?落实在哪些方面?

③顾客分析:针对不同类型的居民家庭,进行准确的顾客素描和顾客描述,明确用什么样的服务来满足不同家庭的具体需求。

(2)STP。

①通过细分和目标市场选择,说明选定的目标顾客的关键特征和特殊偏好,明确满足其需求的关键所在。

②明确市场定位,陈述定位的理由。重点是品牌内核和外延的阐释,同时明确品牌愿景。

(3)简述营销组合:围绕定位陈述,将针对不同目标顾客群体的定位陈述具体化,转化为相应的价格、服务、沟通的具体措施。

四、知识拓展

(一)"爆品"营销

在市场环境允许的条件下,能满足消费者的消费需求、借助特定的营销谋略、快速被目标

人群广泛购买的产品并自发传播的产品就叫"爆品"。爆品营销也就可以理解为,可以快速推动某核心产品进入市场、快速实现业绩目标并产生轰动效应的营销模式。

实现爆品营销的核心,是靠转化获取更多的客户、更多的业绩,达不到转化的目的就是不成功的。爆品营销机制中,必须以客户为中心,根据目标客户及需求来重新定义包装产品,与客户重新匹配产生新的需求关系,再重新去做流量和转化。让用户更快体验到"关键爆点",体验感越强,转化越快!

因此,爆品营销需要对产品价值进行彻底重构!需要和品牌DNA深度契合,这样我们的产品就有了魂,就能很容易打动客户,引爆市场。

制定爆品战略,需要把握以下几个原则:

1. 挑战行业惯性常识

打破行业的惯性常识,意味着创造新的产品形态打破常规,不仅能把企业拉出价格战,让新产品获得自然关注和兴趣,更重要的是,为企业赢得了更长的时间窗口和创新红利期。

挑战行业惯性常识的思维方式,一般可以从两个角度进行思考:

(1)产品形态变革,例如个护类的新消费品牌,很多产品创新是改变产品的状态——固体牙膏、喷雾身体乳等。

(2)交付形式转变,比如堂食和外带、成品或者半成品、购买或租赁等等。

在企业发展过程中,挑战行业惯性应该不断持续进行,而不是一次就够。当然,持续打破常规,也意味着更高的投入、风险,以及付出行业教育成本。

对此,真正的办法是:把挑战行业常识找突破,作为公司自上而下的战略。

产品价值不是小修小补,做一些功能增减,而是从新的消费和体验场景出发做迭代;如果面临增长天花板,就必须下决心重构产品价值,力求突破行业天花板。

打造第二曲线,初期最高层要充分参与决策,以便能够利用公司内在竞争优势资源,打造有吸引力的创新产品

2. 回归原始需求

什么叫原始需求?指的是回归到最底层人性需求——长期存在,无法抗拒。

人们的需求千变万化,也随着时代不断变革。为什么要回归到最原始的需求呢?

答案很简单。

因为需求的满足量决定天花板的高低、市场的容量和空间。如果是新需求或者过于细分,意味着被满足的数量有限。而聚焦原始需求,则提供了更为广阔的市场空间。尤其在经济下行,消费降温的时期,人们更倾向压制和收敛需求,除非真正属于原始和底层的需求动机。

当然,在新的场景下,原始需求会有新的满足方式,比如同样是希望孩子学习好,新场景下可能是AI辅导来替代一部分人工辅导。因此,把"原始需求"+"新场景"作为组合,是重要的爆品公式。

总结一下,回归到底层的真正人性,是产品成为爆款、持续爆款的关键要素。

(给一个小建议,当设计产品的时候,可以想象一下,在30年前甚至50年前,对应的需求是否存在,当时是什么样的产品或者服务能满足这类需求)

3. 可进化的产品力

什么是可进化的产品力呢?就是随着企业规模逐渐增大,企业内生资源的规模增长,给予产品持续进化的内生能力。

瑞幸的爆款方法论最重要的两个因子:

坚定的"大拿铁战略"——相对美式,拿铁是更符合中国市场大众口味的咖啡产品(也是回到原始需求)。

大数据决策和打磨"爆款":因为拥有海量私域用户和门店资源,能够敏锐捕捉口味的趋势和变化,数据成为口味研发的灵感来源,数据越大,灵感越准确;有了爆品产品的选项,能够进一步通过私域的测试判断最有可能火爆的潜力款,并加以优化调试;一旦确定下来,再凭借用户规模资源迅速推爆产品,而新产品成为网红,就有破圈吸引新人群和增加老用户复购的能力,从而环环相扣,形成正反馈和滚雪球效应。

对任何一个渴望增长和持续打造爆品的企业而言,探索出规模效应和爆品的有效连接和赋能因子,都是极其重要的:不仅增加话题流量,打造优质内容,促使产品和品牌竞争能力持续增长,更能成为企业的护城河,在市场竞争中获得优势地位。

4. 营销推广上放大优势

假设爆品满足打破行业惯性常识、回归原始需求和产品力可进化三个关键要素,营销推广上如何放大优势?

首先,打破行业惯性本身是具备影响力和话题点的传播,产品一推出,即可放大这一差异性卖点——打话题、带节奏,高举高打,吸引尝鲜人群。

其次,产品或服务回归原始需求,又可以分为两类:

属于润物细无声的感知,例如咖啡液的便捷性,属于体验后才能有切实感知,因此,应该把这些体验细节放在内容营销中:社区种草、私域沟通、直播等,用场景化方式进行渗透。

能直击痛点,一说即能理解,因此,不妨用作核心卖点,加上作为支撑的产品功能,反复用广告的方式来推广,强占心智位。

最后,对于可进化的产品力,这是用户比较难以直接感知到的能力,如何传递给用户呢?

可以埋在消费决策购买的链路中。

如果存在比较长的决策链路,通常消费者也会对比竞品来权衡,因此,要在产品对比的链路中(横屏内容、商品页面等)充分展示产品层面不断迭代的优势。

如果是低客单价的快消品,下单很迅速,也更容易受大众影响,因此应该突出"人人都在用""又出爆款""上一代就很不错"这类观点,并且在口碑营销中不断加以突出,让人们信服企业具备连续出爆品的硬实力,因而愿意尝鲜。

5. 品牌的角色

最后的最后,请不要忘记支撑爆品的底层能力是品牌。在持续打造爆款层面,品牌的意义有三:

(1) 降低风险

一个新品,尤其是打破行业惯例的新品,上市风险是非常高的。"看不顺眼"引发的抵触和争议,尝鲜后的挑剔以及不满言论,甚至一次舆论风暴,就可能引发翻车。而品牌所建立的大众"路人缘",能在这个时候充当保护伞和着陆器,让大家更容易接受新鲜事物、更容易原谅不完美,更快恢复信任。

(2) 隐形暗示

很多产品的体验好坏,除了客观质量、形态、服务等,也有非常多的潜意识和心理暗示在其中起作用。这种作用也是品牌难以量化衡量的关键点。很多时候,带入品牌的好感和喜欢,就像听到过很多对这个人的好评,会不由自主戴上滤镜。

举个反例,阿迪达斯现今面临的情况,份额下跌,市场萎缩——其媒介总监 Simonpeel 在公开采访中检讨,称忽视了品牌建设,把大部分预算(70%以上)投入效果渠道而非品牌,导致品牌和旗下产品的认可度和喜爱度变低,一再失去人心。

(3)心智联想

当企业进入跨品类的新赛道或者打入新人群,品牌是使之合理化的基础。当把所有投入用于品类红利渠道抢量,忽视真正品牌价值的传达——品牌立意不够高,也没有持续向大众沟通,就会把自身禁锢在某一细分品类。让跨品类或新赛道变得难以在情感和理性上接受。

当然,一旦决定做创新和变革,还必须做一段时间的合理化铺垫,让大众真正认同。比如李宁和国际时装周的合作让"运动潮牌"这件事合理,五菱宏光的100+品牌联名和时尚大片让"时尚单品"这件事合理。

(二)私域营销

什么是"私域流量"？虽然还没有一个大家公认的定义,但基本上的含义都相差无几。即先将流量沉淀到品牌可控的渠道中,再根据精细化运作将之转变成销量,或赋能品牌宣传。围绕"私域流量"进行的营销活动系统,就是私域营销,其过程如图4—6所示。

私域流量是企业增长的入口

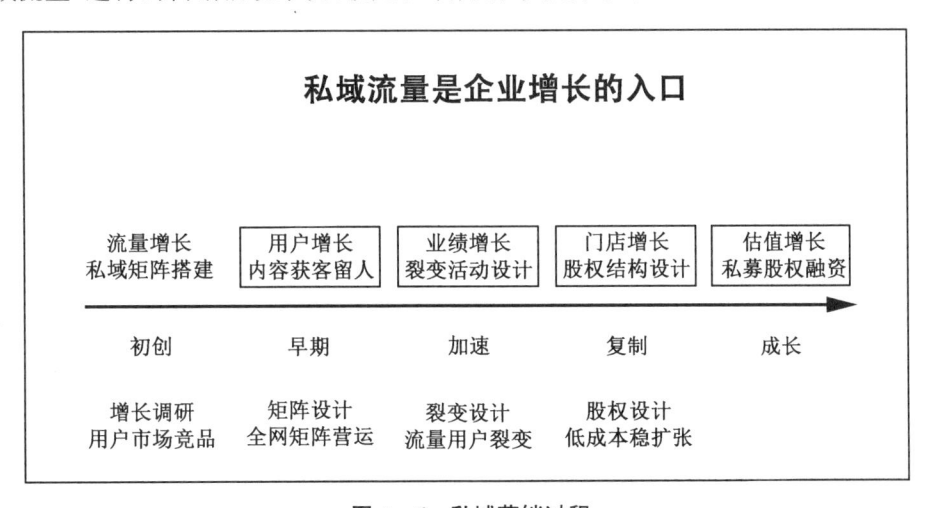

流量增长 私域矩阵搭建	用户增长 内容获客留人	业绩增长 裂变活动设计	门店增长 股权结构设计	估值增长 私募股权融资
初创	早期	加速	复制	成长
增长调研 用户市场竞品	矩阵设计 全网矩阵营运	裂变设计 流量用户裂变	股权设计 低成本稳扩张	

图4—6 私域营销过程

1. 私域营销必须知道的三种认知

(1)私域营销是矩阵运营品牌(企业)和用户的方式,不能通过单一工具或操作来实现,需要系统的管理和操作。

(2)私域营销需要长期关注用户沉淀和转化的效果,有持续的要求,是长期的营销战略思维。

(3)私域营销建设不是一蹴而就的,需要一定的时间才能有效;在执行过程中,每个环节都会相互影响,相互促进。为了更好地了解私域流量与公域流量的区别,我们将简要梳理两者的概念和承载平台,如图4—7、图4—8所示。

此外,要注意的是,公域流量和私域流量是相对的,公域流量中也会有私域流量的属性,比如淘宝店的粉丝也有一定的私域属性。在很大程度上,私域流量的运营要与公域流量相结合,借助公域流量的平台优势,实现用户增长、品牌曝光等内容。

2. 私域建设过程

(1)确定主体:主要是指私域流量的承载平台,如企业微信、个人微信号、社区等。

公域流量

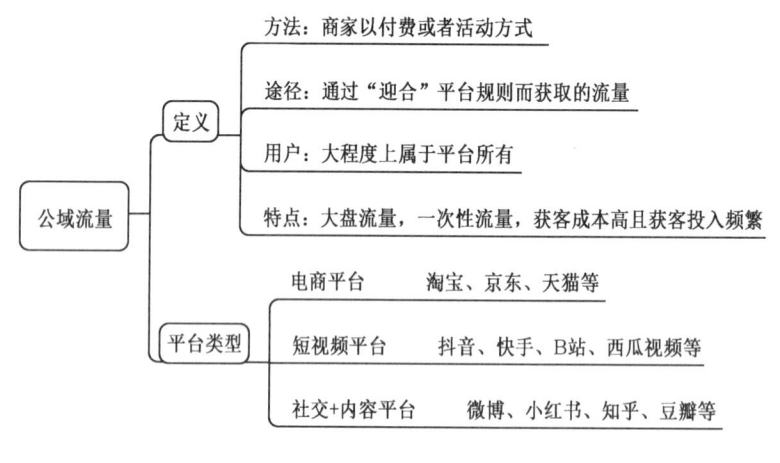

- **定义**
  - 方法：商家以付费或者活动方式
  - 途径：通过"迎合"平台规则而获取的流量
  - 用户：大程度上属于平台所有
  - 特点：大盘流量，一次性流量，获客成本高且获客投入频繁
- **平台类型**
  - 电商平台：淘宝、京东、天猫等
  - 短视频平台：抖音、快手、B站、西瓜视频等
  - 社交+内容平台：微博、小红书、知乎、豆瓣等

图4-7　公域流量

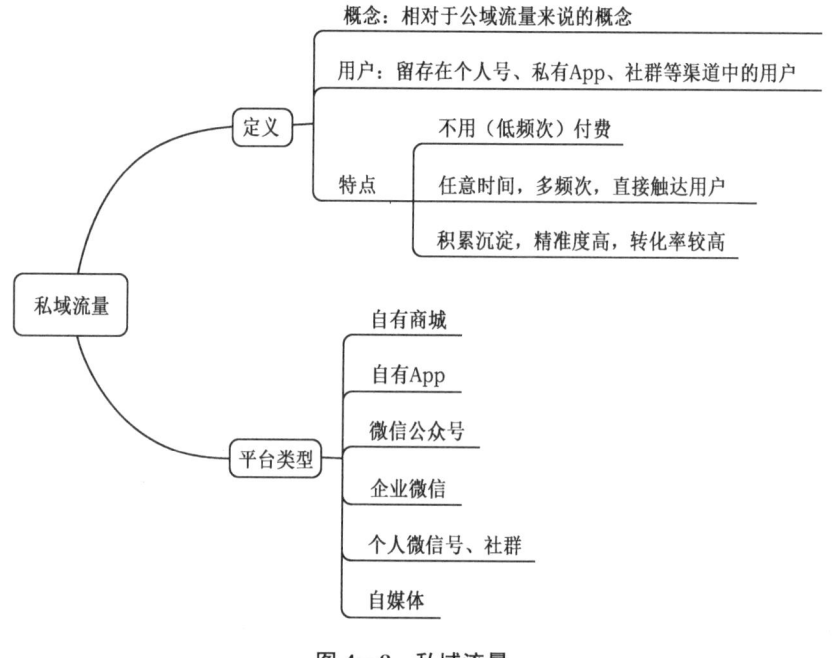

私域流量

- **定义**
  - 概念：相对于公域流量来说的概念
  - 用户：留存在个人号、私有App、社群等渠道中的用户
  - 特点：
    - 不用（低频次）付费
    - 任意时间，多频次，直接触达用户
    - 积累沉淀，精准度高，转化率较高
- **平台类型**
  - 自有商城
  - 自有App
  - 微信公众号
  - 企业微信
  - 个人微信号、社群
  - 自媒体

图4-8　私域流量

(2) 确定获取流量的平台：需要确定公域流量的平台，选择哪些自媒体平台、短视频平台作为流量来源。此外，在私域流量运行过程中，需要设计自裂变流量获取方式。

(3) 确定内容连接的方式：确定内容呈现的方式，如图文、短视频、直播等，以及输出内容的角度和内容定位，如长条IP、个人娱乐IP打造等。

(4) 确定私域流量运行流程：确定从"引流→留存→转化"各个环节的具体操作。比如，引流需要什么样的内容/产品，加入社区或个人号好友后如何维持用户关系。

3. 私域营销的运营

(1) 深耕三个环节，有效部署私域流量

私域流量更强调流量池从公共流量向私有流量的转移以及高净值用户的培养。为了实现私域流量的最大收入,流量池的建立、转换过程的优化、高价值用户的培养,三者是必不可少的,相辅相成。

①建立私域流量池。私域流量池将外部流量导入非外部流量的内部空间存储。用户与用户、用户与产品之间可以有很强的互动,在用户流失控制方面具有可操作性。常见的有订阅流量池、社交流量池、产品流量池等。利用激励系统实现用户三池共存,可以让用户自愿建立对三个私域流量池的需求。

②流畅的转换过程。私域流量的转换遵循漏斗模型的转换模式,依靠前期建立的三池共存的优势,分别对流量转换、购买和未付转换、订单转换三个不同转换阶段进行转换和优化。

创意推广图和标题是影响流量准确性的重要因素。

社交流量池的优势可以在促进支付和购买方面发挥更大的作用。如果此时有用户的微信名片,可以引导用户以客户指导的形式完成订单。从下订单到订单完成,产品链接的设计有利于提高下单到订单完成的转换率。

③高价值用户培训。单一用户价值是创造利润最直接的因素。实现单一用户价值的增长主要从用户单一消费价值和用户回购率两个方面入手。提高客户单价对收入起着非常重要的作用,有助于提高用户体验。客户单价的提高意味着服务的升级,让用户体验到产品带来的更多服务。企业可以通过客服推荐、全额使用优惠券、全额降价、全额赠送、加钱购买、套餐等方式提高客户单价。与公共领域流量相比,回购率是私有领域流量的最大优势。回购率决定了用户的价值周期。高回购反映了用户后端的价值,提高了回购率,即提高了用户的生命价值。企业可以通过新产品的发布、会员制的建立、三大私有领域流量的反复接触来实现用户的回购。

(2)四力模型,找到最适合的私域玩法

①组织力。私域自营生态需要有力的组织支持,必须将"私域"置于品牌建设的一个核心位置。具体而言,组织中整体团队结构的匹配非常重要,即如何给予团队适当的激励。在激励体系中,通过充分开放和一致性原则,使小程序(线上)和线下激励一体化。也就是说,这些品牌并不关心客户是在线还是离线,企业必须有这样的心态来真正运作私域营销。

②产品力。重点考虑产品线的宽度。私域应配置较宽的SKU,有些产品,顾客只能通过私域渠道获得。因此,新的操作方法将相应衍生。例如,如果用户想要获得稀缺、有限的产品,就需要做更多的分享。

除此之外,除了宽度,其实消费者更关注价格。因此,供应链打造、团购、营业推广等的综合应用也是一个关键。

③运营力。每个实际操作的品牌都应该考虑在私域运营的渠道分布,以及不同渠道的分布是否与行业的比较是合理的。随着私域顾客的购物性质越来越强,如果品牌能有很好的内容支持,消费者不仅会被动接触,而且会有非常积极的搜索行为。内容是核心,内容的生产没有捷径必须下功夫。

私域矩阵的每一个终端都要站在用户的角度思考问题,"你的定位是啥?""能给粉丝带去什么价值?"不论是"品牌宣传"还是"活动推广",抑或是"销售促进",都必须企业依据本身的情况进行定位,根据品牌定位,尤其是品牌DNA进行定位。

总之就一句话,要让你的内容对顾客来说,是有价值的!内容为王,好的内容是"私域流量"的核心:伴随着线上红利的衰落,内容的载体从微博转移到微信,又从微信分流到抖音。但不变的是,用户对内容变得更加挑剔,有着不同的内涵。例如,"种草"验证了"内容即广告"依旧会得到用户的青睐;"直播"脱离了颜值,将卖货从图文的形式转变为"电商+表演"的新形式。但无论怎样说,只有好的内容、有价值的内容,才能有持续性的生命力!

④产品技术力量。产品的基本性能、信息架构、核心功能是否健全、可量化数据等也需要关注。

4. 私域的价值

(1) 流量自主可控,能够近距离并可持续性地接触到客户

今天,通过小程序、H5、公众号等私域渠道,品牌可自由地跟用户沟通,建立自己的调性和运营能力,还能进行裂变和二次营销;同时,也能通过付费推广的方式,不断把公域上的流量引流到私域中,进行长期的沟通和变现。

(2) 为转化创造便利,降低网络营销活动的获客成本

消费者从收到信息,到产生兴趣,再到购买的转化路径也变得更短、跳转环节更少。此外,借助用户主动的转发裂变行为,品牌可以更精准地找到潜在用户,人际传播附带的信任感,又能提升品牌的信任度,增加购买的可能性。

(3) 积累数字资产,增强客户和品牌之间的情感联系

单一平台内,品牌还可以积累数据进行需求挖掘、客户关系维护和二次营销。虽然数字化为购买创造了便利,但营销的底层逻辑并没有改变,依旧需要遵循从认知到了解、喜爱,再到购买、评价及复购的流程。

私域让品牌能够直连消费者,虽然更短的购买链路更容易激发消费者购买,但它绝不是通过做一次促销或送一波优惠券,吸引消费者注册、下单那么简单,真正的私域是重构多边关系。品牌需要有自己的调性和个性,与消费者是朋友关系,消费者之间是分享和互助关系,品牌与经销商之间是协作关系,门店是消费者体验的场所。

这些重构无法一蹴而就,需要品牌依据品牌 DNA,重新树立形象,找到切入点,构建与消费者的转化路径,从种草—裂变—引流,再到维护社群,这当中,涉及大量的策略工作。

5. 构建私域营销体系的准则

(1) 客户关系管理(CRM)

从管理理论的角度来看,私域管理将赋予 CRM 全新的运营模式。

CRM 的目标是吸引新客户,留住老客户,将现有客户转变为忠实客户。

私域和 CRM 的目标一样,但 CRM 更倾向于流程、效率、数据等内部管理,私域则倾向于营销、内容、社交等外部管理。

私域是连接 CRM 和 SCRM 的重要组成部分。

(2) 品牌区域领袖(BRL)

①品牌推广。如果将品牌营销看成一场战役,推广的重点就是攻占电视、广播、路牌等重要区域。然而,随着移动互联网的快速发展,我们已经进入了信息碎片化时代。原来几个重要的区域被分成了若干个区域,每个区域都有非常快的变化周期和不同的规律。因此,企业需要根据不同地区制定相应的品牌战略。

②品牌 IP 化。品牌做得越大灵活性就越差,品牌 IP 化就起到了关键作用。如果把品牌想象成一支军队,那么 IP 就是特种部队,或者是游击队,化整为零,统一安排,统一标识,根据不同地区的不同情况,自主制定战略,拓展版图,完成任务。有些公司特别注重品牌推广,从而忽视了 IP 的建设,以至于投入巨大,但收效甚微。

③IP 与私域的关系。IP 是一种可以变化成为多种意识形态的元素,公司创造它,重塑它,

并让它成为一个区域的领袖,目标是对该区域的用户群体产生足够的影响力。

④品牌区域领袖。企业在打造 IP 时一定不要被品牌决策局限住,要勇于重塑和突破,让它在各个区域展现出更多的形态。但是,这种形态上的变化使其不再像 IP。

⑤私域为什么需要 BRL。当用户来到私域体验时,发现这里只有品牌和 IP。对用户而言,再巧妙的设计方案也是一种营销行为。但是,如果用户在私域中找到一个人、一个朋友、一个智者、一个偶像、一个领袖,情况就大不相同了。

⑥品牌、IP 和 BRL 之间的关系。品牌是公司的根基,IP 是品牌的树干,BRL 是品牌的枝和叶。公司不仅需要打造一棵"大树",还需要在各区域展示出去,将品牌枝繁叶茂、生机勃勃的样子尽情释放。

⑦BRL 的四种类型。

A. 领域专家。苹果的乔布斯、小米的雷军、格力的董明珠,他们不仅代表了公司和品牌,也将自己描绘成这个领域的专家。BRL 也可以是公司的技术人才,并且在该领域取得了突出的成绩,专家往往赢得尊重,被赋予权威。如果你的公司没有这种人,可以找这方面有影响力的专家,达成战略合作。

B. 品牌代言人。完全服务于公司的独立形象,例如小完子和小美子,她们就是完美日记的代言人。因为代言人是真实存在的,所以公司在培养代言人时,品牌战略要倾向于代言人的特点,代言人要与品牌充分融合。此处所讲的品牌代言人不是为品牌代言的公众性人物,而是完全服务私域的 IP 形象。

为品牌代言人打造 IP 形象。品牌代言人不仅要代表品牌形象,还要参与到产品、价格、服务等工作中。选择代言人时要考虑到目标用户群体的需求。品牌代言人是 BRL 最重要的一环。

品牌代言人设计要点:基于人物真实形象,添加并修饰人物故事。

品牌代言人需要具备网络中高频活动的属性。

C. 关键意见领袖(KOL)。拥有更多、更准确的产品信息,且为相关群体所接受或信任,并对该群体的购买行为有较大影响力的人。

企业与 KOL 合作的时候,不仅需要让商品得到推广和销售,更需要让品牌代言人得到推广。

D. 关键意见消费者(KOC)。KOC 本身就是一个消费者,分享的内容多为亲身体验。他们更贴近消费者,更注重与粉丝的互动。与 KOC 互动是品牌代言人的主要任务之一。种子用户与 KOC 属于同一群人。

⑧BRL 的建设有两个主要方向。在公司内部打造 BRL 时,领域专家和品牌代言人是最适合打造 BRL 的两种类型。

公司与外部 KOL 和 KOC 进行合作,合作所产生的用户过渡给品牌代言人接管。

对于营销预算充足的公司,四种类型的 BRL 都可以打造,同时在外部寻找适合公司的四种类型 BRL 进行合作,搭建流量矩阵。

(3)内容营销

①IP 故事。找到了合适的人选做 BRL 之后,你需要为 BRL 写一个故事,故事要和品牌深度契合。

②品牌生产内容(BGC)。BGC 有三个工作重点:

BGC 延续品牌现有的内容,将 BRL 融入 BGC 中。

BGC围绕BRL持续地制造新内容。

BGC做内容框架,与UGC合作生产内容。BGC需要经常与PGC、OGC、UGC合作输出内容,在内容更新上形成互补,可以更好地适应网络热度更新迭代快速的特点。

(4)圈层

①私域为什么要圈层化?

用户有需求,每个用户都会寻找属于自己的圈子。

当用户聚集在私域,并且形成了圈层,信息传递和互动会更加精准。

为营销与内容输出提供战略方向。

②圈层原则。

A. 认同原则。共同的兴趣与爱好;共同的态度与价值观;共同的消费习惯;共同的生活方式。

B. 领袖。一个拥有聚集能力的领袖;一个可以被追随的领袖。

C. 终极目标。不同用户的兴趣与爱好;不同用户的态度与价值观;不同用户的消费习惯;不同用户的生活方式。我们可以做到将拥有共同的兴趣、爱好、态度、价值观、消费习惯、生活方式的用户聚集在一起。然而,随着圈子不断扩大,不同的用户必然会出现。这个时候,圈层营销会发生变化,我们又要想办法破圈,但破圈又违背了认同原则。所以,在构建圈层的初期,我们要制定终极目标。终极目标应主张以BRL为中心,逐步向外拓展。

(5)用户情感链接

①为什么要建立用户情感链接?

私域不能依靠卖产品长期运营,公司要考虑用户更深层的感受。

②用户的深层需求。用户不买产品的时候要做什么?公司除了卖产品还能做什么?如何保持社区活跃?如何与用户保持长久稳定的关系?

③品牌的深层服务。孩子王除了销售产品,还担任着老师、顾问、专家甚至是催乳师等角色。文和友除了美食以外,将文化和体验感提升到了新的境界,用户不仅味蕾得到了满足,感官也得到了满足。江小白将情感文案和白酒融合在一起,迎合了酒桌文化"我们喝的不是酒,是感情"。

做好用户情感链接是培养用户对品牌忠诚的基础。

④构建情感链接的步骤。获取用户的基本信息;挖掘用户情感需求;激发用户的情感共鸣。

(6)社区氛围

①什么是社区氛围?

指在社区中逐渐形成的,具有一定特征,能够被用户认可的氛围和环境。

②营造社区氛围的步骤。

A. 成立氛围小组。围绕BRL配备独立的策划、设计、文案等人员,气氛小组要独立运营。气氛小组成员点子要多、性格活跃、不拘一格。

B. 挑选种子用户。种子用户至少要认同品牌、IP、BRL其中的一项。种子用户不仅自愿进入社区,还愿意拉人进来。种子用户表达、讨论、互动的意愿非常强烈。

C. 创造社区文化。给用户一个身份,制定文化、名称、代号、标识、等级、勋章、荣誉等等。

D. 社区日常运营。准备话题、活动、竞赛、红包等多样性主题,每日在社区内调动气氛。

③关键问题。私域的社区偏向于组织关系,属于领导者与追随者的关系,所以营造氛围要

以用户体验为导向。营造社区氛围的核心目的是希望私域变成一个有温度的购物中心,而不是变成一个仓储式大卖场。

6. 私域营销体系中的名词与定义

(1)品牌区域领袖(BRL)

构建私域的主角一定是 BRL,不是品牌,也不是 IP。品牌代言人是第一选择,其次是领域专家。

(2)品牌代言人

私域的品牌代言人与传统的品牌代言人有着显著的区别。传统公司通常会邀请具有一定传播力的公众性人物,比如明星、专家等等。在私域内,公司需要打造一名品牌代言人,她不仅要通过各种媒介传播信息,还要参与公关、促销、客服等所有的商业关联活动。可以说,以 IP 打造的代言人是私域构建最重要的环节,缺了这个环节就不能叫私域。

(3)IP 主

IP 主实际是品牌代言人的一种分身,她的虚拟身份是私域的主人。

(4)IP 角色

每个品牌的 IP 都不一样,这个无法复制,因为它具有多种形态。如虚拟 IP:泡泡玛特、三只松鼠;拟人化 IP:小完子、江小白;领导人 IP:雷军、董明珠;场景 IP:超级文和友;文化 IP:花西子。

(5)用户思维

分析用户的情感、心理、物质需求,为用户编故事,植入产品。从参与设计到征求意见,再到邀请用户体验,每一个环节都可以和用户一起完成。尽量在情感上打动用户,让用户实现升华。

7. 私域营销体系的载体

(1)BRL 微信个人号

IP 主是用户的直接管理者,包括推广、营销、客服、互动等内容。微信群、朋友圈是 IP 主和用户的主要沟通渠道。BRL 可以设定一个角色,由不同的客服来操作,形成多个账号一个人设的结构,例如:完美日记的小完子。

BRL 也可以设定多种角色,所有的 BRL 会统一标识,但不会统一人设,例如孩子王的宝妈顾问。

(2)微信公众号

公众号在用户管理方面的作用:接收来自各个平台的用户,引导用户与 BRL 对接并进入专属的圈层与社区,实现用户的正向流动。引领私域内用户去公域参加各项活动,实现用户的逆向流动。

品牌的内容、广告、活动、福利、通告等信息发布。

(3)微信小商店

设立私域专属商场,与京东、淘宝、官网等商场形成价格策略上的互补性和灵活性。

(4)微信小程序

为用户建立兴趣社区,在销售以外的环节强化品牌与用户的情感链接。

(5)小红书

微信生态圈适用于品牌代言人(IP 主),小红书适合打造 KOL 和 KOC,两者可形成互补关系。

(6)官网

宣传公司的形象、文化、产品、服务的种类、价格以及联系方式等信息。

微信生态圈在私域营销体系属于狭义范畴,官网则属于广义范畴。

(7)内容平台

抖音、快手、B站、知乎、微博等平台是混合域概念,也属于私域营销体系的一部分。该部分用户与微信生态圈的逆向流动用户共同活跃于各大网络平台。

(8)O2O营销

内容平台推广、私域营销与线下体验共同组成O2O营销体系。理论上,领域专家、品牌代言人、关键意见领袖、关键意见消费者可以适用于所有私域营销体系的载体。但是从运营策略的角度看,领域专家适合各大网络平台,品牌代言人适合于微信生态圈,KOL和KOC更适合混合域的平台。

五、案例分析(课程思政)

本案例的探讨应聚焦于:

1. 中国品牌出海的"变"与"不变"。
2. 总结一下TEMU的"主要打法",尤其是产品与价格策略的特点和支撑体系。
3. 如果你是一家创业型企业如何用好TEMU这个平台?

"血洗北美"拼多多:中国"电商卷王"出海后到底有多恐怖?

2013年那会儿,当时还在澳大利亚留学的我第一次近距离接触了西方社会。

我所住的社区叫Kurralta Park,位于城市南部,不穷也不富,是个普通工薪阶层的社区。沿街的房子都有一定年月了,因此稍显老旧,但大多保养得不错,总体倒也干净。这段经历,给了我一种至今仍然觉得非常宝贵的经验:不论中外,老百姓的生活总是相似的——虽然长相和语言大相径庭,但总归都是要老婆孩子热炕头,柴米油盐过日子的。如果去社区的超市里看看,你会对这种观念更为认同——老奶奶们在货架前挑挑拣拣,恨不得把一颗颗洋葱、一颗颗土豆都仔细看一遍,除了深目高鼻说英语,她们本质上和中国菜市场里讨价还价的大妈们没有什么两样。这就是人性。而人性,它不以民族、宗教和语言为转移。其实,在中国游戏出海的旅途上,人性就是最大的助力。《苏丹的复仇》,一款国内常见的战略式页游,套了个阿拉伯文化的皮肤,附带一句"跟我一起复兴阿拉伯帝国"的广告语就让中东土豪们竞相砸钱,在游戏里和十字军打个七进七出,顺带还能攻城略地,席卷各地绝色佳人——这就属于是把人性玩儿明白了,虽然中东土豪们不差钱也不能喝酒,但谁不希望做一个"醒掌天下权,醉卧美人膝"的梦呢?

说白了,中国发展太快、市场太复杂了,不论是市场还是监管,都已经进化到了一个外人难以理解的程度。很多让我们嗤之以鼻的操作,在东南亚、印度这样的新兴市场上却能够创造奇迹——只能说,中国互联网太复杂,能在中国活下来的厂商,基本上已经把人性研究得极为透彻了。拿捏了人性的弱点,是中国电商和游戏出海成功的底层逻辑,也必然成为中国电商企业出海成功的底层逻辑。实际上,从商业的角度来看,不论是美国、澳大利亚的消费者还是中国、日本的消费者,除开不同文化下的不同禁忌和偏好(比如澳大利亚店员曾热心向我推荐绿色棒球帽),大家的"底层代码"其实都差不多——不仅喜欢便宜,还喜欢占便宜;不仅喜欢薅羊毛,薅羊毛之后还喜欢和朋友分享炫耀。于是,集低价消费、社交电商、薅羊毛、占便宜、百亿补贴、砍一刀等等要素于一身的拼多多崛起了。今天,我们就来仔细聊一下中国电商的新星"拼多多"是如何在海外市场大杀特杀的。

01　拼多多出海有多猛

拼多多的海外征战,始于北美。2022年9月20日,拼多多的海外版"TEMU"在北美市场正式上线,总部设在了美国麻省的波士顿。为什么选择北美作为出生点?著名物流学专家常凯申先生有过精妙的评论:北美地方,历代大规模商战五十余次,是非曲直难以论说,但史家无不注意到,正是在这个古战场,决定了多少家企业的盛衰兴亡、此兴彼落,所以自古以来就有"纳斯达克敲钟"之说。因此,对于消费类企业来说,得北美者得天下。毕竟,美国至今都是全球最大的消费市场,每年仅仅是消费带来的GDP就已经和中国全国的GDP相当。9月1日上线,到了10月17日,拼多多就成了北美App Store购物类应用里的第一名——一举超越了包括亚马逊、SHEIN、沃尔玛在内的一众先辈。而更重要的是,TEMU获得这个成就的时候,其实并没有用出它在国内市场上的必杀技"社交电商"——走的还是铺天盖地打广告的"保守路线"。换句话说,现在的TEMU还只是一个没有发育完全的原型机,但仅仅就是这么一个还没有进化成完全体的状态,就已经带来了巨大的震动。

在消费者群体里,TEMU带来的超低价格击碎了他们好不容易从SHEIN冲击中恢复的理智——来自南京的SHEIN在一年前也是凭借着超低价格杀进北美市场,成为当时的App Srore下载榜第一名的。在同行的眼中,拼多多出海更是引起了一场雷暴——做海外电商的企业,某种意义上只是东西方的"中间商"——他们自己不生产商品,也没有仓库,他们做的事情就是一边对接海外市场,一边对接国内供应商,在亚马逊网店或者自己的网站里挂上预期会大卖的商品,客户下单之后直接让厂商发货即可。有一些比较过分的中间商,甚至连供应商都不去找,1688直接解决问题。这些"中间商"推广的方式则以"买量"为主——其实就是砸钱在各个网站上疯狂打广告买流量。所以,典型"中间商"的成本主要就是对接市场和推广的成本以及人员工资,只要卖出去的东西足够多就能保证自己盈利。然后,拼多多就来了。拼多多搞事情的方法非常简单粗暴,一个字,钱。根据拼多多的财报显示,2022年三季度,拼多多花在营销上的钱超过了140亿元,比2021年同期上涨了40%,主要是因为促销和广告活动大幅度增加——拼多多也开始加码"买量"了。而且别忘了,拼多多账上还有800多亿元人民币的现金呢,不严谨地说,就算是每年来一回"百亿补贴拼多多"也都能再玩儿8年。

这么大的一个玩家突然进场,买量的价格立刻水涨船高。一些体量较小的中间商立刻就发现自己根本买不起量了。本来就靠买量才能活着,现在这条路硬生生就被拼多多卷死了——那还玩儿个啥啊。

02　拼多多的出海战法

2022年,局长曾经写过一篇文章介绍中国跨境电商品牌SHEIN进军欧美市场的故事。主打女装时尚的SHEIN,走的是"快时尚"路线,它的对手是ZARA、H&M之类的欧美老牌快时尚品牌。SHEIN击溃他们的战术是"比他们更快"——ZARA们从设计到销售需要2个星期,而SHEIN在大数据和算法的辅助下,这个过程只需要几天。这说明,对于出海的中国电商来说,在战术思想上领先对手是非常重要的。毕竟海外已经有了树大根深的亚马逊和气势汹汹的阿里速卖通,和他们硬碰硬肯定是不行的,必须剑走偏锋,从战术思想上寻求变局。拼多多主打的是低价消费市场,这一点在中国在外国都一样。拼多多出海时候的竞争对手就是SHEIN、Wish、Shopee这一类的电商平台。因此,拼多多(TEMU)的出海必须要具备击败他们的条件才能成功。Wish主打是超低价,赚钱的方式和淘宝类似,主要靠收取店家佣金和服务费。Wish 的弱点在于它对于商家入驻的门槛太低,平台上的店家鱼龙混杂,很容易败坏自己的名声。TEMU 在这方面则采用了"类自营"的模式——TEMU 首先就要做好把关,利用在国内市场上积累的经验,从国内成千上万个供应商里挑出来性价比最好的那一批。SHEIN 主打的是便宜和快时尚,核心思路就是依托珠三角发达服装产业链的"小单快返"模式——一旦系统侦测到某个款式的衣服可能成为爆款,SHEIN 可以立刻安排它的"幽灵工厂"进行小批量生产,如果市场反响好就继续生产,如果市场反响一般就放弃——反正数量少,也不会造成太大的损失。在我看来,TEMU 和 SHEIN 的交锋将会发生在供应链的比拼上。不过,我觉得SHEIN 和 TEMU 可能根本打不起来——你见过农夫山泉和沃尔玛竞争吗? SHEIN 和 TEMU 的赛道其实是不一样的,SHEIN 对标的是 ZARA 一类的快时尚品牌,电商只是其外在形式——SHEIN 的供应链管理技术是一方面,对时尚的认知是另一方面。毕竟,SHEIN 只做女装,属于"小而美"。而拼多多/TEMU 是做全品类电商的,属于"大而全",女装时尚只是一个细分品类。

拼多多的出海战法,简单来说包括两方面:一个是打晕消费者,一个是 PUA 供应商。TEMU 刚刚上线的时候,首先采取大规模的促销政策来打出自己的地位。这个模式就像是战场上步兵冲锋之前的炮火准备,先把消费者打懵圈了,然后再发动突击。对于每个新注册的用户,TEMU 都会自动派发 3 张 30% 的优惠券,可以用于全场商品。然后在 9 月 15—17 日的重要节点,全平台商品包邮,收货晚了还可以全额退款,此后则是满 49.9 美元包邮。如果你是第一次退货可以免除邮费,之后只要是 90 天的窗口期内,只需要支付 7.99 美元的邮费。在重点品类上,比如女装产品,折扣可以达到 40%—100%。这一通操作的效果是显著的,北美的普通消费者哪里见过这种低价——很多人甚至表示:TEMU 的老板是不是不会做生意啊? 这么低的价格怎么赚钱。这就是他们想太少了,或者说他们不了解中国电商企业的套路。淘宝的崛起离不开疯狂的双 11,京东的发展离不开疯狂的 618,低价自古以来都是开拓市场的利器,毕竟占便宜才是人类的本质之一。电商平台并不指望这一批产品能赚多少钱,电商平台要的就是你用我这个平台——只要你用了,就有概率一直用下去。第二个战法就是 PUA 供应商——拼多多和 TEMU 都是做低价消费的。在消费者看来,我们只会觉得拼多多上的东西真便宜。但在生产商看来,情况就不一样了——你拼多多砍价砍得也太狠了,消费者砍的那几刀合着都砍我身上了是吧? 具体来说,假设你是某种产品的生产商,你想通过 TEMU 把货卖到美国市场上去,大概需要走这么几步:首先,你现在入驻 TEMU 的时候是不需要掏佣金和保证金的,但与此同时,你也没有了定价权,拼多多统一定价,然后以供货价和你结算。现在你需要做的,就是根据拼多多的需要,提报合适的商品,然后报出你的价格。等到初选通过,你需要把商品寄到拼多多在广东的仓库,拼多多安排了专门的团队对各家厂商提供的产品进行质量检测。通过质检的商品就可以准备销售了,此时你就可以给广州的仓库里发 20—50 件产品,之后就是等着 TEMU 上的销售和配送,15 天内没有销售出去的商品会原路退还给你。等消费者收到货物的次日,拼多多会来给你结款。

说白了,TEMU 有点像是个面向海外的"供销社",厂商只负责生产,消费者只负责购买,对内对外的定价权全部在 TEMU 手里。对 TEMU 和消费者来说,这当然很爽了,只要价格定得足够低,TEMU 可以抢占市场,消费者可以爽到,双赢。只不过,当你感觉岁月静好的时候,必然有人在替你负重前行——在这个体系里,供应商就是这样的一个负重前行的角色。从这里我们也能看出 TEMU 和亚马逊、淘宝之类平台的区别:亚马逊和淘宝都是商家根据市场和自身情况自主定价的,好处是自己可以掌控自己的利润空间,坏处就是需要给平台缴纳保证金和佣金。

总体来说,在2022年冬季这个时间节点上,拼多多使用的战术是有效的,但是未来的情况不明确。

03　拼多多的出海未来

至于未来,谁也说不准会发生什么,尤其是在这个充满了不确定的时代。但至少,我们是可以客观分析一下拼多多出海大趋势下可能面临的压力的。首先是获客成本的升高,这种现象两年前已经在国内新消费浪潮中出现过了,现在在海外电商市场上复刻了——随着各种电商平台都在出海,于是大家都开始花钱买量了。2013年获得一个新用户只要花4.5美元,现在则需要花40美元。这批人里最幸福的要数SHEIN,SHEIN在国外的发展很早,直接踩中了2012年开始的流量红利期,享受到了极低的获客成本。拼多多2018年才开始发力,TEMU今年才上线,的确是没有赶上好时代。只能说,国内的这些企业确实是卷,出海了照样是要卷的。拼多多和淘宝、京东这样的大品牌卷来卷去,拉高了获客成本,最后把一群出海小电商们给卷死了。真是神仙打架,小鬼遭殃。其二就是缺少国内的便捷条件——拼多多在国内的崛起是离不开微信这个国民社交软件支持的。拼多多很早就和微信达成了战略合作,拼多多砍一刀的链接可以自由自在地在微信上来回分享,而淘宝和抖音就只能用令人迷惑的"口令"。

但到了国外,这个事情可能就比较麻烦了,美国虽然也有很多国民级的社交软件,但是没有任何一种可以像微信一样提供如此强悍的支持——这不是能不能谈下来合作的问题,而是北美市场上压根儿并不存在像微信这样的巨无霸。另外,我们也都知道,在创新领域,不论是技术创新还是商业模式的创新,领先了多少是很重要的。如果你领先对手一步,那么你将成为传奇。如果你领先太多,可能会直接······拼多多最强的两个武器,"百亿补贴"和"砍一刀",在国内用起来如热刀切黄油,怎么用怎么厉害,但是跑到国外去,却又可能遭遇意想不到的"水土不服"——首先就是补贴带来的"不正当竞争"问题。拼多多的"砍一刀"模式在北美很可能会被判定为"诱导营销",毕竟国内的诸位都用过拼多多,六万人都砍不下去,说明多多少少是有点风险在里面的。

不过,单纯看这种人传人的裂变营销,其实欧美市场也并非不可以接受——阿里速卖通之前也用过类似的方法,并没有出现什么问题。或许对拼多多来说,出海这件事上,合规是首要任务。

04　电商出海的好处不在电商品牌本身

之前曾经有一位美国零售行业的高管来中国广东实地考察过一家服装厂。这个工厂当时正在为一个美国的运动品牌生产运动服,供货价为9美元一件。而这件运动服,在不久之后将会以500美元的价格销售给消费者。而与此同时,这家工厂同时在网上以90美元的价格销售这款运动服的变体,也能赚个盆满钵满——毕竟,不论是500美元的那款还是90美元的那款,都是同一个厂家的产品,说不定还是同一个工人做的。看到这样的情况后,这个美国高管当即断言:传统零售业的商业模式正在面临崩溃风险,过去那种靠一个牌子就能吆喝加价1倍甚至9倍的时代已经一去不复返了——事实上,很多工厂自己都聘请了专业的设计师和工程师,直接自己设计自己生产,最后仅仅是贴上某些品牌的商标而已。以福建福清的祥兴公司来说,它是全球最大的箱包制造商,被誉为中国箱包第一出口基地。新秀丽、WENGER、SWISSGEAR等国际品牌其实都是找祥兴做代工,一样的工厂,一样的生产线,祥兴只需要稍微改改设计、换个标签,就能生产出不同的产品——你以为你买的是法国设计中国制造?错啦,是福建设计福建制造啦。因此,我认为,中国电商品牌的出海,其中最大的好处并不在电商本身,而是在于打造中国的品牌。在过去的10年里，伴随着淘宝为主的本土电商发展，电商渐渐压过了实体店，成为更受人欢迎的购物模式。同样是在这个时间段里，短视频和直播也渐渐成为比电视更流行的媒介。这样的趋势变化，给了国产消费品牌巨大的机会。毕竟，在这个网店和短视频、直播为主的时代，过去携着品牌之威，盘踞在高档商场，霸占黄金时间广告位的传统名牌们所积累的经验显得多少有些不合时宜——你尽可以花几百万美元去找4A广告公司策划震撼人心的广告大片，然后再花上几千万去买电视台的黄金时间，但我只需要拍一个抖音百万赞的短视频即可，就算没成功也不要紧，我再去拍几个就是了，反正肯定花钱远远比你少。于是，我们可以看到，以花西子、完美日记为代表的中国新消费品牌立刻就崛起了。除了这两个最出名的品牌外，淘宝上的那些"神店"也渐渐取代了传统名牌的地位。

在中国电商出海的过程里，这样的情况也会上演。甚至，中国的这些电商公司将会利用自己掌握的技术，将分散的消费者整合起来，引导他们到靠谱的制造商那里小批量生产——这不就是拼多多这些年来干的事情吗？——利用数字技术来缩短产品开发的周期，帮工厂创造更贴近市场需求的产品，最终打造自己的品牌。假以时日，我相信在拼多多、速卖通上，必将诞生中国的"无印良品"和"优衣库"。毕竟，出海，赚外国人的钱，不要在本土继续内卷——这就是我们这个时代的"默认正确"。

资料来源：老局长."血洗北美"拼多多：中国"电商卷王"出海后到底有多恐怖？[EB/OL].微信公众号"星海情报局"，2022-12-07.

案例点评：

"中国式现代化"的宏大叙事，需要中国产品、品牌、企业大踏步地奔向世界市场的中心；同时这也是中国产品、品牌、企业发展的必然要求；更是中国故事、中国文化、中国形象重返全球舞台聚光灯下的开始。因此，我们应该进一步关注：

1. 如何将传统文化现代化，并有效应用于品牌和产品？
2. 如何充分利用中国制造业的整体优势，利用供应链、产业链优势打造品牌"护城河"？
3. 如何从中国故事、中国文化、中国形象中挖掘出与顾客"共情"的要点，打造品牌DNA？

六、知识链接

(一)服务营销

传统市场营销理论对产品的定义尽管是广义的，既包括实体产品的营销，也包括无形产品的营销，但其主要研究领域还是局限在实体产品的营销。由于无形产品，尤其是服务的营销有着自己的特点，如果仍然沿用实体产品营销的理论和方法，就有可能陷入"管理陷阱"。

1. 服务营销的基本特征

(1)服务的类型

①附带服务的实体产品：这种商品由附带一项或几项服务的实体产品组成，以增强对顾客的吸引力。

②主要是服务，配合少量的产品和附加服务：这种商品的内容主要由服务构成，同时伴有少量的附加服务或辅助性产品。例如，飞机乘客是在购买运输服务，在消费的需求得到满足后，他们没有得到任何有形的东西。然而，在消费过程中，也还能够得到一些有形的东西，如在途中可以得到食品、饮料、纪念品、报纸、杂志等。而且要实现这种服务，还需要一种资本密集的实体产品，即飞机，但这类商品基本的内容是服务。

③单纯服务:这种情况下提供的主要是服务,有形因素很少,甚至没有。如律师的法律咨询提供的是一种纯粹的服务,其有形要素可能仅仅是律师的办公设备。

(2)服务的范围及概念

服务作为独立的产品,根据美国市场营销学会(AMA)的定义,被解释为"可被区分界定,主要为不可感知,却可使欲望获得满足的活动,而这种活动并不需要与其他的产品或服务的出售联系在一起,生产服务时可能会或不会需要利用实物。而且,若需要借助某些实物协助生产服务,将不涉及这些实物所有权的转移"。市场营销学大师菲利普·科特勒也提出类似的定义,他强调:"服务是指交换的一方向另外一方提供的任何活动或利益,而这些活动主要是不可感知的,且不涉及所有权的转移,它们的生产可能——但也可能不——与实物产品紧密地联系在一起。"

显然,根据西方市场营销学者对服务的认识,至少有两点需要强调:

①服务是一种独立的产品,就像具有实体形状的工业品或消费品一样,这就把"服务"同"顾客服务"(customer service)区分开来。因为顾客服务,无论是售前服务还是售后服务,都只是附属于其他产品之上并为之提供附加价值的一种产品要素。

②既然服务被看作是独立的产品,那么,生产服务产品的服务业也就是一个独立的行业,创造社会价值。正确理解服务与服务业的含义,有助于我们完整地把握服务产品的基本特征,并在此基础上探讨服务产品市场营销活动的全过程。

(3)服务的特征

服务始终是一种营销产品,能够满足顾客某种需要,给顾客带来某种利益,在这一点,服务和实体产品别无二致。但是,对服务的营销,必须明了服务产品所独有的五大特征:不可感知性、不可分离性、差异性、不可贮存性以及缺乏所有权。

①不可感知性。服务是无形的,在购买服务之前,我们既看不见,也摸不着。在走进理发店时,我们很难从理发师外表判断他(她)的服务水平和质量;向心理医生进行心理咨询的人当时也不可能知道医疗的结果。

服务的这一特征决定了顾客在服务购买决策时,要冒较大的风险,也就是说,顾客在初次接触某一服务时对服务的取舍由于服务的不可感知性而变得困难了。为了减少服务消费的风险,增强自己的"信任感",顾客会高度依赖于自身经验或他人的介绍。因此如何争取顾客的信任感,是服务营销要解决的首要问题。

同时需要强调:服务的不可感知性并非绝对,纯粹的服务并不多,大多数情况是:主要是服务,加上必要的有形部分;服务是无形产品,但无形产品并非都是服务,服务营销的方法并不适用于所有无形产品。

②不可分离性。实体产品的消费从生产到流通再到最终消费的使用要经过一系列的中间环节,生产过程与消费过程具有一定的时空间隔。而服务则不同,其生产过程与消费过程是同时进行的,服务的生产时间就是顾客消费的时间。

服务的这种特性表明,顾客只有而且必须加入服务的生产过程才能进行消费。这种特性决定了服务的供给受到了极大的限制,因为生产者的时间和空间都是有限的,而服务产品又无法通过储存和运输实现时间和空间的位移。

③差异性。实体产品,特别是工业品都是按照标准化体系生产的,能有效地对质量进行控制。而服务则不同,服务依赖于人来提供服务,由于人类个性的存在,使得服务的质量既难以标准化,又难以始终保持相对的稳定。

一方面,由于服务人员自身因素的影响,即使同一服务人员在不同情况下其服务质量都可能有较大差异;另一方面,由于顾客直接参与服务的生产过程,顾客本身的因素(如知识水平、兴趣和爱好等)也直接影响服务的质量和效果。这种差异性使顾客对企业形象难以确定,因为同一家快餐店,前一分店可能会得到顾客的交口称赞,而另一分店则可能由于服务低劣受到顾客的抱怨和投诉。

④不可贮存性。服务的生产与消费的一体化,决定了服务是无法贮存的,如飞机这一航班上座率只有50%,下一航班并不能把上座率增至150%。当服务需求比较稳定时,服务时间算不上问题,因为在服务之前就很容易配备好服务人员;但如果服务需求上下波动时,服务企业就碰到了难题。如旅馆就经常面临住宿淡旺季的变化,而其客房却又不能任意增减,往往出现旺季供不应求,淡季大量闲置的状况。因此,不可贮存性的特征要求服务企业必须解决由缺乏库存所引致的产品供求不平衡问题,如何制定分销策略来选择分销渠道和分销商以及如何设计生产过程和有效地弹性处理被动的服务需求等;为避免这一点带来的困难,服务中价格成为一个更灵活的营销手段。

⑤缺乏所有权。缺乏所有权是指在服务的生产和消费过程中不涉及任何东西的所有权转移。既然服务是无形的又不可贮存,服务产品在交易完成后便消失了,消费者并没有"实质性"地拥有服务新产品。以银行取款为例。通过银行的服务,顾客手里拿到了钱,但这并没有引起任何所有权的转移,因为这些钱本来就是顾客自己的,只不过是让银行保管一段时间而已。再比如,乘坐飞机之后旅客从一个地方被运送到另一个地方,而此时旅客手里除了握着机票和登机牌(而这些物品,是顾客登机前就买到的)之外,他们没再拥有任何东西,同时航空公司也没有把任何东西的所有权转让给旅客。

缺乏所有权会使消费者在购买服务时感受到较大的风险,如何克服此种消费心理,促进服务销售,是营销管理人员所要面对的问题。很多服务企业逐渐采用"会员制度"的方法维持企业与顾客的关系。当顾客成为企业的会员后,他们可享受某些特殊优惠,让他们从心理上感觉到就某种意义而言他们确实拥有企业提供的服务。

从对上述五个特征的分析中不难看出,"不可分离性"大体上可被认为是服务产品的最基本特征,其他特征都是从这一特征派生出来的。

(4)服务市场营销与实体产品市场营销的差异

服务的上述特征决定了服务市场营销同实体产品的市场营销有着极大的差异,具体表现为以下几个方面:

①产品特点不同:实体产品表现为一个物体或一种东西;服务则是一种行为、利益、绩效和努力。由于服务是无形的,顾客难以感知和判断其质量和效果,他们更多的是根据服务设施和环境,以及提供服务的人来衡量。

②顾客对生产过程的参与:由于顾客直接参与生产过程,正确处理顾客与服务者的关系是服务营销管理的重要内容。

③人员素质的特别重要性:服务主体是人,必须运用社会学、心理学等学科的知识来加强人的管理以提高服务营销的水平。

④质量控制:服务难以标准化控制,要积极寻求建立有效的服务制度,向顾客提供可靠的质量保证。

⑤产品无法贮存:由于服务无法贮存,要通过供给和需求两方面的调整实现服务市场的供求平衡,变得更为困难。所以,如何使波动的需求同企业的生产能力相匹配,便成为服务营销

管理中的一个难题。

⑥时间因素的重要性:服务供应必须及时快捷,以缩短顾客等候服务的时间。

⑦分销渠道不同:服务企业的分销渠道主要借助特定的媒体或地点把产品提供给消费者。

2.服务市场营销组合

学者将服务业市场营销组合在原有的 4P 策略上加上 3P,即人员(people)、有形展示(physical evidence)和过程(process),构成服务的营销组合 7P。前 4P 与实体产品基本一致,增加的三个因素如下:

(1)人员

在服务企业中担任服务的生产和操作性角色的人员,在顾客看来其实就是服务产品的一部分:美味佳肴的感觉并不总是来自菜品,可能与服装整洁、精神饱满、训练有素的侍应生不无关系,特别是在那些提供"高接触度"服务业务的企业,人员的因素就更加重要了。

一般而言,服务人员可能还要承担服务销售的工作。所以,必须重视服务人员的挑选、培训、激励和控制。

此外,顾客本身是服务生产的一个环节,对顾客的有效管理问题成为人员这一因素的关键。

(2)有形展示

服务产品的主体部分是无形的,不过为增强顾客的信任感,便于顾客"把握产品",给予顾客有形展示是十分重要的。有形展示包含的因素有:实体环境(企业所在的内外部环境因素,如街道、建筑、绿化、装修、陈设、声音等);服务提供时所需用的装备实体以及其他实体性信息标志,如航空公司使用的标识、干洗店将洗好的衣物加上"包装"等;提供服务的人员的外在特征和态度等。

(3)过程

由于生产和消费是同时进行的,过程在服务营销中也显得很重要。如顾客进门时的热情接待、对等待服务顾客的周到安排、对偶尔的疏失进行的得体解释、顾客离开时的"欢迎再来"等都十分重要。为了提高服务的质量,有必要像产品设计一样,对服务进行周密的过程策划,即要制定出规范的服务流程。

也有的学者提出服务市场内部营销和外部营销的看法,即服务营销应是二者的统一。外部市场营销是指企业为顾客准备的服务,考虑定价、分销、促销等销售组合要素,这一点与实体产品营销没有太大差异;内部市场营销指服务企业必须对直接接待顾客的人员以及相关辅助人员进行必要的激励和培训,使其认识到应该对顾客提供满意的服务,以及如何为顾客提供满意的服务。

3.服务质量管理

服务质量不仅取决于企业本身,同时与顾客的感受有很大的关系。这是因为服务质量缺乏像实体产品一样的标准规范体系,同时服务构成的因素不固定,服务质量缺乏统一的比较标准。如一个五星级旅馆现代化的设施可能是顾客关心的,但对一个三星级旅馆而言,却可以通过很好的人员服务弥补设备方面的不足,同样让顾客感到满意。

我们可以认为,服务质量是由两个方面构成,即技术质量和职能质量。技术质量是指产品服务过程的产出,是顾客从服务过程中所得到的利益、好处,即服务在多大程度上使顾客的需求得到满足。如乘坐飞机,是否及时安全地抵达目的地,对于这一层面的服务质量,顾客容易感知,也便于评价。

不过飞机的及时安全到达并不能让顾客真正感到满意,因为顾客在得到这个服务的过程中,对机票的订购是否方便、机场手续的办理是否高效、机上的服务人员是否热情周到等,都会使顾客对航空公司的服务质量产生不同评价。所以,服务质量不仅包括顾客是否得到了他们所需要的利益、使用价值,还在于他们是如何得到这些东西的,这就是服务的职能质量。技术质量主要取决于服务企业,而职能质量更多地取决于顾客的主观感受。

要得到顾客的好评,企业形象能够产生巨大作用。这是因为如果服务企业本来就在顾客心目中具有良好的企业形象,那么顾客可能会原谅企业的偶然失误;反之,形象不佳的服务企业可能因为很小的失误而引起顾客的强烈反感。所以,人们有时把企业形象称为顾客感知服务质量的过滤器。

(1)服务质量的测定

可感知性:无形产品的有形部分是顾客感知服务的最直接途径,如到饭店就餐,首先看它的店面是否整洁卫生,就可以在很大程度上把握其服务质量。服务的可感知性从两个方面影响顾客对服务质量的认识,首先,它们提供了有关服务质量本身的有形途径;其次,它们又直接影响顾客对服务质量的感知。

可靠性:可靠性是指企业准确无误完成所承诺的服务的能力,可靠性就是要尽量减少企业服务过程中的差异。

反应性:反应性是指企业是否具有随时对顾客提供快捷、有效服务的能力。对于顾客的各种要求,企业能否及时满足,是否对顾客的反映采取了负责而恰当的措施。

保证性:保证性是指服务人员的友好态度与胜任能力,它能增强顾客对企业服务质量的信心。友好的态度让顾客在整个服务过程中感到愉悦,但是,如果服务人员缺乏对服务的胜任能力,服务质量就缺乏必要的保证。

移情性:移情性是指企业要真诚地关心顾客,了解他们的实际需要并予以满足,使整个服务过程充满人情味。服务是否出自真诚十分重要,如果"微笑服务"的微笑不是发自内心,其笑容并不能真正赢得顾客的好感。"顾客至上"不能只是口号,而必须是行动。服务人员只有确立"比顾客更了解顾客"的思路才能真正做到到位的服务,使整个服务过程充满了真诚。

(2)服务质量策略

①流程分析。企业要想提高自己的服务质量,必须对整个服务流程进行系统分析。流程分析正是通过分解组织系统和架构,鉴别顾客同服务人员的接触点并从这些接触点出发来改进企业服务质量的一种方法。

A. 把服务的各项内容用流程图的方式画出来,清楚地展示整个服务过程和相关部门。

B. 把服务流程中容易出问题的环节找出来。

C. 确立各环节的执行标准和规范,而这些标准和规范应体现企业的服务质量标准。

D. 找出顾客能够看得见的服务展示,每一个展示就是一个服务接触点。

这些接触点在服务营销中具有重要意义,正是通过这些接触点,顾客才形成对企业的综合评价和整体印象,这些接触点是服务质量控制的关键点。

②差异化策略。要使自己的服务产品具有竞争力,最好的办法是形成差别,形成服务特色。由于服务的无形性使得服务特色往往难以模仿,而可以确保较长时期的竞争优势。

服务企业可以从以下几个方面进行差异化:

A. 人员:服务的核心因素是人,提高服务人员的服务技能和知识,形成有个性特点的服务;同时,合理地选择顾客,也是创造人员差异化的重要一环。

B. 环境:企业可以在服务场所的环境布置、服务设施的水平方面,表现自己的特色,如迪士尼乐园别具一格的园内景观。

C. 流程:服务企业可以通过不断完善和修改服务程序而使服务具有企业特色。

D. 品牌:服务企业通过符号象征和品牌标识来使自己区别于同行,一个与服务的特点和优点相联系的品牌,有助于人们辨认和确定一家公司在顾客心目中的地位。

③服务的有形展示。顾客在不确定性条件下,往往会更重视与服务相关的有形物所传递的信息,服务的水平和质量可由这些环境因素大致推断出来。对这些有形的线索加以管理,会增加顾客对相关服务的认识,影响顾客的服务购买行为。

有形展示是指那些可传达服务特色和优点的有形组成部分,对顾客的充分展露,这些有形展示是支持和反映服务产品质量的有力证明。从构成因素来划分,有形展示可分为三种类型:

A. 实体环境:周围因素、设计因素和社会因素。

周围因素是服务过程中不易引起人们重视的背景性的环境因素,通常被顾客认为是构成服务产品内涵的理所当然的组成部分。如一家高档酒店应该处于城市的黄金地段,如果在贫民区,就会削弱顾客对服务的信心。即周围因素是隐含的,但又不可缺少,一旦这样的因素不具备或令人不快,就会马上引起人们的注意。

设计因素通常是服务产品的有形层次,它可以使服务产品的功能更为明显和突出,以建立有形的、赏心悦目的产品形象。设计因素比周围因素更易引起顾客的注意,它有助于培养顾客的积极感觉,给顾客以强烈的心理暗示,且鼓励其采取接近行为。设计因素可分为两类:美学因素(如建筑装饰的风格、色彩)和功能因素(如陈设等)。

社会因素是指服务场所内一切参与及影响服务产品生产的人,包括服务员工和其他在服务场所同时出现的各类人士。如高档场所的出入人士向人们清楚地表明该场所的服务层次。

B. 信息沟通:信息沟通是另一种有形展示,从顾客的口碑到企业的标识,都向顾客传递了有关服务的线索。

C. 价格:价格之所以能成为服务产品有形展示的组成部分,是因为顾客把价格看成相关服务产品质量、档次的一个线索,服务的价格水平往往包含了服务企业对服务水平和质量的承诺,能增强顾客对产品的信任,当然也同样能降低这种信任。

4. 服务营销的原则

(1)发展与顾客的个人关系

服务企业以广告方式表达对个人利益的重视,必须靠市场上真实的个人化关心来协助实现,因此鼓励员工和顾客之间良好的人际接触,可以使双方相互满足。

(2)采取专业化导向

在顾客的心目中,销售人员的行为举止必须像一个地道的专家,服务提供者的外表、动作、举止行为和态度都必须符合顾客心目中一名专业人员应有的标准。

(3)重视间接销售

在销售服务时,注意引导顾客有效地利用现有服务来创造引申需求;利用公断人、见证人与舆论领袖来影响顾客的服务选择过程;自我推销。

(4)建立并维持有利的形象

有效的市场销售依赖于良好形象的创造与维持。

(5)销售多种服务

在推销核心服务时,服务企业可从包围着核心服务的一系列辅助性服务中获得利益;同时,这也可使顾客采购更加简易、便利。

(6)采购过程力求简化

服务的特征决定顾客对服务产品在概念上可能不甚了解。针对这种情况,服务销售人员应力求使顾客的采购简易化,也就是说,以专业方式照顾并做好一切的处理,并尽量减少对顾客提出各种要求。

服务的特性使其不可盲目地沿用实体产品的营销策略,在服务营销中一定要牢记两个基本点:一是服务的特征使其难以被顾客事先感知,因此,信誉、名声是服务营销企业生死攸关之所在。二是人的特殊性使服务营销更趋复杂化,一方面是质量标准的控制,另一方面是对顾客的管理。因此,在实践中服务营销出现了两种趋势:重人情味,以满足顾客的个性化要求为手段,建立情感纽带,争取回头客;重规范,以工业化大生产的经营为手段,通过标准化服务,提高和稳定服务产品质量,降低成本,从而达到企业目标。

(二)物流

产品由企业到达顾客手中,不仅要通过所有权的转移,而且要经过订货、运输、装卸、仓储、存货管理等等活动,实现产品实体的空间转移。其中最为重要的有运输、配送和仓储,它们和企业的销售渠道相辅相成,构成了企业销售系统的物流系统。完成产品转移的基本要求是:恰当的时间、恰当的地点,出现恰当的物。

1. 物流概述

物流,又叫实体分配,是指通过有效地安排产品的仓储、管理和转移,使产品在需要的时间到达需要的地点的经营活动。中国的物流术语标准将物流定义为:物流是物品从供应地向接收地的实体流动过程中,根据实际需要,将运输、储存、采购、装卸搬运、包装、流通加工、配送、信息处理等功能有机结合起来实现用户要求的过程。

现代物流不仅单纯地考虑从生产者到消费者的货物配送问题,而且还考虑从供应商到生产者对原材料的采购,以及生产者本身在产品制造过程中的运输、保管和信息等各个方面,全面地、综合性地提高经济效益和效率的问题。因此,现代物流是以满足消费者的需求为目标,把制造、运输、销售等市场情况统一起来考虑的一种战略措施。

物流的任务,包括原料及最终产品从起点到最终使用点或消费点的实体移动的规划与执行,并在取得一定利润的前提下,满足顾客的需求。物流的职能,就是将产品由其生产地转移到消费地,从而创造地点效用。物流作为市场营销的一部分,不仅包括产品的运输、保管、装卸、包装,而且还包括在开展这些活动的过程中所伴随的信息的传播。它以企业销售预测为开端,在此基础上来制定生产计划和存货水平,其涉及的主要环节见图4-9所示。

2. 企业物流系统的设计方式

(1)单一工厂、单一市场

此时工厂多设在对应市场的中间,以节省运输的时间和费用;但设厂于偏远地区,也可能获得土地、劳动力、能源与原料等成本的降低。企业在评价时,还需考虑当前成本与长期成本的平衡。

(2)单一工厂、多个市场

①直运即直接运送产品到最终顾客手中。其前提是顾客订单的单位规模应达到一定的水平,以尽可能降低运输成本;同时,还需考虑送货速度的限制。多用于特制品、定制品的运输。

②整车批量运输,此时运输成本低于直运,但需考虑在当地市场的储存费用。当节约的运费大于因存货的增加而加大的储存费用时,此种方案可行。这种方案多用于大众消费品的销售。

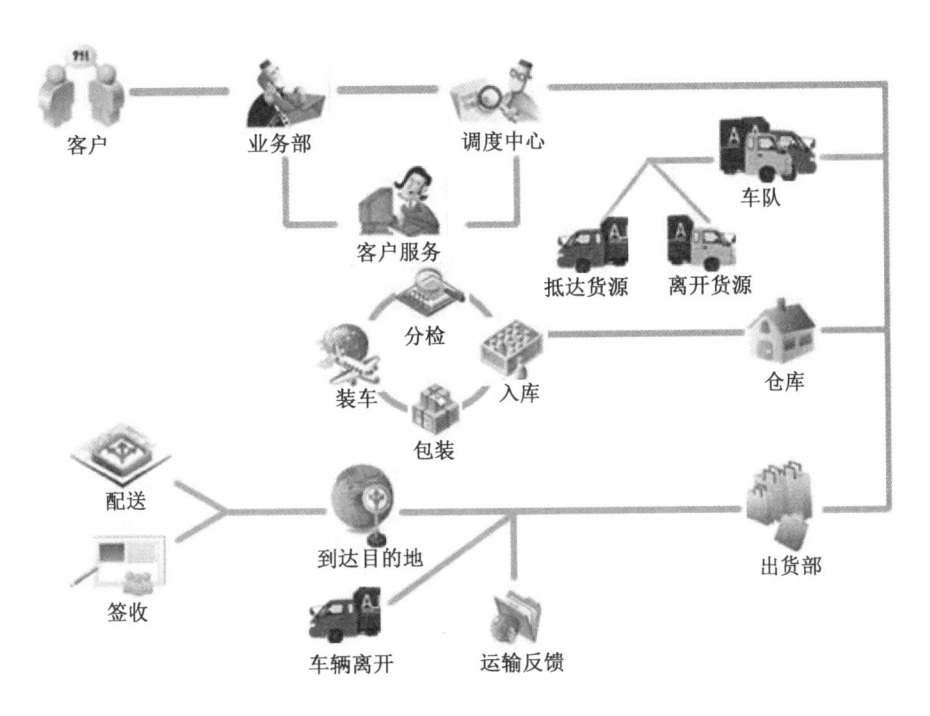

图 4-9 物流流程示意图

③地区装配：即运输零配件到当地市场，在当地设厂组装。其优点是运费低且可以获得当地公众的支持；缺点是增加了企业总固定成本，从而增加了长期的经营风险。

(3) 多个工厂、多个市场

企业此时面临两个最佳化选择：一是短期最佳化，在既定工厂和仓库位置上，制定一系列由工厂到仓库的运输方案，使运输成本最低；二是长期最佳化，即重新决定设备的数量与区位，使总的物流成本最低

3. 物流现代化

现代意义上的物流管理出现在 20 世纪 80 年代。人们发现利用跨职能的流程管理的方式去观察、分析和解决企业经营中的问题非常有效。通过分析物料从原材料运到工厂，流经生产线上每个工作站，产出成品，再运送到配送中心，最后交付给客户的整个流通过程，企业可以消除很多看似高效率却实际上降低了整体效率的局部优化行为。比如运输部作为一个独立的职能部门，总是想方设法降低其运输成本，但若其因此而将一笔必须加快的订单交付海运而不是空运，这虽然省下了运费，却失去了客户，导致整体的失利。所以传统的垂直职能管理已不适应现代大规模工业化生产，而横向的物流管理却可以综合管理每一个流程上的不同职能，以取得整体最优化的协同作用。在这个阶段，物流管理的范围扩展到除运输外的需求预测、采购、生产计划、存货管理、配送与客户服务等，以系统化管理企业的运作，达到整体效益的最大化。高德拉特所著的《目标》一书风靡全球制造业界，其精髓就是从生产流程的角度来管理生产。

现代物流具有以下四个特点：

①电子商务与物流的紧密结合。

②现代物流是物流、信息流、资金流和人才流的统一。

③物流是信息化、自动化、网络化、智能化、柔性化的结合。

④物流设施、商品包装的标准化,物流的社会化、共同化也都是电子商务条件下物流模式的新特点。

物流现代化涵盖物流管理的多个环节,需要多种技术支持,其中包括:条形码技术、电子支付、管理信息系统、战略信息系统、电子数据交换和电子订货系统等。其中基本的技术基础是:条码技术、EDI技术、射频技术(RFID)、GIS技术(地理信息系统)、GPS技术等。

当然,物流现代化的关键在于以以上技术为基础,在现代计算机网络平台上构筑一个完整的现代管理系统,但同时必须注意与这种管理系统相适应的管理系统和管理文化的构建,只有三者的完美结合才能真正建立一个现代化的物流系统。

3. 现代物流新概念

(1)敏捷物流

敏捷物流(Agility Logistics)亦称敏捷供应链(Agile Supply Chain, ASC),多数的中国物流公司将敏捷物流称为"途途物流"(wuliuku)。敏捷物流(途途物流)以核心物流企业为中心,运用科技手段,通过对资金流、物流、信息流的控制,将供应商、制造商、分销商、零售商及最终消费者用户整合到一个统一的、快速响应的、无缝化程度较高的功能物流网络链条之中,以形成一个极具竞争力的战略联盟。

(2)云物流

采用第三方物流,结成战略联盟,促进物流一体化,电商和物流的合作已经形成了轻公司轻资产模式、垂直一体化模式、半外包模式、云物流云仓储模式。

(3)虚拟物流

虚拟物流(Virtual logistics)是指以计算机网络技术进行物流运作与管理,实现企业间物流资源共享和优化配置的途途物流方式。即多个具有互补资源和技术的成员企业,为了实现资源共享、风险共担、优势互补等特点的战略目标,在保持自身独立性的条件下,建立的较为稳定的合作伙伴关系。

(4)配送中心配送(Delivery of Distribution Centers)

指配送活动的组织者是配送中心。配送中心是专门从事货物配送活动的流通企业,经营规模较大,其设施和工艺结构是根据配送活动的特点和要求专门设计和设置的,故专业化、现代化程度高,设施和设备比较齐全,货物配送能力强,不仅可以远距离配送,还可以进行多品种货物配送,不仅可以配送工业企业的原材料,还可以承担向批发商进行补充性货物配送。这种配送是工业发达国家货物配送的主要形式,是配送未来的发展方向。由于必须配置很多的先进设备和设施,故投资大,在实施配送初期,难以推广这种配送形式。

项目五　我和顾客

学习目标

1. 初步掌握渠道与促销的基础知识。
2. 认识促销与品牌的相互关系,强化对全渠道营销的理解。
3. 初步掌握宣传、推广一个品牌的基本方法。

学习要点

1. 进一步认识营销组合,初步掌握推广案制作的基本方法。
2. 建立正确的沟通观念,初步建立全渠道、整合传播意识。

一、案例讨论

对话中国玩具品牌巨头,学习与顾客互动的多向思维!

随着互联网信息碎片化和营销传播环境的不断变化,消费者的关注力很容易被分散,传统的二维营销对于品牌和产品的价值表现影响微乎其微。因此与顾客建立联系、增加互动,愈来愈受到品牌的重视,比如近几年私域运营蜂拥而起,企业纷纷做起私域沉淀,但他们的私域仅仅停留在框架搭建,公众号负责发海报、社群用来发优惠券,除了催促客户下单,基本找不到有营养的内容。

无效互动是大部分企业面临的难题,但放弃互动显然更不明智,既然做不好不如学习别人如何做好。在用户运营这个板块,泡泡玛特是内地市场非常成功的代表。根据泡泡玛特2022年上半年财报显示,公司收入23.59亿元人民币,同比增长33.1%,累积会员数达2 306万人,会员贡献销售占93.1%,复购率达47.9%。这些数字反映了品牌的成功。

2022年上半年中国内地仍处于疫情反复的时期,多个地区和城市限制出行,对于整体市场经济尚有一定影响,泡泡玛特却凭借与顾客互动的多向思维和数字化运营在整体市场向下的环境中取得了不错的效果。

泡泡玛特成立于2010年,是中国领先的潮流文化娱乐公司。围绕全球艺术家挖掘、IP孵化运营、消费者触达、潮玩文化推广、创新业务孵化与投资五个领域,构建了覆盖潮流玩具全产业链的综合运营平台。

有效互动,让消费成为正向体验

泡泡玛特通过私域、小程序社群运营把一些IP的设计理念、工艺创新以及用户对形象、对艺术家本人好奇的一些问题建立一个更有效的情感关联和互动。基于微信生态,泡泡玛特跟粉丝的连接和触达能力也在不断增强。目前,泡泡玛特活跃粉丝社群超过10万个,值得关注的是这10万个群中只有5 000个是泡泡玛特运营,而95%是用户自发建立、自发活跃的状态。

从潮玩视角去看赛道上优秀的公司,它们提供的产品不仅是具备收藏、观赏和艺术属性,更关键的是一些核心用户已经把"买潮玩"当作一种生活方式,在购买之后进行分享,甚至为了一些高稀缺性的产品,通过玩游戏、互动去获得,在这个过程中产生源源不断的化学反应,从而形成更多用户的分享裂变。

"本土化"开拓新市场

本土化分为产品本土化、渠道本土化和本土化营销。

产品本土化,从产品设计、原料、逻辑甚至是售卖方式多个角度来配合目标市场。渠道本土化,结合目标市场、品类属性、消费者习惯采取本土化渠道布局。比如,"骷髅头"元素进入欧洲的时候,在欧洲可能代表的是"恐惧、死亡",所以他们会连带着排斥接受整个系列。当这个系列带向南美地区,因为在当地有亡灵节,骷髅头在当地是一种文化信仰,代表的更多的是"亲情"。所以这样的IP接受度非常高。在两个不同的地区,由于文化差异的影响,其实就可能形成天差地别的消费差异。

本土化营销,根据本地文化、用户偏好、KOL等来定制个性化创作,用本地人影响本地人的方式提升品牌影响力。借助当地媒体平台的技术和流量并结合不同区域的矩阵账号,与顾客建立紧密沟通和互动,加速建立品牌认知与情感链接,实现销售转化。泡泡玛特在加强终端顾客消费体验和互动的同时,与更多当地的合作伙伴和艺术家,探索出更多符合当地市场的业务模式、IP和商品品类。

泡泡玛特在财报中表示,2022年上半年,公司港澳台地区及海外业务正从To B转向以DTC(Direct To Customer)为主导的模式。泡泡玛特港澳台地区及海外零售门店数已达到24家(含加盟),机器人商店达98台(含加盟),跨境电商平台站点数达11个,包括泡泡玛特官方网站、亚马逊和其他线上渠道。

盲盒迅速扩张内地市场

泡泡玛特在打造IP的同时,还运用了盲盒的玩法迅速扩张内地市场。第一,利用"不确定性"刺激消费,盲盒一个系列通常为12个基础款+1个隐藏款的配置,消费者想集齐一套,就不可避免地进行重复购买。第二,降低购买门槛,许多人尝试购买第一个之后,忍不住会购买第二个。第三,盲盒还具备"围观"和"经验交流"的特性,许多盲盒爱好者们还会组建交流群,分享彼此的收获和经验,有些认真的玩家甚至会在网上发布经验帖,通过盲盒尺寸、重量和摇晃的手感等等来判断盲盒里面的造型,会不会有隐藏款。

2017—2019年短短三年,庞大的粉丝群体造就了"盲盒第一股"泡泡玛特,净利润从156万元到4.51亿元,一路暴涨289倍。2020年,可以说是盲盒元年,泡泡玛特凭借一己之力,撬动了以盲盒为代表的潮玩背后的千亿元市场。当70后在炒房,80后在炒股,90后在炒鞋的时候,95后们炒起了盲盒,这也佐证了盲盒是衔接Z世代消费习惯的链路之一。

盲盒带动的不单是品牌收益,同时也形成了固定的社交圈和私域流量,为品牌实现顾客留存。泡泡玛特首席消费者运营官周树颖拥有逾10年消费者研究、互联网产品与用户增值的经验,是泡泡玛特成功的推手之一。他表示泡泡玛特的成功有赖于全渠道营销策略,让品牌直接以线上线下多种方式与消费者直接接触,了解顾客同时亦可以迅速满足他们的所想所求。时刻将消费者的需求放在第一位,就可以保持热度,加上品牌注重与每个地方的联系,推出地区限定商品,定制市场推广活动,以上种种都是泡泡玛特的成功之道。

资料来源:徐立.对话中国玩具品牌巨头,学习与顾客互动的多向思维[EB/OL].微信公众号"营销头牌",2023—02—28.

思考与讨论:
1. 泡泡玛特的粉丝社群具有何种特点,是如何形成的?
2. 泡泡玛特是如何打造产品的社交属性,增强顾客黏性的?

二、基本知识点

(一)分销渠道策略

企业生产出来的产品,必须通过一定分销渠道,才能在适当的时间、地点,以适当的价格供应给顾客,从而克服生产者与顾客之间的时空距离,满足市场需要,实现企业的市场营销目标。

1. 分销渠道的基本模式

(1)分销渠道的概念

分销渠道(也称销售渠道),美国市场营销协会将其定义为:"公司内单位及公司外部代理商和经销商的组织机构。通过这些组织机构,产品才得以上市营销。"美国学者爱德华·肯迪夫和理查德·斯蒂尔则认为:分销渠道是指,当产品从生产者向最终顾客移动时,直接或间接转移所有权所经过的途径。

菲利普·科特勒认为:"一条分销渠道是指某种货物或劳务从生产者向消费者移动时取得这种货物或劳务的所有权或帮助转移其所有权的所有企业和个人。因此,一条分销渠道主要包括商人中间商(因为他们取得所有权)和代理中间商(因为他们帮助转移所有权)。此外,它还包括作为分销渠道的起点和终点的生产者和消费者,但是,它不包括供应商、辅助商等。"

科特勒认为,市场营销渠道(Marketing channel)和分销渠道(Distribution channel)是两个不同的概念。他说:"一条市场营销渠道是指那些配合起来生产、分销和消费某一生产者的某些货物或劳务的一整套所有企业和个人。"这就是说,一条市场营销渠道包括某种产品的供产销过程中所有的企业和个人,如资源供应商(Suppliers)、生产者(Producer)、商人中间商(Merchant middleman)、代理中间商(Agent middleman)、辅助商(Facilitators)(又译作便利交换和实体分销者,如运输企业、公共货栈、广告代理商、市场研究机构等等)以及最后消费者或用户(Ultimate consumers or users)等。

综上所述,所谓分销渠道,是指某种产品或服务在生产者向最终顾客转移过程中所经过的各个环节;或企业通过中间商到最终顾客的全部市场营销机构或个人。其起点是生产者的销售,终点是最终顾客消费该产品。处在二者之间的,取得这种产品和服务的所有权或帮助所有权转移的所有组织和个人,称为中间商。营销渠道,是指配合起来生产、分销和消费某一产品和服务的所有组织与个人,如供应商、生产商、中间商与最终顾客等,构成连续的供应链。

　　分销渠道管理的一个重要内容对制造商而言就是对中间商的控制问题,而营销渠道概念的提出,则进一步扩大了制造商的控制问题。在建立有效控制问题上,企业应改变传统观念,树立伙伴意识,变被动管理为相互合作,建立高效的供应链管理体制。这一体制的完善取决于以下几点:

　　①建立在关系营销基础上的彼此高度互信。从价值系统的角度看,供应链伙伴的利润源泉在于与最终顾客的交换,只有彼此合作才能获得最高效率的回报。

　　②通过营建高效的信息系统,实现信息的高度共享和及时利用。

　　③通过强调合作,强调伙伴关系,加强彼此联系,改进工作程序改善管理,以真正实现战略性的伙伴合作关系。

　　理解分销渠道,要注意:

　　①分销渠道的起点是生产者,终点是消费者或者用户。销售渠道作为产品据以流通的途径,就必然是一端连接生产,一端连接消费,通过销售渠道把生产者提供的产品或劳务,源源不断地流向消费者。在这个流通过程中,主要包含着两种转移:商品所有权转移和商品实体转移。这两种转移,既相互联系又相互区别。商品的实体转移是以商品所有权转移为前提的,它也是实现商品所有权转移的保证。

　　②分销渠道是一个过程,是由生产商根据产品的特性进行组织和设计的。在大多数情况下,生产商所设计的渠道策略要充分考虑其参与者——中间商。

　　③产品在由生产者向消费者转移的过程中,通常要发生两种形式的运动:作为买卖结果的价值形式运动,即商流,它是产品的所有权从一个所有者转移到另一个所有者,直至到消费者手中;伴随着商流所有发生的资金、产品实体、信息的空间移动,即资金流、物流、信息流。

　　以上四流通常都会围绕着产品价值的最终实现,形成从生产者到消费者的一定路线或通道,这些通道从营销的角度来看,就是分销渠道。

　　(2)分销渠道的主要职能

　　分销渠道的职能在于它是连结生产者和消费者或用户的桥梁和纽带。企业使用分销渠道是因为在市场经济条件下,生产者和消费者或用户之间存在空间分离、时间分离、所有权分离、供需数量差异以及供需品种差异等方面的矛盾。

　　①调研:调研是指收集制定计划和进行交换所必需的信息。

　　②促销:促销是指面对顾客进行的关于所供产品的说服性沟通。

　　③接洽:接洽是指寻找潜在购买者并进行有效的沟通。

　　④配合:配合是指所供产品符合购买者需要,包括制造、分等、装配、包装等活动。

　　⑤谈判:谈判是指为了转移所供货物的所有权,而就其价格及有关条件达成最后协议。

　　⑥物流:物流是指从事产品的运输、储存、配送。

　　⑦融资:融资是指为补偿分销成本而取得并支付相关资金。

　　⑧风险承担:风险承担是指承担与渠道工作有关的全部风险。

　　(3)分销渠道的主要参数和模式

　　①分销渠道的基本模式和层次:分销渠道可依据其渠道层次的数目来分类。如图5—1所示。

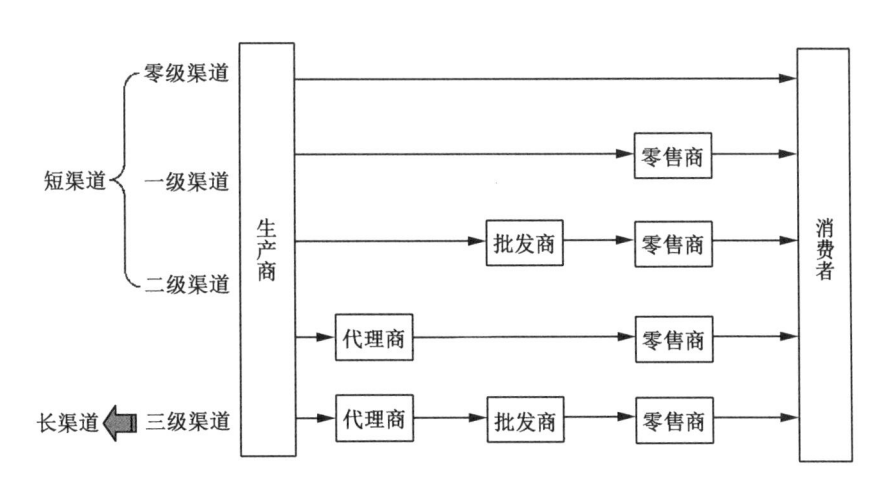

图 5—1 分销渠道参数及结构示意图

在产品从生产者转移到最终顾客的过程中,任何对产品拥有所有权或负有销售权利的机构或个人,即为一个渠道层次。零(级)层次渠道通常也称直接分销渠道,是指产品在生产者向最终顾客转移的过程中,不经过任何中间商的分销渠道,以此类推。

零(级)层次渠道:生产者—消费者,主要包括直销和直复营销模式,企业借助"私域"完成的销售都属于此类。特点是产销直接见面,环节少,流通费用较低;同时有利于把握市场信息。但不利于以规模化为基础的专业性分工,从而降低了整体效率。

一(级)层次渠道:生产者—零售商—消费者,其特点是,中间环节少,渠道短,有利于生产者充分利用零售商的力量,扩大产品销路。缺点在于:需对零售商进行有效的控制;大规模专业化生产与零散的消费之间的矛盾,因零售的储存不可能太大,因此可能不能充分解决。

注意一点,直播带货中,如果不是生产者(官方旗舰店)直接销售,其实质仍然是一(级)层次渠道,主播方扮演的是零售商角色。

二(级)层次渠道:生产者—批发商(代理商)—零售商—消费者,这是一种传统的,也是常用的模式。其特点是中间环节较多,渠道亦长,有利于生产者批量生产,节省销售费用;也有利于零售商节约进货时间与费用,扩大经营。但流通时间加长,不利于生产者准确把握市场及消费者需求的及时满足,对市场变化的适应性较弱。

模式中,批发商与代理商的区别主要在于有没有获得产品所有权,没获得所有权的代理商由于不承担经营风险,积极性较高,有利于生产者迅速打开销路。但选择及控制代理商,对生产者而言困难加大。代理商常用于生产者极陌生的异地市场,如外贸业务。

②分销渠道的长度:即产品从生产者流向最终顾客的整个过程中,所经过的中间环节数。中间层次或环节越多,则渠道的长度越长。如零层、一层、二层,即为渠道的不同长度。

③分销渠道的宽度:即在分销渠道的各相同层次或环节中,使用相同类型中间商的数量。数量越多,渠道越宽;反之,渠道就窄。渠道宽窄的选择主要取决于对市场有效覆盖和对中间商有效控制的权衡取舍。

④分销渠道的多重性:即生产者根据目标市场的具体情况,使用多条相互平行的分销渠道销售其产品。当企业面向不同目标市场时,当然应采用不同渠道;应注意的是,当企业面向相同目标市场时,同样可使用多条渠道进入,以激励中间商。如当今制酒业普遍使用的直接通过

饭店、酒楼经营与传统的批发、零售（商店），以及网络零售等多条并存的渠道。

华为渠道战略：从直销分销到生态营销

近期，华为面对美方以国家之力的打压，启动"备胎"芯片，宣布即将推出自主产权操作系统——鸿蒙，并在英国进行了5G技术直播的首秀，国内5G商用牌照正式发放，标志我国5G商用时代提速。2019年6月10日，外交部发言人耿爽在例行记者会上披露，截至6月6日，华为公司已经在全球30个国家获得了46份5G商用合同，正有越来越多的国家和公司，根据自身利益和长期与华为合作的经验，做出独立自主的决断。公道自在人心，得道多助，让朋友遍天下，这是华为30多年持续技术创新的自信，更是从直销模式的纵向深耕，到分销模式的横向扩展，最终到"生态营销"战略的苦难辉煌。

一、直销模式：纵向深耕，建立根据地

1. 起兵农村，围攻城市

华为创立之初，国内通信市场被"七国八制"所垄断：美国的朗讯、加拿大的北电、德国的西门子、瑞典的爱立信、比利时的BTM、法国的阿尔卡特、日本的NEC和富士通，跨国巨头占据了90%以上的市场。任正非看到，在跨国巨头把持的国内通信市场，县级和乡镇级市场是其空白，在这里线路条件差，利润微薄，被跨国巨头忽视或没有精力开拓，这恰恰是华为生存的空间和机会。生存才是一切的开始，到农村去建立根据地，培育和深耕低端渠道，华为采取"农村包围城市"的渠道模式。

在1992年华为产品质量基本稳定后，就派出大量营销人员到远离城市的偏僻农村市场，采取了人海战术，划分区域，密集拜访与培育客户，将关系营销策略、服务营销策略发挥到极致，帮助乡镇与县域客户解决通信运营与技术上的各类难题，与基层电信部门建立密切关系，快速响应与无微不至的真诚服务，随着客户开始的激动、感动，到后来的冲动于行动，华为产品逐渐占领广大的农村市场，华为在国内的中低端渠道，逐渐建立起了稳固与扎实的根据地。

华为通过直销方式，深耕农村市场，持续积累了宝贵的渠道与产品经验，为之后的"进城"建立了自信，既积累了资金，也打下了综合性的基础。华为以农村市场为核心根据地，积聚实力后，逐渐开始渗透和进攻市级、省级、国家级的通信骨干网。1994年，华为自主研发出能够应用于国家级网络的万门机C&C08；1995年，华为成为国家级通信网的主要供应商，形成了覆盖全国的市场体系。华为渠道战略的出发点是中国的农村，对于农村市场的纵向深耕为华为之后的整体渠道战略的演绎奠定了坚实的根基。

2. 小国练兵，大国征战

随着华为在国内渠道的摧城拔寨，早在1995年任总就意识到要实现持续的增长战略必须走出去，去拓展国际市场。但一眼望去，国际的中高端市场已被通信巨头抢占殆尽，而留给华为的只有处于市场中低端的非洲、亚太、拉美等发展中国家。任总的直觉是：先走出去，做"亚非拉"。1996年3月，华为成功获取香港和记电信项目，金额达3 600万美元，这是华为成立以来最大的订单，这坚定了其拓展国际市场的决心和信心。当月就成立了独立运营的海外市场部，开启了拓展国际市场之路。

亚非拉区域多为发展中的国家，国家体量较小，经济落后，生活环境艰苦，各国政策情况复杂多样，华为在早期拓展中困难重重。1996年7月，华为获得了到埃塞俄比亚竞标的机会，虽然准备充分，但却铩羽而归，惨痛的教训让华为认识到国内的成功不能简单地复制到国外，"没有背景，只有背影"，国外渠道的拓展必须进行整体规划，并在借鉴国内经验的基础上进行策略创新,这就是借助国家的品牌作为"背景",走出去,引进来。"走出去"就是华为高管随国家领导人出访,考察国外渠道,深入调研,搜集资料,掌握目标国家的技术标准、入网测试程序、市场准入的资格条件、运营商背景、采购方式等信息,回国后组织专家研究,确定进入的整体布局与策略。"引进来"就是把外国运营商请到中国,参观上海、北京与华为总部,直觉感受中国的变化与崛起,增强客户的信心,对华为也就深信不疑了。1997年,华为开拓巴西,之后巴西成为拓展拉丁美洲的根据地。1998年,华为拓展阿尔及利亚,进而拓展了中东与北非市场。

2000年之后,华为已逐渐在亚非拉市场建立了坚实的渠道基础,培养了大批的优秀市场精英,产品线系列也有了一定的基础,按照华为渠道战略的规划,着手开始进军欧美大国市场,进攻通信强国的高端市场。2005年,华为海外合同额占比58%,首次超过了国内合同额。英国电信宣布华为入选其21世纪网络供应商名单,是入选的独家中国厂商,这标志着华为在拓展海外高端渠道的进程是稳健的,也是卓有成效的。

3. 根深叶茂,厚积薄发

在华为成长的中前期,渠道战略是以直销模式为主,在这一模式的实践中,华为完成了两次战略的跨越,一次是从国内低端向高端渠道的跨越,一次是从国际低端向高端的跨越,实现两次跨越的关键策略笔者认为是"根深叶茂"与"厚积薄发"。前者体现了华为在空间布局上的智慧,而后者体现了其在时间拿捏上的得当。

华为在国内农村市场的"深耕",在国外亚非拉市场的"精耕",都是为了保障生存、打好基础、积累经验、培育客户,积攒口碑与树立品牌,中低端渠道的"深耕与精耕"是一种量的积累,成为进军高端市场的动力源泉,华为在中低端渠道的"根深"付出创造了在高端渠道的"叶茂"成果。华为面对国内农村与国外亚非拉市场,不畏艰苦,勇于开拓,兢兢业业,体现了华为战略的持久耐力,慢就是快,要在中低端渠道探索出成熟的业务模式,需要产研销与人财物的高效协同,需要团队历练与干部成长,需要价值观与文化的持续塑造,非短期之功,华为在农村与小国的"厚积"终于造就了其在城市与大国的"叶茂"硕果。

二、分销模式:横向扩展,培育同盟军

1. 战略升级,偏中纠错

1998年10月,华为渠道拓展部成立,标志着华为渠道战略开始升级,从直销模式转向"直销+分销"模式,这一转型有着客观必要性。随着华为业务规模的不断增长,农村延展到城市,海外市场也开始掷子布局,国内外高中低立体渠道的整体经营,对人力、资金、物流、服务等都造成了巨大压力,而通信技术的演进速度在加快,高端渠道更需要高端技术的匹配,研发持续投入已逐渐成为华为战略升级的支撑,而渠道体系单纯采用直销,既不经济,也限制了未来发展空间。华为理性认识到,通过部分利益的让渡可以建立其庞大的分销渠道,培育和发展合作伙伴,建立同盟军,共同发展,形成利益共同体,分销被确定为华为新战略,大力推进,计划用2—3年时间,建成规模化的分销体系,拉起华为渠道的第二条生命线。

华为的分销之路走得坎坷而曲折。开始华为找的代理商少、小、弱,为解决这一问题,华为推出了一系列优惠措施,鼓励内部员工创业,转成代理商,曾为华为最年轻副总裁的李一男响应公司号召,转身为分销商,创立了港湾公司,并获得华为"金牌总代理"的地位。华为视港湾为战友关系,把产品交给他们销售,并给予培训和服务,港湾负责拓展市场、发展客户、实施工程、售后服务,并培育和发展下线代理商,双方开始合作良好。但很快,港湾不满足于眼前的身份,在风险投资基金的推动下,开始大量吸纳华为骨干人才,进行产品研发,推出了自有品牌产品,高仿华为产品,不断蚕食华为的市场份额,严重威胁着华为的生存,造成了华为2002年的困境,出现了唯一的一次负增长。华为很快进行了渠道调整,利用自身优势,稳住了市场与客户,最终又把港湾收购,克服了这次巨大的渠道危机。痛苦的教训让华为认识到,对分销体系必须保持自身的引导力、支配力与影响力。

2. 构建联盟,和谐共赢

华为迅猛发展的国际化步伐,使全球最大的网络设备制造商思科公司感到了威胁。2003年1月,思科公司向美国一家地方法院起诉华为侵犯其知识产权,思科称这是该公司成立17年来首次主动起诉另一家公司,华为则称这是公司成立15年来首次被起诉,业内称为"IT第一案"。面对这场世纪诉讼,华为积极应对,不仅聘请了美国最著名的律师,关键是请到了最懂美国通信与思科公司的顶级权威,3COM前CEO以业界专家身份出庭为华为作证,化解了这一"世纪冲突",当然这得益于华为长期以来对美国市场的敬畏、研究与学习,得益于华为对行业前辈(企业)的尊重、真诚的交往与文化的融合。2004年7月,华为、思科和3COM向美国地方法院共同提出终止诉讼的申请,这场知识产权纠纷案以和解告终。

这场诉讼使华为认识到,孤军作战,必然四面受敌,而自身快速的发展也必然会冲击原有的利益结构。为战略性地化解矛盾,减少冲突,必须以更博大的胸怀,真诚的心态,培育同盟军,构建产业链联盟,与产业伙伴共赢,形成持久的利益共同体。华为经过多年努力,以多种方式发展合作伙伴,如在海外建立代表处或事业部,发展当地代理商,培育大分销商;设立研发中心,与当地大企业联合建立实验室;与世界级企业合资建厂,实现生产本土化。在分销渠道的管理上,为保证渠道代理商长期利益,建立奖励机制,激励与管控并举。华为根据合作伙伴的贡献,给予不同的授权级别,如金牌认证级别、银牌认证级别等,不同级别权限不同,如获得项目授权、运作支持的优先权、培训权、不同的返点奖励等。华为规定,高级分销商是全国或区域性的供货中心,由华为直供,分销渠道有明确界定;金、银牌认证经销商从高级分销商进货,向行业用户定向供货。这些规定,界定了各渠道和各级经销商的经营范围,严格管理,以有效的控制措施建立了规范有序的立体分销渠道,既实现了华为公司的渠道战略,又保障了各级合作伙伴的利益。

3. 高端引领,整体演进

分销模式是华为战略的关键抉择,这一"挺进"充满着困苦与磨难,可谓九死一生,最终浴火重生,实属不易。"高端引领,整体演进"是这一战略的精髓,高端渠道是整体渠道的驱动器,高端技术又是高端渠道的发动机,华为只有不断挺进高端,奋斗高端,才能将非高端的大量利益让渡给渠道伙伴、产业链伙伴,华为只有敢于冲击部分技术尖端,才能将另外的尖端让渡给"友商",与合作者长期共同分享整体渠道的利益,整条产业链的利益。启示之一,引领高端需要战略视野与定力,战略视野源于华为对产业趋势、行业进程与商业模式的把控,战略定力源于其对高端技术的执着的投入与前沿探索;启示之二,构建同盟需要战略胸怀与智慧,华为的胸怀就是保障经销商的利益,助力其成长与成功,智慧就是持续梳理与选择伙伴,最终聚焦与深度联姻战略性伙伴;启示之三,"管控"联盟需要妥善处理渠道冲突,华为抓大放小,善于控制和协调联盟内的利益分配,对于知识产权,要增强对自身知识产权的保护,也要尊重对方的知识产权。

三、生态营销:共荣共长,营造大世界

1. 全新时代,全新模式

华为30年的发展战略在渠道维度上演绎了三个阶段:前期是以直销模式为主,纵向深耕诠释了生存秘密;中期是分销模式为主,横向扩张揭示了成长密码;后期是生态营销的战略,纵横捭阖演绎了发展基因。华为开辟了一个全新的营销时代，这就是"生态营销"模式，这一全新的营销战略是基于移动互联网的时代呼唤，也是基于华为全球战略觉悟的高屋建瓴的抉择。回顾产业发展史，从福特的直销到通用与丰田的分销，这都属于工业时代的传承，互联网时代来临，华为开启了一个全新的"生态营销"的时代。

随着移动互联网浪潮的来袭，华为面临着来自消费者领域高动感挑战，华为虚心学习小米、OV与苹果，运用数字信息化手段把线上与线下、直销与分销融合，使线下体验店与网上商城、大电商平台的销售相结合，全渠道无缝联接，链接创造奇迹，打造共享平台，创新服务方式，为目标客户传递丰富的资讯，营造和完善了全渠道的平台营销模式。

华为2012年就开始了"生态营销"的战略布局，战略关键是将全渠道的"营销平台"转化成"开放、合作、共赢"的"营销生态圈"，生态圈中的各利益彼此相联、关系紧密、优势互补、协作互动、共荣共生。任正非强调，构建一个开放和谐的生态圈，让广大合作伙伴实现资源共享、能力互通，打造越来越多的创新的、更具竞争力的行业解决方案，为最终客户创造价值。面对全联接的"台风"，华为明确自身的战略定位是全球领先的ICT（信息与通信）基础设施和智能终端提供商，致力于把数字数据带入每个人、家庭与组织，构建万物互联的智能世界，与供应商、合作伙伴、产业组织、开源社区、标准组织、大学、研究机构等构建共赢的生态圈，这就是华为的"生态营销"战略。

2. 生态融合，命运与共

全联接、大数据与高流量已成必然趋势，华为聚焦于主管道，高端技术开发，在引领合作伙伴共同成长的方式上将"情有独钟"与"洒向人间都是爱"有机结合。2015年，华为已经在全球拥有了5万个合作伙伴，未来目标是到2020年拥有100万个合作伙伴活跃于生态平台上。为此，华为通过全面云化，架构更敏捷、更开放的平台，以服务于更多的合作伙伴，推出的全球第一款SDN控制器，实现了运营商网络的统一控制，而且打通了运营商、数据中心和企业3个网络。30多年来，华为和运营商一起建设了1 500多张网络，帮助世界超过30亿人口实现联接。在2019年华为中国生态伙伴大会上，华为宣布将"平台+生态"战略演进为"平台+AI+生态"，为合作伙伴提供"+AI"的支持，目前华为正孵化智慧园区，未来三年，智慧园区的核心伙伴达3 000家。华为将与生态合作伙伴一起，推动智能时代的到来。

在企业业务领域，华为搭建和不断完善一个强有力的支撑平台，成立华为中国合作伙伴大学，致力于支持合作伙伴的运营和销售，帮助他们降低成本、提高效率、培训人才，有效结合华为和合作伙伴的各自优势，创新渠道服务模式。并依托华为商业分销授权服务中心，更好地服务分销客户。截至2018年年底，华为促进数字化转型的合作伙伴，包括700多个城市、世界500强中的211家企业，其中世界100强中就有48家企业。

在消费者服务领域，华为与国际著名品牌开展在手机、智能家居、智能车载、运动健康领域的跨界合作，截至2019年初，智能手机份额稳居全球前三，华为HiLink智能家居平台与150多家厂商合作，覆盖500多款产品；华为智能车载为千万车主提供稳定可靠的车联网服务，华为运动健康系统为超过1亿运动健康用户提供服务。

在产学研府领域，华为与产业界、学术界、产业标准组织等开展密切合作交流，推动一个公平竞争的产业健康发展生态圈的建立。截至2018年年底，华为在全球拥有15个研究院所、36个联合创新中心，拥有授权专利达87 805件，加入400多个标准组织、产业联盟和开源社区，积极参与和支持主流标准的制定，推动业界良性发展。2018年7月26日，华为向5G极化码（Polar码）发现者、土耳其埃尔达尔·阿里坎（Erdal Arikan）教授隆重颁发特别奖项，对其为人类通信事业所作出的突出贡献表达敬意。

3. 宏观格局，共创未来

当前国际形势风起云涌，华为面对险恶挑战的底气在哪里？笔者认为底气恰恰源于华为近十年来实施的"生态营销"战略，核心就是以开放、合作、共赢的理念，与客户、伙伴共建健康良性的产业生态圈。

启示一：全新的时代，需要全新的理念，商业的本质是价值，但其表现形式往往是效率，任总与华为恰恰最早洞察到了这一伟大时代的来临，用互联网的高效率不断聚焦用户的高价值，将高理性与高感性融合为"生态营销"的战略布局，稳操了未来大时代演进的方向舵。

启示二：绿水青山就是金山银山。建设生态就是创造未来，华为致力于生态圈中合作伙伴的能力培育，长期坚持让利于合作伙伴的渠道政策；同时，华为明白仅靠利益联接是脆弱的，必须提升合作伙伴们的能力，通过华为中国合作伙伴大学，持续给同盟赋能，促进共同成长，从而营造与壮大整个生态圈。

启示三：伙伴是华为生存之本，时刻关注生态伙伴的满意度。华为对于新上任的区域总裁的KPI考核的第一项指标，就是在半年内，面对面听取100个以上合作伙伴的意见，多听少说，以充分了解渠道现状。每年对合作伙伴进行渠道满意度调查，其结果由华为公司常务董事会进行审阅和处理，以最大程度地保证合作伙伴的意见得到尊重和落实。

唯其如此，华为董事长梁华先生才会充满自信地说：不管外部环境如何变化以及存在何种困难，我们仍然会沿着公司的战略方向继续前行，与客户和合作伙伴一起构建共生共赢的产业新生态，为技术进步和人类文明做出更大贡献。一个没有华为的世界是不可想象的，华为让世界更美好！

资料来源：吴越舟. 华为渠道战略：从直销分销到生态营销[EB/OL]. 搜狐号"吴越舟 Threes 789"，2022－11－14. https://m.sohu.com/a/605594041_121606957?_trans_=010004_pcwzy.

总之，分销渠道的模式选择，最终要解决的是如何在大规模的专业化生产及适应差异化的顾客要求之间取得平衡。随着社会的发展与进步，顾客差异化与个性化的要求日益突出，这一矛盾的解决也就显得更困难（当然，管理与技术也在不断进步）。从生产角度而言，柔性生产单元等技术的出现，缓解了规模化与小批量之间的矛盾；而网络技术的巨大发展，将进一步解决这对矛盾。但如何有效地利用这些技术，实现管理的跨越，包括创新与改善现有的分销渠道模式，则是我们必须面对的问题。

(4) 渠道终端模型（场景化消费）

顾客购买不同产品时，受内外部因素影响，会在不同渠道终端完成购买。因此分析渠道终端特点，特别是顾客需求的核心价值差异，再结合产品特点和企业能力、竞争状况等，才能有效构建企业渠道架构。这一点，在日益强调"所见即所得"的场景化消费环境下，变得更为关键。图5－2是消费者市场分销渠道终端模型。

①线下体验购买：这一场景的核心价值在于"体验"，包括但不限于产品品质、品牌个性和调性、文化、时尚、潮流、尊重等。

②"周末"集中购买：这一场景的核心在于"社交"与"休闲"，顾客在大量集中采购的同时，其实更看重的是过程中家人、友人共同度过的休闲时光。因此此类终端应向开放、综合、多元化服务方向转变，为顾客休闲提供全方位服务。

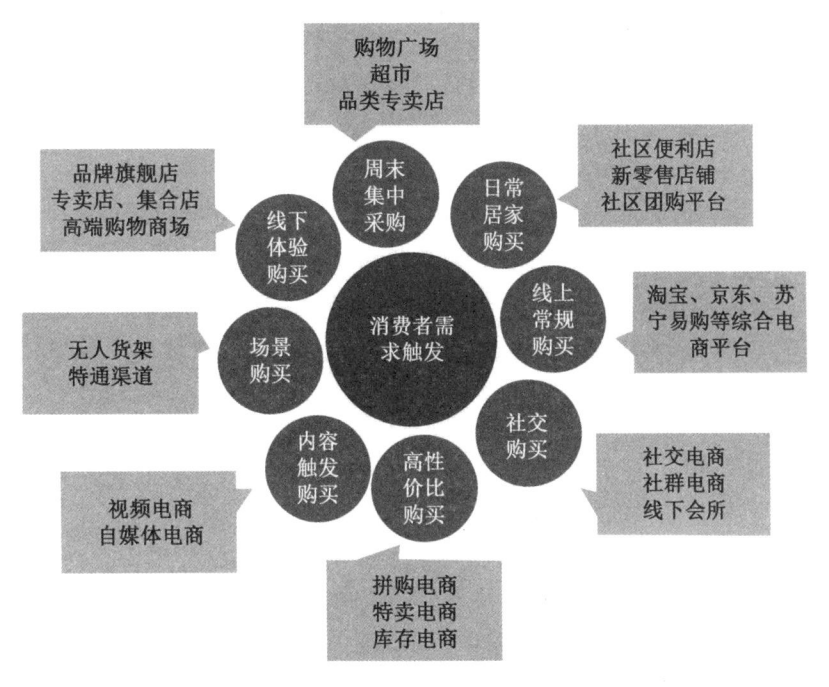

图5—2 消费者市场分销渠道终端模型

③日常居家购买：这一场景的核心当然是"便利"，在"顺便"的状态下完成，一般为生活必需的高频消费品的购买。此时，顾客几乎不消耗精力成本，时间、体力成本成为顾客最看重的成本。

④线上常规购买：这一场景的核心是"比较评价"，线上平台为顾客比较评价提供了最为便利的场景。

⑤社交购买：这一场景的核心是共同爱好、兴趣，从"薅羊毛"的快乐到精神世界的愉悦，直到生活方式和价值观念的相互欣赏。

⑥高性价比购买：这一场景不仅仅是"价廉"，其实还隐含着顾客价值观，尤其是对"尊重"的再理解。

⑦内容触发购买：这一场景的核心是"共鸣"，从直观感受到情感认同，再到精神相通，是内容创作的关键。

⑧场景购买：这一类其实更合适的叫法应该是"场合购买"，即在特定场合下，对一些特定产品的购买。传统情况下，此类购买终端应该是补充性质的，但要注意：首先是技术进步带来的场合扩大化，如无人售货（参见项目二的案例讨论：开自助模式店铺真的"躺着赚钱"?）；其次是以收藏品为代表的特殊产品的范围扩大。这些"场合"的扩大化，其实包含着顾客价值的新变化，比如隐私、独立性等。

2. 中间商

所谓中间商，是指介于生产者与顾客之间，参与交易，促使交易行为发生及实现的组织或个人，主要包括批发商和零售商。中间商是生产者与顾客之间的桥梁，从营销而言中间商起着沟通信息与承担物流等服务的双重作用。从社会生产角度而言，其基本功能主要有两个：首先是调节大规模生产与小规模、分散地消费之间的矛盾。中间商起着社会生产的"蓄水池"作用，他将搜集来的货物，化整为零，加工、分装出售给顾客；同时，中间商从生产者那里搜集货物，集零为整,成批货运、储存,降低了流通成本。其次是调节专业化生产与个性化消费之间的矛盾。中间商通过对不同来源的专业化生产的产品的分类、搭配、重新组合,以适应不同顾客差异化的需求。

所谓批发,是指一切将物品或服务销售给为了转卖或商业用途而进行购买的个人或组织的活动。即区分批发与零售的关键,不在于一次交易的数量,而主要在于买方的购买目的。

所谓零售,是指直接为最终顾客服务的交易行为。零售商在流通领域处于最后阶段,由于服务对象的特点,零售业务具有小量采购、零散供应的特点,因此,如何实现规模经济,实现内部专业化分工是零售商必须面对的困难(连锁零售的发展就是实例)。在流通中,零售商的根本作用在于使产品直接、顺利地进入顾客手中,并真实、有效、及时地反馈最终顾客的信息,是分销渠道的重要一环。

(1)批发商类型

①商人批发商:是指自己进货,取得产品所有权后再批发出售的商业企业,是批发商的最主要类型。按其职能和提供的服务是否完全进行分类,可分为两大类:

A. 完全服务批发商,它执行批发商业的全部职能,提供的服务主要有:保持存货、雇用固定的销售人员、提供信贷、送货和协助管理等。它又可分为两大类:批发商人主要是向零售商销售并提供广泛的服务;工业分销商主要面向制造商而不是零售商销售产品。

B. 有限服务批发商,为降低成本,批发商只执行部分服务,可分为以下五类:

现购自运批发商:不赊销、不送货,主要是经营食品杂货,顾客多为小食品杂货店、饭馆等。

承销批发商:它拿到顾客订单,再向生产者进货,并通过生产者将货物直运给顾客,因而它不需仓库,没有库存。

货车批发商:它从生产者那里装运货物后,直送给顾客,也不需要仓库与库存,主要经营易腐和半易腐产品,执行推销员与送货员的职能。

托售批发商:他们在超级市场和其他零售商店设置专销柜台,展销其经营的产品。产品出卖后,零售商才付给货款。这种批发商的经营费用较高,主要经营家用器皿、化妆品、玩具等。

生产合作社:主要由农民组建,负责组织农民到当地市场上销售的批发商,合作社的利润在年终时分配给各农民。

②经纪人和代理商。经纪人和代理商是从事采购或销售或二者兼备,但不取得产品所有权的商业单位和个人。与商人批发商不同的是,他们对其经营的产品没有所有权,所提供的服务比有限服务批发商还少,其主要职能在于促成产品的交易,获得销售佣金。与批发商相似的是,他们通常专注于某些产品种类或某些顾客群。经纪人和代理商主要分为以下几种:

产品经纪人:经纪人的主要作用是为买卖双方牵线搭桥,协助他们进行谈判,他们向雇用他们的一方收取费用。他们并不持有存货,也不参与融资和承担风险。

制造代理商:制造代理商也称制造商代表,他们代表两个或若干个互补的产品线的制造商,分别和每个制造商签订有关定价政策、销售区域、订单处理程序、送货服务和各种保证以及佣金比例等方面的正式书面合同。他们了解每个制造商的产品线,并利用其广泛关系来销售制造商的产品。

销售代理商:销售代理商是在签订合同的基础上,为委托人销售某些特定产品或全部产品的代理商,对价格、条款及其他交易条件可全权处理。这种代理商在竞争非常激烈的行业比较常见。销售代理商与制造代理商一样,也和许多制造商签订长期代理合同,为这些制造商代销产品。

采购代理商：采购代理商一般与顾客有长期关系，代他们进行采购，往往负责为其收货、验货、储运，并将货物运交买主。他们消息灵通，可向客户提供有用的市场信息，而且还能以最低价格买到好的货物。

佣金商：佣金商又称佣金行，是指对产品的实体具有控制力并参与产品销售协商的代理商。通常备有仓库，替委托人储存、保管货物。此外，佣金商还替委托人发现潜在买主、获得最好价格、分等、再打包、送货、给委托人和购买者以商业信用（即预付货款和赊销）、提供市场信息等职能。佣金商卖出货物后，扣除佣金和其他费用，即将余款汇给委托人。

③制造商办事处。批发的第三种形式是由买方或卖方自行经营批发业务，而不通过独立的批发商进行。这种批发行为可分为：

销售办事处：生产企业往往设立自己的销售分公司或销售办事处，以改进其存货控制、销售和促销业务。

采购办事处：许多零售商在大城市设立采购办事处。这些采购办事处的作用与经纪人或代理商相似，但却是买方组织的一个组成部分。

(2)零售商的类型

市场经济的高度发达，使零售商形态的变化十分显著，其主要特点是种类繁多、网点密布，构成了错综复杂的零售商业体系。零售商的类型千变万化，新组织形式层出不穷。以下我们从三个不同的角度来分析零售商的类型，即店铺零售商、无店铺零售商和零售组织。

①店铺零售商。

专业店：专业店可分为专营店和专卖店。专营店专门经营某一种或几类产品，其经营的产品线较窄，但经营产品的规格品种较为齐全。例如，服装店、体育用品商店、家具店、花店和书店均属于专营店。专卖店则专门经营某一品牌的产品，其产品线只受品牌限制，可能很广泛。

百货店：百货商店的特点是，经营范围广泛，种类繁多，规格齐全，一般经营多条产品线。并以经营优质、高档、时髦产品为主，分类组织与管理，每年的销售总额较大。

超市：超市是一种规模相当大、成本低、毛利低、薄利多销、采取开架售货、自我服务的连锁零售机构，以家庭为首要顾客群体。早期的超市以出售食品为主，兼营少量杂货，目前的超市，已逐渐向多种产品发展。超市经营的多属于中低档高频消费的生活必需品，需要通过集中采购实现价格优势。超市的产品的包装比较讲究，以替代售货员介绍产品名称、用途、用法及特点，吸引顾客购买。

便利店：现代便利店已经从早期主要设在居民区附近的小型生活必需品商店，转向写字楼等区域，以服务非家庭状态（尤其是工作状态）下的生活需要为主，并以此和超市相区隔。其特点是：营业时间长，并向顾客提供综合性的生活服务，现代也主要是连锁零售机构。

超级商店、联合商店和特级商场：超级商店比传统的超市更大，主要销售各种食品和非仪器类日用品，并提供各项服务；联合商店的营业面积比超级商店更大，提供饮食、娱乐等多项服务，呈现一种经营多元化的趋势，宗旨是一站式购物；特级商场比联合商店更大，综合了各种零售业态和各种服务提供者，宗旨是一站式服务。

折扣店(Discount Store)：以销售知名品牌和周转快的商品为主，限定销售品种，并以有限的经营面积、店铺装修简单、有限的服务和低廉的经营成本，向消费者提供"物有所值"的商品为主要目的的零售业态。其特点是：同一产品标有两种价格，一是牌价，二是折扣价，顾客按折扣价购买产品，其售价比一般商店低；折扣商店突出销售全国性品牌（即制造商品牌）的产品，因此价格低廉并不说明产品的质量低下，而是保证品质；采用开架式销售，很少服务；设备简单,店址不在闹市区和租金高的地段,能吸引较远处的顾客。折扣商店以降低营业费用、薄利多销为目的,其折扣方式也在不断改变。需要注意的是:一般商店的偶尔打折和特卖不能算是折扣商店,唯品会的线下店是典型的折扣店形式。

仓储店:仓储店是一种不重形式,以大批量、低成本、低售价和微利促销、服务有限为特征的连锁零售形式。其特点是:以工薪阶层和机关团体为其主要服务对象;通过从厂家进货,减少中间环节,降低成本,致使价格低廉;仓店合一,运用各种手段降低经营成本,选址在非商业区或居民住宅区(保证地价低廉),产品以大包装形式供货和销售,不拆零销售,不做一般性商业广告;仓储式商店注意发展会员和会员之间的联谊,以会员制为基本的销售和服务形式。

自动售货:自动售货是指通过自动售货机(Vending Machine)或无人化店铺进行商品售卖活动的零售业态。消费者通过扫码进行简单的操作来实现钱货两清的零售活动。自动售货已经被用在相当多的产品上,包括习惯性购买的产品(如香烟、软饮料、糖果、杂志和热饮料等)和其他产品。

我国商业界一般以营业规模,而不是经营性质来划分便利店、超市、仓储店。早年内贸部曾经以如下标准进行划分:卖场营业面积 1 000 平方米以下,经营品种 10 000 种以下,划为便利店;卖场营业面积在 1 000—10 000 平方米之间,经营品种在 10 000—100 000 种之间的称超市;卖场营业面积 10 000 平方米以上,经营品种 100 000 种以上的称仓储店。

②无店铺零售商。广义上无店铺销售(Non-store Retailing)是与店铺销售相对的概念,指经销商不通过店铺而直接向消费者销售商品和提供服务的营销方式,网络零售的迅猛发展使无店铺零售成为当今,尤其是中国越来越关键的零售形式。原因在于此时顾客会感觉更自由和舒适,并节约了时间、体力和精力成本。

无店铺零售商主要类型有:

社群零售:当前社群零售主要以地域(社区)为主要纽带,通过线上下单,定点自提的团购形式,形成采购规模,从而降低零售商和顾客双方成本。其主要针对的是家庭日常必需品消费,对超市经营构成直接竞争。未来,社群零售还有以共同爱好、兴趣、品味发展的趋势和巨大空间。

平台零售:平台通过强大的系统整合能力,为进驻平台的企业和消费者之间搭建了一个几乎不受品种、品类、空间、时间限制的交易场所。其交易特征为:顾客主动搜索,对比评价,然后下单;企业接单后,备货并直接发往顾客指定地址,并线上为顾客提供答疑等售后服务;物流企业完成配送;平台负责整个交易的监督和评价,并为交易各方提供信用担保。

直播零售:是人员推销的网络版本,克服了传统线下人员推销覆盖范围小,成本高昂的缺点;相对于平台零售,又有主动性强、面对面交流可信度高的优点,是当前发展最迅猛的零售形式。但要注意的是,信任关系是直播的核心要害,过于依赖主播的个人形象是直播的关键缺点,因为它使得这种信任关系过于脆弱且易变。因此,在直播零售中,如何激励对品牌而不是主播的忠诚,就成为直播零售的关键。

内容零售:通过长视频、短视频、公众号、微博等形式实现的交易可统称为内容零售,其特征是"内容为王",既有直播零售出于对内容创作者(UP 主)高度信任的特点,又有被内容随机触发购买欲望的特点。此类零售的关键是对以上两条路径的有机融合问题。

直接销售:直接销售也叫直销,是指生产商直接使用推销员面向消费者(不包括组织市场顾客)进行销售的零售形式,主要有挨门逐户推销、逐个办公室推销和举办家庭销售会等形式。

购物服务公司:购物服务公司是一种专门为某些特定顾客,诸如学校、医院、工会和政府机关等大组织的员工提供生活性服务的无店铺零售商。

③零售组织。尽管许多零售商店拥有独立的所有权,但是越来越多的商店正在采用某种团体零售形式。零售组织有以下几种:

即时零售:即时零售的主要特征是"线上下单,线下30分钟送达",即通过即时物流履约能力,连接本地零售供给,满足消费者即时需求的新型零售业态。有三个核心要素:即时需求、本地供给、即时履约。其基本组织形式是外卖平台与本地商家、实体店铺结合,将外卖服务内容从餐饮扩大到各类消费产品,是线上线下、平台和实体店相结合的新型零售组织。

连锁店:连锁商店,即在同一个总公司的控制下,统一店名、统一管理、统一经营的商业零售集团,统一经营,集中进货,可获得规模经济效益。连锁店可在以下几个方面提高其经济效益:大量进货,充分利用数量折扣和运输费用低的优势;雇用优秀管理人员,在存货控制、定价及促销等方面进行科学的管理;可综合批发和零售的功能;做广告可使各个分店受益;各分店享有某种程度的自由,以适应顾客不同的偏好,有效地对付当地市场的竞争。

自愿连锁店和零售合作组织:面对连锁店的竞争压力,引发了独立商店的竞争反应,它们开始组成两种联盟:零售合作组织和自愿连锁商店。前者是由批发商牵头组成的以统一采购为目的的联合组织;后者是独立零售商按自愿互利原则成立的统一采购组织。这两种组织与上述连锁店的区别,只在于这两种组织的所有权是各自独立的。

消费者合作社:这是由一定地区的消费者自愿投股成立的零售组织,其目的是避免中间商的剥削,保护自己的利益。消费者合作社采用投票方式进行决策,并推选出一些人对合作社进行管理。社员按购货额分红;或低定价只对社员,不对非社员。

特许专卖组织:这是特许专卖权所有者(制造商、批发商或服务企业)与接受者之间,通过契约建立的一种组织。后者通常是独立的零售商,根据约定的条件获得某种特许专卖权,特许专卖权的所有者,通常都是些享有盛誉的著名企业。特许专卖组织的基础一般是独特的产品、服务或者是生产的独特方式、商标、专利或者是特许人已经树立的良好声誉。

商店集团:这是一种零售商业上的垄断组织,它以集中的形式将几种不同的零售产品类别和形式组合在一起,并将其销售、管理功能综合为一个整体。通常是采用多角化经营,在一个控股公司的控制下包括各行业的若干商店。

3. 分销渠道管理

(1)影响渠道选择的因素

①产品因素。

价格:一般而言,产品价格高昂,则渠道宜短且窄;产品价格较低,渠道宜长且宽。

产品的体积与重量:它主要通过影响运输与储存的费用来影响渠道的模式选择。因此,一般而言较轻、较小的产品,可选择较长、较宽的渠道;而较笨重的产品,只宜选择较短的渠道。

产品式样:式样与花色品种多变,时尚性强的产品,应该选择较短的渠道,以缩短对市场的反应时间;式样与花色品种不易改变的产品,则有选择较长渠道的条件。

产品的物理化学性质:易损与易腐的产品,应选择较短的渠道。

产品的技术复杂性:技术复杂性越高的产品对服务支持的要求也越高,同时顾客对产品了解和学习的难度也越大,因此应尽可能选择较短的渠道。

产品的标准化程度:标准化程度越高的产品,其通用性也越强,因而可选择较长、较宽的渠道;反之则反之。

新产品:新产品上市,由于一方面企业销售渠道尚未畅通,因而缺乏选择能力;同时较短的渠道既利于企业的促销,也利于企业对渠道的控制,因此渠道多较短。但要注意的是,这是受客观情况限制的结果,而非主动选择的结果。

②市场因素。

市场区域的范围大小:市场区域的范围较大,宜选择较长、较宽的销售渠道;市场区域的范围较小,宜选择较短、较窄的销售渠道。

顾客的集中程度:顾客若较为集中,宜选择较短、较窄的销售渠道;若顾客较为分散,则宜选择较长、较宽的销售渠道。

顾客的购买量和购买频率:对于购买量较少、购买频率较高的产品,应选择较长、较宽的销售渠道;而对购买量较多、购买频率较低的产品,应选择较短、较窄的销售渠道。

③企业因素。

企业实力:企业的实力是指企业的声誉、人力、财力和物力。企业实力越强,越有缩短渠道的能力。

企业销售能力:企业有足够的销售力量或有丰富的产品销售经验,可以选择较短的销售渠道,少用或不用中间商。

企业服务能力:企业有较强的服务能力,能为最终顾客提供较多的服务,可以选择较短的销售渠道。

企业控制能力:企业为了有效地控制销售渠道,则应选择较短的销售渠道。

除了上述因素之外,企业的营销意图、国家的法律约束、中间商的特性等,亦制约着企业销售渠道的选择与设计。

(2)分销渠道的具体设计

分销渠道的设计,要解决三个方面的问题:

①是否使用中间商:即是采用直接销售渠道还是采用间接销售渠道,这需要从销售业绩和经济效果两个方面来考虑。这两个方面并非总是一致的,究竟以何为重,应视企业的营销战略而定,并以此为标准考察和比较渠道。

②确定中间商的数目。

独家分销:即企业在一定时空范围内只选择一家中间商经销或代理其产品。此时,中间商不得经营企业竞争者的产品,企业也不得向其他中间商提供其产品。这是最窄的分销渠道,其特点是企业与中间商联系紧密,企业对渠道控制力强,中间商积极性高,对新的竞争性产品有排斥力;但是,它对市场的覆盖率较小,且对一家中间商依赖性过高,市场风险较大。较适用于特制品、名牌产品、高档消费品和工业用品。

密集性分销:即在某一市场使用尽可能多的中间商以加宽渠道,扩大市场覆盖面或快速进入新市场。其缺点在于,企业对中间商控制难度大,中间商积极性有限,营销费用高。适用于价格较低、购买频率高的消费品和工业品中的标准件、小五金及原材料等。

选择性分销:即在同一目标市场中,有条件地选择多家中间商。其特点介于前二者之间,较适用于消费品中的选购品和特殊品,工业品中的零配件。

③中间商的选择。

目标市场:中间商的服务对象与企业目标市场必须相一致。

地理位置:交通、通信、仓储、顾客流量等都是考察的内容。

经营范围:应尽可能选择经营上有连带需要的中间商。

营销能力：中间商是否有能力并愿意承担促销义务。

服务能力：中间商是否有能力向顾客提供优质服务。

财务状况与信用：在现阶段的中国市场，这是选择中间商的重要条件。

管理能力：中间商的管理能力直接影响分销渠道的效率。

(3)中间商管理

企业与中间商的利益并不是完全一致的，同时双方看问题的角度也有差异，因此对中间商的激励、评估与控制就显得极为重要了。

①中间商激励。激励中间商，必须从了解中间商的心理状态与行为特征入手。因为：中间商是一个独立的市场营销者，有自己的目标、方法和制定政策的原则；中间商首先是顾客购买的代理人，其次才是生产厂家的代理人；中间商在销售过程中，总希望尽可能配套销售，而不是单一销售某一厂家的一种产品；中间商在没有特别奖励的情况下，决不会认为自己有向生产厂家反馈市场信息的义务。对生产企业而言，从中间商立场出发，采取合作双赢的态度才是正确的道路。

在具体激励时，还需注意激励过分与激励不足的问题。一般说来，对中间商的激励，应以交易关系组合为基础。如果仍激励不足，可采取以下措施：提高中间商毛利率；放宽信用条件；改变交易关系组合使之更利于中间商；采取多种形式刺激中间商。

②中间商的评估。对中间商的定期评估，首先应建立一套评估标准，包括：销售指标完成情况、平均存货水平、向顾客交货的速度、对损坏产品的处理、与企业促销等活动的合作、对顾客的服务情况等等。其次，应尽可能通过合同约束，来固定以上标准。最后，可通过动态的分析比较、中间商竞赛等等方法，来评估中间商的绩效。

(4)渠道调整

渠道调整的前提是评估各种可能的渠道交替方案，即从各种看起来很合理却又相互排斥的替代性方案中选择最能满足企业长期目标的一种，其评估标准是：

①经济性：判断一个方案的好坏，取决于能否获得最大利润，而不是它能否获得较高的销售额或较低的成本。分析时，应首先从估计不同方案的销售情况开始，因为有部分成本会随销售水平而变化。其次，是评估不同方案达成一定销售额所需的成本。如利用代理人的固定成本会低于企业维持一个销售门点所需的固定成本。但当销售额达到一定水平时，因代理人的佣金率高，使用代理人的成本会赶超上来。此时，也可评估投资收益率。

②控制性：使用中间商必然会增加控制上的困难，且渠道越长，控制难度也越大。

③适应性：即生产厂家的应变如何？每一个渠道方案都会因承诺而失去弹性，因此承诺的期限控制就是必须考虑的问题。

在此基础上，就可以根据具体情况进行适当的渠道调整。渠道调整有增减渠道长度、增减渠道宽度和调整渠道模式等方式。

4. 渠道冲突管理

渠道冲突是指某渠道成员从事的活动阻碍或者不利于本组织实现自身的目标，进而发生的种种矛盾和纠纷。分销渠道的设计是渠道成员在不同角度、不同利益和不同方法等多因素的影响下完成的，因此，渠道冲突是不可避免的。

(1)渠道冲突的类型

①水平渠道冲突。指的是同一渠道模式中，同一层次中间商之间的冲突。产生水平冲突的原因大多是生产企业没有对目标市场的中间商数量分管区域做出合理的规划，使中间商为各自的利益互相倾轧。这是因为在生产企业开拓了一定的目标市场后，中间商为了获取更多

的利益必然要争取更多的市场份额,在目标市场上展开"圈地运动"。

②垂直渠道冲突。指在同一渠道中不同层次企业之间的冲突,这种冲突较水平渠道冲突要更常见。例如,某些批发商可能会抱怨生产企业在价格方面控制太紧,留给自己的利润空间太小,而提供的服务(如广告、促销等)太少;零售商对批发商或生产企业,可能也存在类似的不满。

垂直渠道冲突也称作渠道上下游冲突。一方面,越来越多的分销商从自身利益出发,采取直销与分销相结合的方式销售商品,这就不可避免要同下游经销商争夺客户,大大挫伤了下游渠道的积极性;另一方面,当下游经销商的实力增强以后,不满足目前所处的地位,希望在渠道系统中有更大的权利,向上游渠道发起了挑战。

③不同渠道间的冲突。随着顾客细分市场和可利用的渠道不断增加,越来越多的企业采用多渠道营销系统,不同渠道间的冲突指的是生产企业建立多渠道营销系统后,不同渠道服务于同一目标市场时所产生的冲突。不同渠道间的冲突在某一渠道降低价格(一般发生在大量购买的情况下),或降低毛利时,表现得尤为强烈。

(2)解决渠道冲突的典型方法

①超级目标法。当企业面临对手竞争时,树立超级目标是团结渠道各成员的根本。超级目标是指渠道成员共同努力,以达到单个成员所不能实现的目标,即共赢。

②沟通。通过劝说来解决冲突,其实就是在利用领导力。从本质上说,劝说是为存在冲突的渠道成员提供沟通机会,强调通过劝说来影响其行为而非信息共享,也是为了减少有关职能分工引起的冲突。

③协商谈判。谈判的目标在于停止成员间的冲突。妥协也许会避免冲突爆发,但不能解决导致冲突的根本原因。只要压力继续存在,终究会导致冲突产生。其实,谈判是渠道成员讨价还价的一种方法。在谈判过程中,每个成员会放弃一些东西,从而避免冲突发生,但利用谈判或劝说要看成员的沟通能力。

④法律战略。冲突有时要通过政府来解决,诉诸法律也是借助外力来解决问题的方法。对于这种方法的采用也意味着渠道中的领导力不起作用,即通过谈判、劝说等途径已没有效果。一旦采用了法律手段,另一方可能会完全遵守其意愿改变其行为,但是会对诉讼方产生不满,这样的结果可能是双方的冲突增加而非减少。从长远看来,双方可能会不断发生法律的纠纷问题而使渠道关系不断恶化。

⑤退出该营销渠道。事实上,退出某一营销渠道是解决冲突的普遍方法。一个企图退出渠道的企业应该要么为自己留条后路,要么愿意改变其根本不能实现的业务目标。若一个公司想继续从事原行业,必须有其他可供选择的渠道。对于该公司而言,可供选择的渠道成本至少不应比现在大,或者它愿意花更大的成本避免现有矛盾。当水平性或垂直性冲突处在不可调和的情况下时,退出是一种可取的办法。从现有渠道中退出可能意味着中断与某个或某些渠道成员的合同关系。

(二)促销策略

企业为取得营销的成功,不仅要以适当的价格,通过适当的渠道向顾客提供适当的产品,而且还必须通过适当的方式,使顾客从纷繁复杂的市场上,认识、了解、接受并购买本企业的产品,这就是促销的功能。

1. 促销与促销组合

(1)促销(Promotion)

是促进销售的简称,指企业以人员或非人员的方式,同目标顾客沟通,影响和帮助顾客认识购买某一产品或劳务的价值;或者是使顾客对企业及其产品产生信任与好感,进而引起顾客兴趣,激发其购买欲和购买行为的相关活动。其实质,是在企业与现实和潜在顾客之间进行有关交换的信息沟通。

促销组合是指企业根据促销的需要,对广告、人员推销、营业推广与公共关系等促销方式的适当选择与综合利用。

从广义而言,任何可以传递信息的营销组合因素,都是促销组合的构成要素,如产品的式样、包装、价格等。这里只讨论具有沟通性质的狭义促销工具的特点。

①广告。这是一种高度大众化的信息传播方式,渗透力强,通过多次的信息重复,加深受众的印象。但在受众心目中有可信度低的固有弱点,是单向信息的灌输。同时,针对性是广告投放的核心问题。

②人员推销与直播。这是企业与顾客的直接沟通,是人与人之间面对面的沟通,既便于信息的有效传达,也利于双方的情感交流和建立长期合作关系。同时,人员推销还利于顾客意见、建议迅速而准确的反馈。

传统人员推销由于覆盖面窄,因此相对成本较高,从而限制了它的应用范围,多用于工业品与利润率较高的消费品的推销。直播的出现改变了这种状态,并成为当前发展最快的促销方式。但高度依赖个人形象仍然是这一工具的共同弱点,也是在使用人员推销(直播)时要解决的关键问题。

③营业推广(又称销售促进)。通过提供信息,刺激和引导顾客接近产品;通过提供奖励和优惠,激励与招揽顾客。其关键是刺激强度与节奏的把握。

④公共关系。用于树立企业良好的形象,作为一种使用媒体进行第三方宣传的手段,可信度高,使顾客易于接受,且对受众的影响力大。但其促销作用是一种间接模式,相对来说见效慢。

(2)影响促销组合的相关因素

企业促销组合的确定,首先会受到投入预算的限制,此外还受到以下因素的影响。

①产品类型。主要是指产品是消费品还是产业用品。通常而言,广告是消费品最主要的促销工具,原因在于消费品的购买多且分散,购买频率高,花色品种多,技术复杂性和专业性较低。而人员推销是产业用品的主要促销工具,产业用品技术复杂性高,使用较难,购买少且集中。营业推广对两种市场的意义基本相同,各种促销方式对不同类型产品重要性见图5—3。

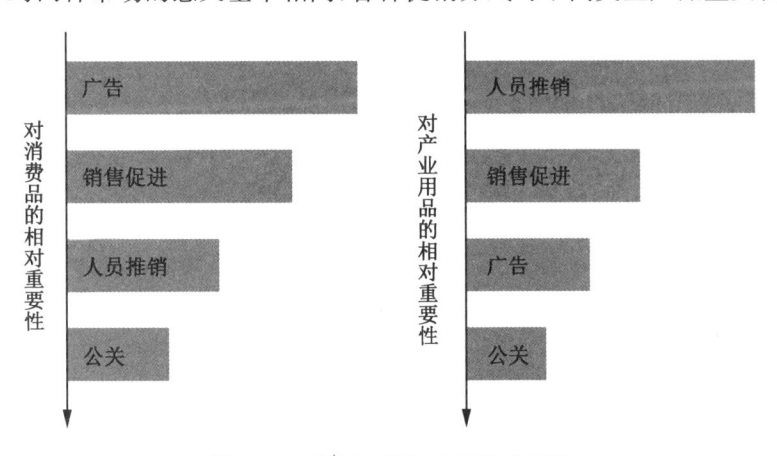

图5—3 促销工具与产品类型示意

②促销目标。确定最佳促销组合,尚需考虑促销目标。相同的促销工具,用于不同的促销目标,其成本效益会有所不同。广告、营业推广和公关在建立顾客知晓方面,效益远高于人员推销。而在建立购买者对企业与产品的信任方面,人员推销最有效,广告次之;相反,在促进顾客对企业与产品的了解方面,广告的成本效益则优于人员推销。顾客订货与否及订货多少,首先受人员推销访问的影响,其次则受营业推广的影响。

③推式与拉式战略。推式与拉式战略在一定程度上也影响着促销组合的构成。推式战略从企业出发,强调利用中间商与推销人员将产品"强力推入"分销渠道,再由零售商将产品推给顾客。拉式战略则强调,通过广告及其他有效促销手段,刺激及调动顾客需求,再通过顾客主动寻求促销对象,逆分销渠道而行,最后达到销售促销对象产品的目的。如图5-4所示。

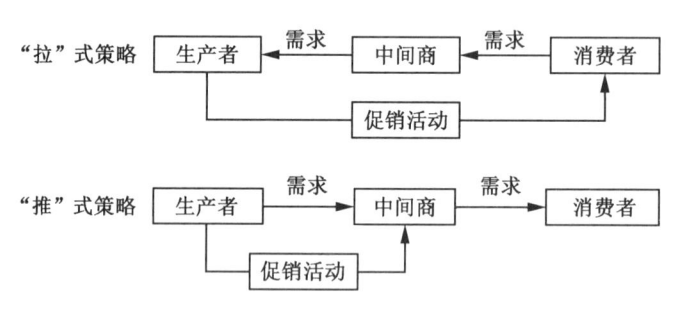

图5-4 促销的拉式与推式策略

④产品生命周期。在不同的产品生命周期阶段,使用不同促销工具的成本效益也不同,如图5-5所示。在成长期与引入期,促销的作用极其重要。原因是新产品不为顾客所熟悉,必须通过促销来加以推广。

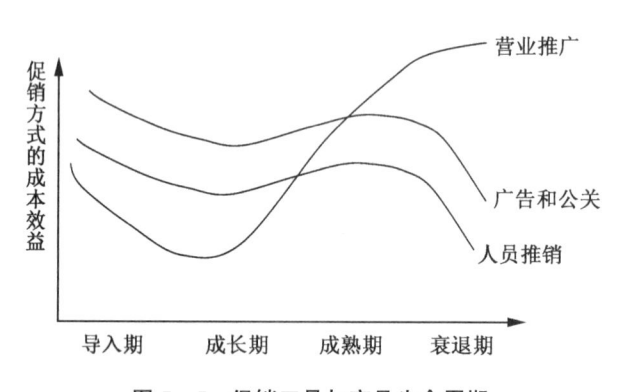

图5-5 促销工具与产品生命周期

引入期,应主要使用广告与营业推广,以加快顾客对新产品认识和了解的步伐。

成长期,大众沟通的效果已显著,而口头传播越来越重要。此时,企业如想进一步提高市场占有率,可继续抓好广告与营业推广工作;如想尽快获取利润,则可用人员推销取代广告与营业推广的地位,以降低成本。

成熟期,为对抗竞争,保持市场占有率,企业仍需加大促销力度。此时,运用营业推广,如赠品、打折、抽奖等,比单纯的广告效果更好,因为此时顾客只需提示性广告。

衰退期,企业促销规模应迅速缩小,只需保留最低限度的广告和人员推销即可,其他促销工具都应停止。

⑤营销环境。营销环境会对企业促销组合的选择产生诸多的影响,如从企业的市场地位角度看,理论上讲,处于市场领先地位的企业和品牌,能从广告与营业推广中获取最大利益;目标市场顾客接触传媒的频率,会极大地影响广告的效果;社区的重大活动也会对促销产生重大的影响;等等。

⑥市场状况。不同的目标市场,其接受信息的能力和对信息的反应态度都会有不同。对于空间分散而广阔的目标市场,广告的作用就极其重要;相反,则应以人员推销为主要的促销手段。

(3)促销投入的分配

企业在制定促销计划时,首先会遇到两个基本问题,即促销投入应为多少? 这些投入应如何在各种不同类型的促销工具间进行分配? 企业促销投入的多少,受企业经济实力、企业营销目标、市场地位、竞争情况等综合因素的影响。从营销组合的角度看,企业在制定促销组合策略前,需对比促销的支出与产品开发、降价、改进分销渠道等相比,谁的效益更好。促销可以帮助顾客认识产品,引起兴趣,进而促使其购买。同时,促销也有助于顾客购买后心理上的满足,因此促销对企业来说不是是否应该进行的问题,而是应投入多少的问题。通常,我们认为在以下情况下,促销比其他营销活动的作用更大,应获得尽可能多的投入:①当竞争产品十分相似,企业有意进行差异化竞争时;②在产品的引入期与成熟期,应加大促销投入;③网络零售的产品应加强促销活动,因为,此时顾客在购买前,无法直接接触产品,需企业加大宣传的力度;④用自动售货机销售的产品,因没有现场的人员说明或提供服务,应加强促销。

2. 广告策略

广告是当代社会最重要的促销方式之一,它深入我们的生活,甚至成为评价经济繁荣的一个晴雨表。对大多数企业来说,广告是产品进入市场的敲门砖和入场券。

(1)广告(Advertise)

①广告的定义。美国市场营销协会为了将广告与其他促销手段严格地区分开,对广告作了如下定义:"广告是由明确的发起人,以公开付费的做法,用非人员的任何形式,对产品、服务或某项行动的意见和想法等的介绍。"

"任何形式":指采取除人员面对面之外的任何方式、手段对产品、服务或某项行动进行介绍。

"非人员":将广告与人员推销(直播)严格地区分开来,任何面对面的形式都被排除在广告之外。

②广告的内容。除产品、服务以外,还包括对某项行动的意见和想法的介绍,这是广告的重要内容。也是区分广义或狭义广告的主要标志。

广告主必须明确,且公开承认为使用广告媒体支付了费用。这就将广告与公关、宣传区分开来,因为公关与宣传,往往既不公开付费,也难以识别其作者。

(2)广告的组成与特点

①广告的组成。一个完整的广告主要有以下五个方面的内容:

广告主及其代理人。是发布广告的主体。广告主,是广告主旨的确定人,是广告的发起人和广告费用的原始支付人;广告代理人是具有广告代理资格的中间人,他代广告主制作和发布广告,并获得报酬。

广告信息。这是广告的主体部分,即广告主希望传递给广告对象的各种内容和含义。如产品的性能功效、品牌形象、企业信誉等。

广告媒体。指传递广告信息的中介渠道,除人员面对面外,各种形式均可,最常用的是各种大众媒体,如电视、网络等。

广告费用。指广告主为发布广告而支付的各种费用。

广告对象。本意是指广告的目标顾客,但实际中往往反映为广告媒体的受众。

②广告的特点。

有偿服务。广告通过媒体传播必须支付费用,费用的高低取决于媒体种类、时间长短、发布位置、频率、次数等。

传播面广。广告是一种渗透性的信息传递方式,可大量复制和广泛传播,易于迅速取得效果。

间接传播。广告通过媒体影响目标对象,而不是直接接触。因此,广告的投放渠道、内容与形式就显得极为重要,它直接影响广告的效果。

媒体效应。由于目标对象是通过媒体来接触广告的,因此媒体的声誉、吸引力等,都对广告的最终效果产生重大的影响。

信任度低。由于广告是由广告主以公开付费的方式进行的宣传,趋利性明显,现代的顾客对其传递的信息真实性,普遍存在一定程度的怀疑。

针对性差。传统广告通过大众媒体传递,很难区分目标顾客与普通受众,从而导致广告效果大打折扣。关于广告有一句名言:"我知道我的广告费有一半是浪费的,但我不知道是哪一半。"真实而准确地反映了这一点。不过网络广告的出现,在一定程度上弥补了这一缺憾。

(3)广告媒体的选择

广告媒体的种类主要有:

①网络图文(搜索引擎、公众号、微博为代表)。网络图文是传递信息的最重要工具,其广告效果的关键是转发,是广告运用最多的媒体形式。其优点是:传播面广、稳定,宣传覆盖面大;信息传播快,时效性强;空间余地大,信息量丰富,便于查找;收费较低。其缺点是:受噪声影响较大,需要吸引受众主动阅读;形象表现不佳,感染力差。

②杂志(纸质或电子版)。杂志专业性较强,目标读者特征极为清晰,同时杂志图片展示的优势也极为明显,对强调细节呈现的产品而言极为重要。其优点是:读者对象明确、集中、针对性强;保留时间长,可传阅,信息利用充分;读者文化程度高,有专业知识,易接受新事物。更适合新产品、高档产品和相应专业产品的广告。其缺点是:发行范围不广,广告覆盖面小;周期长,不利于快速传播。

③广播和音频。广播和音频是听觉媒体,伴随网络中音频类应用的发展,仍然是一种广为利用的主要媒体。其优点是:传收同步,易收到最快最新的信息,且不受交通条件和距离远近的限制;传播空间广泛,适应性强,广告费用很低。其缺点是:只有信息的听觉刺激,没有视觉刺激;信息消失快,给人印象不深;难以保存,无法查找;听众分散,针对性差。

④电视。电视是最重要的传统媒体,它通过视觉形象和听觉的结合,综合运用各种艺术手法,融声音、图像、色彩、运动于一体,直观形象地传递产品信息,具有丰富的表现力和强烈的感染力。其优点是:表现力丰富,形声兼备,感染力极强,给人以强烈的刺激;播放及时,覆盖面广、收视率高;可以重复播放,加深印象。其缺点是:制作成本高,播放收费高;信息消失快;目标受众选择性差。

⑤视频。是移动互联时代快速崛起的新媒体形式,它具备了传统电视的全部优点,但又给

了顾客足够的主动选择空间;同时,视频创作者的多元化,和创作内容的多样化,也为广告投放的针对性提供了更大的空间。

⑥电子游戏。电子游戏广告是一种以游戏为载体来进行广告宣传的全新广告模式。它利用人们对游戏的一种天生爱好心理和游戏本身的互动性提高广告的认知度。由于电子游戏玩家天然具有因兴趣爱好而聚集和交流的特征,使电子游戏广告具有以下鲜明的特点:反复渗透,印象深刻;互动娱乐,广泛推荐;运作简单,成本低廉;受众面广且受众特征清晰,效果显著。

⑦电梯(车载)。电梯(车载)广告是一种新型广告媒体,它的表现形式主要为在电梯(车辆)轿厢内安装成相框形式的显示屏,还有一种是在电梯门(车厢门)上直接安装较大的显示屏来循环播放视频广告。这种封闭空间极易引起受众聚焦,同时载体的特定化也相对容易确定受众的特征,解决广告的针对性问题,因此近年来发展极为迅速。

⑧室外广告。主要包括室外显示屏、路牌、传单、灯箱、交通车身广告、招贴广告等。其优点是:传播主题鲜明、形象突出;不受时间限制,比较灵活;展露重复性较强,成本较低。其缺点是:不能选择对象,传播内容受一定的限制,创造力受到局限。

⑨售点广告(POP)。指售货点及购物场所的广告。例如,柜台广告、货架陈列广告、模特广告、门面装饰等等。

⑩其他媒体。传统主要包括:邮寄广告、赞助广告、体育广告、包装广告等。而现在新媒体的快速发展也在不断催生新的广告形式。

(4)媒体选择的影响因素

要使广告达到一定的促销效果,则必须注意广告媒体的覆盖面、接触频率及作用强度等。企业在选择广告媒体时应考虑以下因素:

①企业对传播信息的要求。企业对信息的传播次数、效果及到达目标顾客的最低时间限度要求不同,就要根据各种媒体的特点,选择不同的广告媒体。

②产品特性。产品的性质、特点等不同,要选择不同的广告媒体。如服装,就应在有色彩的媒体上发布广告。

③目标顾客特点。顾客的年龄、性别、文化程度、经济收入和社会地位等不同,接触媒体的习惯也不同,企业应选择能顺利传播到目标市场的媒体。如玩具,就应尽可能避免使用以文字为主的媒体。

④媒体特性。不同媒体的传播效果、范围和声誉各不相同,所以要根据媒体特征选用效果好、声誉高和影响力大的媒体。

不同媒体的成本不同,在选用时应考虑企业广告费用支付能力,分析费用与广告效果之间的关系,选用成本低、效果好的媒体。比如从支付费用的绝对值看,电视是最昂贵的广告媒体。但从相对成本,即支付单位费用覆盖的受众人数来看(千人成本准则),电视因受众群体巨大,其成本往往是最低的。

但要注意的是,千人成本准则也存在问题:媒体受众并不等于广告的目标对象,但广告成本却是以此为根据的;发布的概念不准确,即从表面看,广告发布即意味着是所有受众都接受了广告欲传达的信息,而实际上一个广告发布后,只有一部分人会注意到该广告,较少的人了解广告的内容,更少的人能正确地理解;由于连续在同一时段、位置,重复发布同一广告,受众往往也是重复的。因此,此时显然存在一个边际收益递减问题。

(5)广告预算的确定

确定广告预算,即确定在广告方面花费多少资金。企业制定广告预算的主要方法有四种:

①目标任务法。首先确定广告目标(如销售增长率、市场占有率等),再确定达到目标所要完成的任务,然后估计要完成这些任务所需要的费用。这种方法从促销目标任务的需要出发来决定广告的费用,在逻辑程序上有较强的科学性,因此为许多企业所采用。但此法也有其缺点,没有从成本的观点出发考虑广告的费用。

②销售比例法。即企业按照销售额(销售业绩或预测额)或单位产品销售价的一定百分比来确定广告费用的预算。此法简单易行,但颠倒了广告与销售额的因果关系。

③竞争对等法。为了保持市场竞争地位,可比照竞争对手的广告支出水平来确定本企业的广告预算,以造成与竞争对手旗鼓相当、势均力敌的对等局面。这种方法的最大缺点是易导致广告大战。而根据派克汉法则,要确保新上市产品的销售额,达到同行业平均水平,其广告的投入必须相当于同行业平均水平的1.5~2倍。

④量力支出法。这种方法首先考虑企业的支付能力。即根据企业的财力状况,能拿出多少钱做广告来确定广告预算。它不利于企业执行长期的市场开发计划。

(6)广告效果的评价

广告效果评价一般可从广告促销效果、广告传播效果两方面进行分析。

①广告促销效果的测定。广告促销效果是指广告对企业产品销售产生的影响。测定广告促销效果的方法主要有:

A. 广告效果比率法。即根据广告播出后销售额增加幅度与广告费用增加幅度之比测定广告效果。其公式如下:

$$广告效果比率=销售额增率÷广告费用增率×100\%$$

B. 单位广告收益测定法。即根据一定时期内单位广告费用的经济效益来测定广告效果。其公式如下:

$$单位广告收益=(广告后的平均销售额-广告前平均销售额)÷广告费用额$$

②广告传播效果测定。广告传播效果是指广告信息传播的广度、深度及影响作用,表现为顾客对广告信息注意、理解、记忆程度。测定广告播出后传播效果的方法主要有:

数字化环境下点击率—展现率—阅读(视听)率—互动率—购买率—复购率等数据是可以一次性收集和汇总的,关键是企业要构建相应的数字化系统,并有效利用。

(6)广告设计

①广告的目标。广告设计必须遵循的基本原则包括真实性原则、思想性原则、科学性原则和艺术性原则,广告是一个涉及多方面知识和技能的问题,设计时应首先从广告的目标着手。广告的目标主要包括:提供信息、诱导购买、提醒使用等。

②广告的模式。广告设计的第二步是如何艺术地表达主题,以引起受众的注意、喜爱和接受。我们称之为诉求模式的选择。广告的诉求模式可分为:理性诉求、情感诉求、道义诉求三类(其中道义诉求多用于公益性广告)。

3. 人员推销与直播

人员推销是一种古老的促销方式,但同时也是现代促销的有效手段之一,尤其是在 To B 的销售中,更占有重要的地位。而直播这种全新模式的出现使传统的人员推销得到了新生。

推销人员(直播主)是产品与顾客的纽带,实际上许多企业在人员推销方面的支出,要远大于在其他促销组合方面的支出。

(1)人员推销(直播)的特点

所谓人员推销是指通过推销人员与顾客直接面对面沟通,作口头陈述与实物展示,以推销商品,促进和扩大销售。

直播带货,是直播娱乐行业在直播的同时带货,由主播在直播间里推介,也称为好物推荐官。可视为人员推销的网络扩大版,相对于人员推销,极大地扩展了覆盖人群,减少了时间和空间限制。

(2)销售人员(直播主)的工作任务

作为企业和购买者之间相互联系的纽带,销售人员负有维护双方利益的责任,尽管这些责任有时会发生矛盾。具体地讲,主要有以下几方面任务:

①积极寻找和发现更多的可能的顾客或潜在顾客。

②把关于企业产品和服务方面的信息传递给现有及潜在的顾客。

③运用推销技术(包括接近顾客、展示产品、回答异议、提供帮助等),千方百计推销产品。

④向顾客提供各种服务,如向顾客提供咨询服务、帮助顾客解决某些技术问题、安排融资、催促加快办理交货等。

⑤反馈推销活动情况,并进行市场调查和收集市场情报。

(3)人员推销的优缺点

①人员推销注重人际关系,有利于顾客与销售人员之间建立友谊。由于满足顾客需要是保证销售达成的关键,因此,销售人员总愿意在许多方面为顾客提供服务,帮助他们解决问题。同时,在面对面的交谈过程中,双方更易于建立起友谊和信任。

②人员推销具有较大的灵活性。销售人员在访问过程中可以观察到顾客对推销陈述和推销方法的反应,并揣摩其购买心理变化过程,因而能立即根据顾客情绪及心理的变化酌情改进推销陈述和推销方法,以适应各个顾客的行为和需要,促进最终交易的达成。

③人员推销与广告相比,其针对性强,无效劳动较少。销售人员总是带有一定的倾向性访问顾客,目标较为明确,往往可以直达顾客,因而,耗费无效劳动较少。

④人员推销易实现潜在交换,达成实际销售。一般地,如果顾客确实存在对所推销的产品的需要,那么,销售人员适当地运用推销艺术肯定能使交易达成。

⑤人员推销有利于企业了解市场,提高决策水平。销售人员承担了"信息员"和"顾问"双重角色。由于人员推销是一个双向沟通的过程,销售人员处于第一线,经常直接和顾客打交道,他们最了解市场状况和顾客的反应,因而也最有资格为企业的市场营销决策提供建议和意见。

⑥人员推销的适用面较广。人员推销经常用于竞争激烈的情况,也适用于推销那些价格昂贵和性能复杂的商品。对于专业性很强的商品,企业只有派出训练有素的推销员为顾客展示、操作商品,并解答其疑难问题,才能达成销售。

⑦人员推销的缺点主要是相对成本较高(直播克服了这个问题)。

(4)直播的特点

①某种意义上,在当下的语境中直播营销就是一场事件营销。除了本身的广告效应,直播内容的新闻效应往往更明显,引爆性也更强。一个事件或者一个话题,相对而言,可以更轻松地进行传播和引起关注。

②能体现出用户群的精准性。在观看直播视频时,用户需要在一个特定的时间共同进入播放页面,但这其实与互联网视频所倡导的"随时随地性"是背道而驰的。但是,这种播出时间上的限制,也能够真正识别出并抓住这批具有忠诚度的精准目标人群。

③能够实现与用户的实时互动。相较传统电视,互联网直播的一大优势就是能够满足用

户更为多元的需求。不仅仅是单向的观看,还能一起发弹幕吐槽,喜欢谁就直接献花打赏,甚至还能动用民意的力量改变节目进程。这种互动的真实性和立体性,也只有在直播的时候能够完全展现。

④深入沟通,情感共鸣。在这个碎片化的时代里,在这个去中心化的语境下,人们在日常生活中的交集越来越少,尤其是情感层面的交流越来越浅。直播,这种带有仪式感的内容播出形式,能让一批具有相同志趣的人聚集在一起,聚焦在共同的爱好上,情绪相互感染,达成情感气氛上的高位时刻。如果品牌能在这种氛围下做到恰到好处的推波助澜,其营销效果一定也是四两拨千斤的。

4. 营业推广

营业推广又称销售促进或特种推销,是指除人员推销、广告、公关(宣传)之外的,能有效刺激顾客购买、提高交易效率的一切促销活动,如陈列、展示、示范表演、演出等。营业推广一般是暂时和短期的,有特殊目的性的促销活动,是对广告和人员推销的补充。原因在于,营业推广具有两个彼此矛盾的特点:一方面,营业推广以现场刺激和特别优惠为主要手段,给予消费者以机不可失的紧迫感,从而促使其立即购买。对爱买便宜商品的顾客更具有吸引力,因此,营业推广具有促销效果显著且见效快的特点。另一方面,营业推广这种以短、平、快为特征的促销活动,其意图往往过于明显,从而也可能给予顾客不良印象,甚至损害产品和品牌的声誉及形象。

(1)营业推广的目标和工具

影响企业营业推广目标确定的主要因素,在于企业的营销战略和目标市场的特征。而选择营业推广的工具,必须考虑市场类型、营业推广的目标、竞争情况和各营业推广工具的成本效益等。具体而言,营业推广的目标对象主要是三个:顾客、中间商、推销人员。

①针对顾客的营业推广。目标是鼓励重购;吸引和刺激新购;争夺竞争对手的顾客。企业针对顾客的营业推广工具,在鼓励重购和争夺竞争对手顾客时,多采用产品组合降价的手段,进行快速的防御性反应;在吸引与刺激新购时,则可以采用赠送和免费试用的手段。而中间商,特别是零售商针对顾客的营业推广工具则最多,如:

折价券,即打折凭证,可通过扫码、邮寄、附赠等渠道发送,多用于成熟品牌或新产品的推广。

特价包,即以低于正常价格的方式销售产品。许多时候还采用组合包装的形式进行。特价包对刺激短期销售十分有效。

退款,即在顾客购买后,凭购物凭证获得相应的退款。

赠品印花,即在顾客购买后,赠与一定数目和种类的印花标志,待其凑足规定数目和种类后,即可兑换相应的赠品。用于吸引顾客重复光临效果显著。此外,常用工具还有售点陈列、商品示范、赠奖、表演、竞赛、兑奖、游戏等。

同时,要注意的是,营业推广工具是促销组合中最活跃的因素之一,新工具不断出现,需要我们时刻关注,灵活应用。

②针对中间商的营业推广。目标是刺激中间商经营新的产品项目,保持较高存货水平;鼓励其购买和储存过季商品;建立中间商对企业的品牌忠诚;吸引新的中间商等。常用工具主要有购买折让、广告折让、陈列折让、免费赠品、销售奖金等。

③针对推销人员的营业推广。目标是刺激其支持新产品、新型号、新品种;鼓励其开拓市场,不断寻找潜在顾客;激励其推销过季商品等。销售竞赛、分红、奖品等是最常用的手段。

(2)营业推广方案的设计

设计一个完整的营业推广方案,主要包括以下因素:

①诱因大小。即达到推广目标所需的最佳刺激条件。对顾客的刺激只有达到一定的水平,才能产生诱因,且诱因也存在边际效应。因此,适当地确定诱因大小是方案设计的首要任务。

②目标对象。即决定营业推广的对象是谁?由于营业推广是用于短期和带有特定目的的一种促销工具,因此恰当地针对特定顾客群,也是方案设计必须考虑的一个问题。

③媒介设计。即使用何种手段,将营业推广的信息和媒介传递给目标顾客。如折价券可通过放在包装中或邮寄给顾客,而很显然邮寄更适于有目的地影响潜在顾客,放在包装中则主要是鼓励重购。

④时间长短。营业推广必须有时间限制,以避免暴露其弱点。一般认为,某种产品的营业推广,其最佳频率是每季度三周,每次最佳时间长度为该产品的顾客平均购买周期。

⑤促销时机。这一点主要受销售需要、营销战略、生产情况、分销等因素的影响。

⑥确定营业推广预算。它受促销总预算、促销组合中营业推广的地位和营业推广的成本效益等因素的制约。

5. 公共关系

公共关系是一门研究如何建立信誉,树立良好形象,以引起顾客好感、兴趣和信赖,直到赢得顾客信任和支持,从而不断提高企业知名度和美誉度,为企业营销创造良好条件的科学。它通过运用传播、沟通等手段,使企业与公众、社区、政府之间相互了解、相互协调,以实现企业的目标。

(1)公共关系的概念和特征

公共关系(Public Relations)是指企业有计划和持续地应用沟通手段,争取企业公众的谅解、协助和支持,从而建立和维护企业形象的活动。它强调的是成功的人际关系、和谐的氛围和良好的社会舆论环境,更注重长期效应。

公共关系能以极低的成本,使公众产生难以磨灭的印象,而广告则很难做到这一点。公共关系是以非直接付费的形式进行的,同时企业重大消息往往是媒体关注的新闻。更重要的是公共关系具有以下的一些特征:

①客观真实性。由于关于企业的新闻报道是由媒体中立地进行报道的,体现了企业外部公众的利益和看法,因此顾客会认为它具有高度的客观性和真实性。这同顾客认为广告是企业自吹自擂的主观信息,影响效力完全不同。

②易送达性。由于顾客认为企业的公关信息具有可靠性,因此一般不会加以拒绝。而对其他促销方式而言,避免被拒绝接受显然都是首要任务。

③促销效果显著。公关同广告一样,通过媒体的广泛传播,具有将企业及其产品充分展示于目标市场的效果。

(2)公共关系的基本内容

①与媒体互动。以最有利于企业的方式展示企业新闻和信息。因此,与媒体的良好互动关系是成功公关工作的基础。

②产品宣传。通过媒体以非广告的形式,对某种产品进行信息展露。

③企业的信息传播。通过企业信息的传播,促进企业内部与外部公众对企业的理解,为树立企业良好形象服务。

④咨询。就公众事件、企业地位、企业形象等向管理层提出建议,为企业决策服务。

⑤与公共权力机构互动。通过各种方式与公共权力机构打交道,传播有利于企业的各种信息,影响公共权力的运作,尤其是公共立法的走向。这也就是现代大市场营销观念中强调的权力、公共关系这两P的表现之一。美国所谓院外活动集团就是典型的例证。

⑥建立良好的企业和产品形象。这是企业公关活动的核心。企业应通过各种渠道和方式向内、外部各种类型的公众和组织,传达有利于树立企业形象的信息,并有效控制一切不利信息。如李宁品牌,通过对中国体育代表团参加奥运会、亚运会等大型运动会的全面赞助,20世纪90年代到21世纪初迅速发展成为中国第一运动品牌,并大步走向世界。

(3) 公共关系的对象和方式

①公关的对象。

A. 媒体公众。媒体是指一切从事广告、新闻、信息传播的机构。媒体掌握着舆论导向,对企业的信息传播有着直接的制约作用。网络的出现,虽然使现代企业有可能直接向顾客传送信息,从而绕过传统媒体。但是,由于公关相对于广告的高可信度,很大程度上是依靠媒体这一企业信息传播的中立的第三者的特殊地位而获得的。因此,企业公关活动还是必须依靠与媒体的有效合作。对企业公关活动而言,必须注意培养与传播媒体的良好关系,以形成一种相互信任、相互促进、平等互利的合作关系,从而为企业公关活动的展开创造条件。

B. 企业内部公众。企业内部公众就是指所有的企业内部员工及其家属。企业良好的声誉和形象的树立,首先必须获得企业员工的理解和支持,而员工家属在这一点上显然也具有特别重要的意义。员工的凝聚力、集体荣誉感、共同的价值观念、团队精神,是企业形象和声誉建构的内核。因此,争取员工及其家属的理解、支持,有效协调企业内部矛盾,调动员工积极性,构建企业文化,是企业公关活动的重要一环。

C. 政府公众。包括行政、司法、立法部门。政府是国家权力的执行机构,是宏观经济的调控者,企业经济活动受政府宏观政策、法律、法规的严格制约。现代政府活动的一大特点,就是对社会经济活动的干预力度不断加强,干预范围不断扩大。因此,企业公关要积极地处理企业与政府的关系,争取政府对企业及其活动的理解、帮助和支持;积极影响政府的法律、法规和政策的制定,为企业经营创造良好的政策环境。

D. 社区公众。企业处于一定的社区中,社区的居民、机关、团体、社会组织,都与企业有着千丝万缕的关系,与社区公众保持和发展融洽的关系,是企业公关活动的必要环节。

E. 市民行动公众。即各种主要由普通群众为某一方面的特殊目的而成立的有较强社会影响力的组织,如消费者权益保护组织、环境保护组织等。随着社会的不断发展,特别是民众收入和受教育水平的不断提高,市民行动组织的实力和影响力不断扩大,甚至成为影响政府有关立法的重要力量,企业在经营活动中将受到其越来越大的影响。因此,与市民行动公众建立良好的关系就成为企业公关的一个重要方面。

F. 顾客。顾客是企业公关的首要目标,作为企业产品或服务的现实或潜在购买者,顾客是企业营销目标的实现源泉。向顾客传达企业信息,建立企业知名度和美誉度,提高顾客满意度是企业公关的基本内容。

G. 一般群众和其他公众。即除以上几个方面的其他一切个人和组织。他们虽然与企业经营的联系较为松散,但也会对企业目标的实现产生影响。因此,企业公关活动也应对此有所关注。

②公共关系的实施方式。公关的具体实施方式多种多样,我们只介绍常见的一些方式。

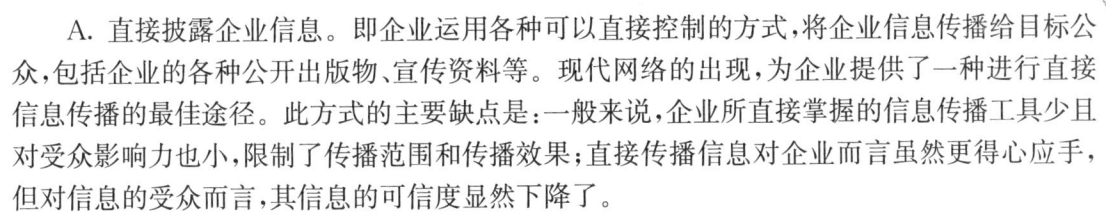

A. 直接披露企业信息。即企业运用各种可以直接控制的方式,将企业信息传播给目标公众,包括企业的各种公开出版物、宣传资料等。现代网络的出现,为企业提供了一种进行直接信息传播的最佳途径。此方式的主要缺点是:一般来说,企业所直接掌握的信息传播工具少且对受众影响力也小,限制了传播范围和传播效果;直接传播信息对企业而言虽然更得心应手,但对信息的受众而言,其信息的可信度显然下降了。

B. 安排特殊事件。即企业通过安排一些特殊事件,来吸引公众和顾客对企业的注意。如各种招待会、讨论会、展览会,以及对社会公益的赞助、支持等。

C. 收集与传播新闻。这是公关人员的基本任务,即不断发现、有效传播一切有关企业的新闻消息。新闻的有效传播的前提,是新闻的价值。因此,收集、整理、分析企业信息,从中发现有价值的新闻是公关的基础。

D. 公开演讲。演讲是公关的重要工具。由于演讲往往在一些重要的场合进行,其公信力、影响面都比较令人满意。在网络公关中,力争成为网络论坛的主持人,是公关的一种重要方式。

E. 参与社会活动。企业积极参与各种社会公益活动,是融洽与政府、社区、市民行动和一般群众的最佳方式。而其中,由于体育活动影响范围广、影响力大,往往成为企业公关的最佳途径。

(4)公共关系的实施步骤

①确定公关目标。准确地确定公关目标,是公关活动有效展开的前提。如某咨询机构为一家葡萄酒厂的公关确定了如下目标:首先是使公众相信饮葡萄酒是生活优越、愉快的表现;其次才是强化该葡萄酒的形象,以提高其市场占有率。据此,确定了采取以下措施:撰写有关葡萄酒的报道,利用一流媒体发布,特别是从医学角度,强调饮葡萄酒对人体健康的好处,有针对性地争取原来的白酒顾客;针对不同目标市场,制定相应的宣传方案,尤其强调目标市场受教育水平较高这一特点。

②恰当选择传播工具和信息。企业应对企业信息资料进行深入挖掘,以不断发现适宜的新闻素材。同时根据受众特点,适当选择传播工具。如上例中,因葡萄酒的目标市场顾客具有受教育水平较高这一明显特点,就可选择杂志这种媒体为主。

③实施。方案的实施实际上主要是一个如何有效调动和利用媒体的问题。公关人员的重要资本之一就是其与各种媒体编辑、记者建立的私人关系,此时就要充分发挥其作用了。当然更重要的是,如何使企业要传播的信息具有或是显得有足够的吸引力。做到这一点的关键是将媒体编辑、记者视为营销目标,去充分满足他们的需求。

④公共关系的效果评价。一般是通过对展露次数、知晓—理解—态度的变化及销售变化等的测定来完成。但因公关活动往往与其他促销工具共同使用,此时想单独评定公关的效果将较为困难。

(三)全渠道营销(Omni channel marketing)

全渠道营销,是个人或者组织为了实现目标,在全部渠道(产品所有权转移、信息、产品设计生产、支付、物流、客流等)范围内实施渠道选择的决策,然后根据不同目标客户对渠道类型的不同偏好,实行针对性的营销定位,并匹配产品、价格等营销要素组合策略。线上线下,品牌与顾客间全部信息沟通渠道的整合与重构是全渠道营销的基本特征。

全渠道营销不仅包括全部产品所有权转移的渠道,也应该包括全部的信息渠道、全部的生产渠道、全部的资金(支付)渠道、全部的物流渠道,甚至还包括全部的顾客移动的渠道等。其关键在于产品品牌关键信息的全空间释放,和用户的全渠道便利可及。

1. 全渠道营销的优势

(1)通过顾客喜欢的渠道与客户沟通:为了获得更好的用户体验,理想的情况是品牌应保持所有渠道开放,以便顾客可以通过他们选择的方式随时随地与品牌实现实时沟通。

(2)提供个性化服务:知道如何使用全渠道营销以个性化方式与消费者沟通的品牌在竞争中遥遥领先。客户服务和独家销售在吸引和赢得客户信任方面发挥着重要作用。

(3)更好地了解消费者:数字化时代,全渠道营销可以全面整合与顾客的沟通数据,从而帮助品牌更好地了解顾客。无论是通过研究他们的行为、在线习惯还是收集数据,品牌都可以利用这些知识提高转化率。

(4)为每个渠道制定策略:尽管在全渠道中使用多个沟通渠道占主导地位,但这并不一定意味着策略应该相同。消息可以而且应该一致,但是每个通道都需要有自己的表达方式来保持高效。这是一个优势,因为品牌不会将自己局限于一种类型的内容或焦点,因此可以在正确的时间到达特定潜在顾客所在的位置。

(5)增加忠诚度机会:全渠道营销提供了与顾客全时间、全空间、任意场景下有效互动沟通的渠道,这是将客户变成粉丝的魔力。

(6)强化品牌形象:沟通渠道标准化和便利化,提升品牌整体形象。

(7)降低成本:最后但并非最不重要的一点是,全渠道营销可以降低企业业务成本,从而使每次新交换都更便宜。

2. 全渠道营销构建框架

全渠道营销的核心点就是构建全渠道营销组合。构建要点如下:

(1)搭建客户交换全过程的生命周期框架。对于客户来说,交换产生是一套完整的流程,包括需求产生阶段,即基于自身的需要产生购买动机的阶段;产品搜寻阶段,即客户通过线上店铺、线下实体店等搜索与自己需求匹配的产品;购买决策阶段,即客户根据所搜索到的信息,从产品性能、价格、购买渠道、促销力度等多方面进行对比,选择出最切合其需求且性价比最高的产品或服务;下单阶段,即客户根据最终的购买决策,在自己倾向的渠道进行购买、下单;使用和评价阶段,即客户使用产品之后,会对产品进行评价反馈。

(2)基于客户购买的生命周期全过程确定营销组合。根据客户的选择过程,确定营销渠道、优化产品与服务、打造无差别购买渠道、确定价格策略、确定线下店铺选址、确定线上店铺所在的电商平台、打造线上和线下店铺环境、设置营销关键词和营销信息、优化客户体验全流程等。

(3)将营销组合匹配到相应的渠道中。每个渠道都有自身的优势和劣势,其促销方式会根据渠道的不同而不同。同时,如何让线上与线下进行融合,如何获取到全渠道客户群的反馈与评价等,都是该阶段需要考虑的关键问题。在打造营销渠道的时候,需要分析全渠道营销内外部环境、消费者偏好、企业自身能力、产品与服务特性等。

(4)全渠道营销模式构建注意精准化、互动化、体验化。

①营销精准化。消费者能够借助社会化网络获取大量信息,这就要求企业不得不对传统的大规模强制性传播战略进行调整转变。而线上线下全渠道融合、社交网络助力精准传播、大数据助力客户价值深挖的营销模式,让企业能直接掌控消费者的需求,实现精准的个性化顾客交流和互动。

②营销互动化。全渠道营销将线上和线下各类营销渠道和模式有效整合、紧密串联在一

起,开放的线上平台将每一个消费者和商家都聚集在同一个品牌生态圈之内,相互影响、相互作用。

③营销体验化。全渠道营销以顾客感受为己任,尽可能多地满足顾客需求。在全渠道营销当中,消费者可以根据自身需要选择消费模式,例如,消费者能够在搜索相关信息后,直接线上购买后店铺取货。

3. 实现全渠道营销的数字技术

(1) 自助服务支持平台

电子商务平台是一个软件工具生态系统,允许用户以自助方式建立网店、数字化实体店,进行销售、处理支付和履行订单。

(2) 无头商务架构,支持社交商务

无头商务架构的特点在于将客户界面(前端)和平台的核心商务(后端)分开,有利于数据分类,帮助平台架构变得灵活,方便品牌透过不同屏幕和设备和客户形成互动,添加新的销售渠道和升级全渠道也变得更加容易和方便。

(3) 客户数据平台

客户数据平台(CDP)在全渠道营销中扮演着重要的角色,它将不同来源(如社交媒介、小程序、网站等)的客户信息进行分类、管理并整合,发掘更准确、更详细的内在客户洞察,有助于跨渠道的良好无缝体验。

(4) 虚拟试穿

AR虚拟技术大大提高了消费者理性可预见化的程度,客户可以直观地看到一件衣服或者一件家具,穿在他们身上或者陈列在家里面将会是什么样子。

(5) 虚拟客户端

全渠道的虚拟客户端可以帮助品牌在线通过面对面的方式与关键客户建立更好更便利的联系,有助于促进客户的重复消费,大大提高了消费的转化率。

(6) 端到端可视化平台

端到端可视化平台是一种软件解决方案,使公司能够在原材料、产品和组件从供应商到生产商再到客户的过程中跟踪它们。平台提高了供应链可见性,打破数据孤岛,汇集信息,帮助用户更准确地预测和防止执行中断,并找到最佳的运输方式。

4. 全渠道营销的实施

(1) 从客户角度出发思考购买路径

从客户角度思考线上购买的路径是怎样的,评估与目标客户接触的各个渠道,并确保各渠道所提供的服务一致。这需要各部门协调一致,从客户角度出发去开发更好服务体验、满足客户偏好的购买路径。

(2) 分析和了解客户

熟悉买家的购买旅程只是全渠道营销的一部分,下一步是深入了解你的客户,通过完善客户画像,借助工具收集客户的第一方数据,从客户的需求、行为模式、习惯、兴趣偏好、激励因素、目标等方面全面分析已有的客户信息,为客户一一打上标签依照不同标准、维度进行分类/分组。

(3) 充分使用正确的沟通工具

收集整理完客户的基本信息后,就需要使用高效的工具与客户建立长期的联系。如内容管理系统(CMS)、市场推广自动化平台(MAP)、客户关系管理软件(CRM)、社交媒体管理工具(Social Media Management tools)、内容营销工具(Content Marketing tools)、SEO 工具等。SEO 工具就是针对搜索引擎优化的查询工具,常用的有 GooglePageRank 查询、Alexa 排名查询、NNT 流量查询等等。

(4)细分目标受众

基于受众的年龄、职业、行为特征、消费习惯等多维度条件来划分你的受众,确定与公司高度相关的受众特征,以此来进行受众细分。收集线下 CRM、微信及 web 端数据,集成并应用核心的第一手数据,加上平台所配置的用户行为标签库,清晰掌握潜在顾客画像与需求。例如,通过某场活动关注品牌公众号,或成为品牌私域用户,当我们通过后台点击查看用户时,便能详尽地了解用户基本信息、来源渠道、特征、偏好等等。

(5)进行个性化内容营销

在以上四个步骤完成后,便可以开始执行计划了!个性化的内容服务能够让客户感受到自己备受重视,带来更舒心的用户体验。在为客户定制个性化内容营销时,还需要注意考虑细分不同行业市场,以及用户购买过程的意图和阶段。

(6)积极主动地布局平台

不要让客户着急地到处找你,而是及时主动地给到客户帮助。为了提供给客户统一的体验,让客户通过不同设备不同营销渠道来咨询与购买的过程中享受相同的、流畅的、舒适的服务。保持所有渠道的一致性,如果用户通过社交媒体平台了解到品牌,并通过登录官微、官网去认识你们,那么品牌所有对外平台都应该保持外观的一致性,比如品牌 Logo、对外视觉、商品服务等等。

(7)设立/跟踪正确的指标,完成效果评价

选择正确的营销工具,获得准确的数据报告,每一次品牌活动、内容宣传都需要有准确预期的、可达到的指标。用户的线上行为追踪涉及的情况,例如客户访问页面及行为、访问频率、时间都被清楚完整地记录下来,形成全面的用户网络分析报告,更能有效助力品牌对于每次活动指标的真实落地。

三、任务设计

以在项目四中设计的策划案为基础,围绕品牌定位,选择和利用线上线下等途径,为推广自己的项目制定整合营销传播方案,并拟定策划书

(1)明确推广目标。

(2)明确推广的总主题和主广告语,并解释和介绍。

(3)针对不同顾客群,根据总主题和主广告语,分别制定分主题和分广告语,并利用 PPT 等工具设计相应海报和宣传文案。

(4)针对不同顾客群,分别选择恰当的传播途径,设计相应的传播方案。

(5)朋友圈分享制作的海报,借助抖音和 B 站传播自己的项目。

四、知识拓展

(一)整合营销传播

1. 整合营销传播概述

整合营销传播(integrated marketing communication,IMC),是指将与企业进行市场营销有关的一切传播活动一元化的过程。整合营销传播一方面把广告、促销、公关、直销、CI、包装、

新闻媒体等一切传播活动都涵盖于营销活动的范围之内,另一方面则使企业能够将统一的传播资讯传达给顾客。其中心思想是以通过企业与顾客的沟通满足顾客需要的价值为取向,确定企业统一的促销策略,协调使用各种不同的传播手段,发挥不同传播工具的优势,从而使企业实现促销宣传的低成本化,以高强冲击力形成促销高潮。

实施 IMC 的目的在于使企业所有的营销活动在市场上针对不同的消费者,进行"一对一"的传播,形成一个总体的、综合的印象和情感认同,这种将消费者细分,并建立相对稳定、统一的印象的过程,就是塑造品牌,即建立品牌影响力和提高品牌忠诚度的过程。

企业通过实施整合营销传播具体来说要达到三个目标:

第一,以消费者为中心,研究和实施如何抓住消费者,打动消费者,与消费者建立一种"一对一"的互动式的营销关系,不断了解客户和顾客,不断改进产品和服务,满足他们的需要。

第二,整合营销传播要通过各种营销手段建立消费者对品牌的忠诚。

第三,是整合的概念。过去企业习惯于使用广告这一单一的手段来促进产品的销售,但我们今天已处于现代社会的信息时代,现在的传播手段越来越多,传播本身开始分化和组合。这就要求企业在营销传播过程中,注意整合使用各种载体,达到最有效的传播影响力。

(1)广义整合营销传播

广义整合营销传播是指企业或品牌通过发展与协调战略传播活动,使自己借助各种媒介或其他接触方式与员工、顾客、其他利益相关者以及普通公众建立建设性的关系,从而建立和加强与他们之间互利关系的过程。

广义整合营销传播还有一个定义就是目前很多企业在做品牌推广建设的时候,以全网式的营销方式宣传品牌产品,提高企业品牌影响力和知名度的时候,借用类似于品牌联播机构这种大型的营销机构以达到企业品牌塑造的可能性的营销方式。

(2)狭义整合营销传播

狭义整合营销传播是指确认评估各种传播方法战略作用一个增加价值的综合计划(例如,一般的广告、直播、营业推广和公关),并且组合这些方法,通过对分散信息的无缝结合,以提供明确的、连续一致和最大传播影响力。

整合营销传播理论的先驱、全球第一本整合营销传播专著的第一作者唐·E. 舒尔茨教授根据对组织应当如何展开整合营销传播的研究,并考虑到营销传播不断变动的管理环境,给整合营销传播下一个新的定义:

"整合营销传播是一个业务战略过程,它是指制定、优化、执行并评价协调的、可测度的、有说服力的品牌传播计划,这些活动的受众包括消费者、顾客、潜在顾客、内部和外部受众及其他目标。"

这一定义与其他定义的不同之处在于:它将重点放在商业过程上。这最终将形成一个封闭的回路系统,它深入地分析消费者的感知状态及品牌传播情况,最重要的是它隐含地提供了一种可以评价所有广告投资活动的机制,因为它强调消费者及顾客对组织的当前及潜在的价值。

唐·E. 舒尔茨分别对内容整合与资源整合进行了表述。他认为内容整合包括:

①精确区隔消费者——根据消费者的行为及对产品的需求来区分。

②提供一个具有竞争力的利益点——根据消费者的购买诱因。

③确认目前消费者如何在心中进行品牌定位。

④建立一个突出的、整体的品牌个性,以便消费者能够区别该品牌与竞争品牌之不同。关

键是"用一个声音来说话"。

他认为资源整合应该发掘关键"接触点",了解如何才能更有效地接触消费者。传播手段包括:广告、直销、公关、包装、商品展示、店面促销等,关键是"在什么时候使用什么传播手段"。

无论是内容整合还是资源整合,两者都统一到建立良好的"品牌—顾客"关系上来。内容整合是资源整合的基础,资源整合推动内容整合的实现。

2. IMC核心思想

整合营销传播(IMC)的核心思想是将与企业进行市场营销有关的一切传播活动一元化。整合营销传播一方面把广告、营业推广、公关、直销、CI、包装、新闻等一切传播活动都涵盖到营销活动的范围之内;另一方面则使企业能够将统一的传播资讯传达给消费者。所以,整合营销传播也被称为Speak With One Voice(用一个声音说话),即营销传播的一元化策略。

整合营销传播理论是随着营销实践的发展而产生的一种概念,因此其概念的内涵也随着实践的发展不断丰富和完善。

3. IMC七个层次

(1)认知的整合

这是实现整合营销传播的第一个层次,这里只有要求营销人员认识或明了营销传播的需要。

(2)形象的整合

第二个层次牵涉到确保信息与媒体一致性的决策,信息与媒体一致性一是指广告的文字与其他视觉要素之间要达到的一致性,二是指在不同媒体上投放广告的一致性。

(3)功能的整合

功能的整合是把不同的营销传播方案编制出来,作为服务于营销目标(如销售额与市场份额)的直接功能,也就是说每个营销传播要素的优势劣势都经过详尽的分析,并与特定的营销目标紧密结合起来。

(4)协调的整合

第四个层次是人员推销功能与其他营销传播要素(广告公关促销和直销)等被直接整合在一起,这意味着各种手段都用来确保人际营销传播与非人际形式的营销传播的高度一致。例如推销人员所说的内容必须与其他媒体上的广告内容协调一致。

(5)基于消费者的整合

营销策略必须在了解消费者的需求和欲求的基础上锁定目标消费者,在给产品以明确的定位以后才能开始营销策划,换句话说,营销策略的整合使得战略定位的信息直接到达目标消费者的心中。

(6)基于风险共担者的整合

这是营销人员认识到目标消费者不是本机构应该传播的唯一群体,其他共担风险的经营者也应该包含在整体的整合营销传播战术之内。例如本机构的员工、供应商、配销商以及股东等。

(7)关系管理的整合

这一层次被认为是整合营销的最高阶段。关系管理的整合就是要向不同的关系单位作出有效的传播,公司必须发展有效的战略。这些战略不只是营销战略,还有制造战略、工程战略、财务战略、人力资源战略以及会计战略等,也就是说,公司必须在每个功能环节内(如制造、工程、研发、营销等环节)发展出营销战略以达成不同功能部门的协调,同时对社会资源也要作出战略整合。

4. IMC 六种方法

(1)建立消费者资料库

这个方法的起点是建立消费者和潜在消费者的资料库,资料库的内容至少应包括人员统计资料、心理统计、消费者态度的信息和以往购买记录等等。整合营销传播和传播营销沟通的最大不同在于整合营销传播是将整个焦点置于消费者、潜在消费者身上,因为所有的厂商、营销组织,无论是在销售量或利润上的成果,最终都依赖消费者的购买行为。

(2)研究消费者

这是第二个重要的步骤,就是要尽可能使用消费者及潜在消费者的行为方面的资料作为市场划分的依据,相信消费者"行为"资讯比起其他资料测量结果更能够清楚地显现消费者在未来将会采取什么行动,因为用过去的行为推论未来的行为更为直接有效。在整合营销传播中,可以将消费者分为三类:对该品牌的忠诚消费者、他品牌的忠诚消费者和游离不定的消费者。很明显这三类消费者有着各自不同的"品牌网络",而想要了解消费者的品牌网络就必须借助消费者行为信息才行。

(3)接触管理

所谓接触管理就是企业可以在某一时间、某一地点或某一场合与消费者进行沟通,这是市场营销中一个非常重要的课题,在以往消费者自己会主动找寻产品信息的年代里,决定"说什么"要比"什么时候与消费者接触"重要。然而,现在的市场由于信息超载、媒体繁多,干扰的"噪声"大为增大。目前最重的是决定"如何、何时与消费者接触",以及采用什么样的方式与消费者接触。

(4)制定营销目标

这意味着什么样的接触管理之下,该传播什么样的信息,而后,为整合营销传播计划制定明确的营销目标,对大多数的企业来说,营销目标必须非常正确同时在本质上也必须是数字化的目标。例如对一个擅长竞争的品牌来说,营销目标就可能是以下三个方面:激发消费者试用该品牌产品;消费者试用过后积极鼓励继续使用并增加用量;促使他牌的忠实顾客转换品牌并建立起该品牌的忠诚度。

(5)营销工具的创新

营销目标一旦确定之后,第五步就是决定要用什么营销工具来完成此目标,显而易见,如果我们将产品、价格、渠道都视为是和消费者沟通的要素,整合营销传播企划人将拥有更多样、广泛的营销工具来完成企划,其关键在于哪些工具、哪种结合最能够协助企业达成传播目标。

(6)传播手段的组合

所以这最后一步就是选择有助于达成营销目标的传播手段,这里所用的传播手段可以无限宽广,除了广告、直销、公关及事件营销以外。事实上产品包装、商品展示、店面促销活动等,只要能协助达成营销及传播目标的方法,都是整合营销传播中的有力手段。

(二)网络零售

2022年全国网上零售额13.79万亿元 电商新业态新模式彰显活力

据商务部电子商务司负责人介绍,2022年,我国网络零售市场总体稳步增长,部分商品品类销售实现两位数增长,农产品网络零售增势较好,跨境电商发展迅速,电商新业态新模式彰显活力。

2022年,全国网上零售额13.79万亿元,同比增长4%。其中,实物商品网上零售额11.

96万亿元，同比增长6.2%，占社会消费品零售总额的比重为27.2%。商务大数据对重点电商平台监测显示，2022年，在18类监测商品中，8类商品销售额增速超过两位数。其中，金银珠宝、烟酒同比分别增长27.3%和19.1%。东北和中部地区网络零售额同比分别增长13.2%和8.7%，比全国增速分别高出9.2和4.7个百分点。东部和西部地区网络零售额同比分别增长3.8%和3%。全国农村网络零售额达2.17万亿元，同比增长3.6%。

海关数据显示，2022年我国跨境电商进出口(含B2B)2.11万亿元，同比增长9.8%，发展迅速。其中，出口1.55万亿元，同比增长11.7%，进口0.56万亿元，同比增长4.9%。电商新业态新模式彰显活力。重点监测电商平台累计直播场次超1.2亿场，累计观看超1.1万亿人次，直播商品超9500万个，活跃主播近110万人。即时零售渗透的行业和品类持续扩大，覆盖更多应用场景，加速万物到家。

资本支撑

中国网络零售发展速度快于美国等科技领先的发达国家，也快于印度等消费者众多的发展中国家，很重要的原因在于资本市场对于中国网络零售的支撑作用。鉴于中国网络设施基建速度加快，人口消费红利释放，互联网免费模式对网民应用和消费模式的培养，众多的投资者洞察到网络零售在中国的发展潜力，参与和见证了网络零售在中国的疯长势头。网络零售现有的低价机制、信用基础、物流建设均离不开资本的推动作用。在全球互联网市值最高的TOP10企业中，阿里巴巴和京东位列其中。唯品会的闪购模式，小米模式主导的制造业与网络零售的融合，聚美优品从团购到垂直电商的转型成功均体现出中国网络零售企业的创新发展潜力。

消费拉动

网络零售的发展经历了以"淘宝"为代表的C2C崛起阶段，以"京东"和"天猫"为代表的B2C崛起阶段，和以"海淘"和"天猫国际"为代表的跨境电商崛起阶段。这三个阶段的特点从"低价"到"正品低价"，再到"品牌低价"不断满足着消费者增长的需求和欲望，从而刺激消费者壮大网购人群，加大网购比例。与此同时，移动电子商务的崛起降低了网购门槛，增加了县域人群和农村地区消费者的网购比例。从而推进中国市场网购大众化、全民化的发展趋势。

不过，"疯长"的阶段已接近尾声，中国的网络零售市场正在从"增量"增长向"提质"增长转型。从政府加大"知识产权保护""整顿假货市场"的力度；到企业推行"二维码"追踪溯源，帮助消费者辨识假货；再到消费者的维权意识增强，网络零售投诉量的增多。可以看出中国的网络零售市场正在主动谋求"升级"，我们期待中国网络零售市场实现"质的飞跃"。

资料来源：张翼.2022年全国网上零售额13.79万亿元，电商新业态新模式彰显活力[N].光明日报，2023-01-31.

1. 网络零售的趋势

(1)由目前B2C领先者发展成结合密集网点的零售形式，电商用户群和商品种类不断发展，小区域用户群增长促使配送网点增多，高密度网点最终发展成实现更多服务的新型零售平台。

(2)由区域传统零售巨头，利用线下实体网点资源，利用供应链资源，在某个区域实现密集网点结合大仓的网络零售形式。这种发展的结果，最终可能发展成分地域的零售巨头，他们在当地建立了高效的零售物流网络，每个巨头甚至能占据当地零售总额半数以上的份额。

2. 网络零售的类型

(1)综合类B2C：这种模式类似网上的百货店，经营范围广泛，如当当网。

(2)垂直类B2C：围绕某一产品线或行业经营的模式，如苏宁易购、国美在线。

(3)生产企业网络直销类B2C：如格力商城。这种模式必须解决企业原有的线下渠道与网络平台的利益协调，相互协作，帮助实行差异化的销售。

(4)平台类B2C\C2C网站：是一种拓宽网上销售渠道的业务平台。通常，中小企业和个人的人力、物力、财力都十分有限，利用此系统可以形成一个较高知名度、点击率和流量的第三方平台。如淘宝。

3. 网络零售的意义

从供应链角度来看，渠道结构被网络零售加以扁平化。总体看来网络零售对渠道结构的改造降低了零售业的渠道成本。

从商品类型来看，小众需求在网络渠道受到尊重。网络提供了足够宽广且廉价的零售平台，使得原本"小众"到难以支撑起一个实体零售网点或进入实体网点销售的需求，在网络零售平台上得以满足，并且这些零散却数量巨大的小众需求带来的销售总额并不亚于畅销商品。

从客户关系及体验来看，自助式的购物体验使得消费过程更轻松，"让顾客主动""能动地营销"在网络零售中体现更为鲜明。

五、案例分析（课程思政）

本案例的探讨，应聚焦于以下问题：

1. 作为国民品牌，老干妈早期的"口碑营销""情感营销"和"饥饿营销"都取得了成功，现在不再受年轻人青睐的主要原因是什么？

2. 对于没有特别高的技术含量，只有特殊工艺和配方，因而非常容易仿冒的老干妈，如何进行品牌保护和维护？

3. 企业营销环境发生了巨大的变化，老干妈应该如何基于互联网生态、新营销方式，生产独特的营销内容和消费者进行互动，深化用户黏性？

年轻人不爱老干妈了

近日，贵州省工商联发布的"2022贵州民营企业100强"正式出炉，贵州知名辣酱企业老干妈跌出了该榜前十。

在过去很长一段时间里，老干妈几乎就是中国辣酱的代名词，这款诞生于1984年的辣酱，凭借独特的风味成为舌尖上的国民味道，在过去30多年的时间里，稳定占据着辣酱市场近五分之一的份额。

但随着近年来消费升级和直播电商的强势发展，消费者的口味偏好、消费渠道都在悄然发生转变，瞄准互联网阵地年轻消费群的辣酱新势力也在疯狂生长，老干妈的稳固优势开始出现松动，过去由老干妈主导的辣酱江湖，已经悄然改变。

陶华碧重新出山，拯救失去"灵魂"的老干妈

"老干妈变了"，这是过去几年里消费者对于老干妈口味之争的主题。

2015年，陶华碧的小儿子在接过母亲创造的辣椒帝国后，做出了一个让老干妈失去原有"灵魂"的决定——更换辣椒，旨在降低生产成本。

过去，老干妈一直采用的是贵州辣椒，辣度上佳，成本在12—13元一斤，也是老干妈"风味"的所在。变更之后的辣椒成本下降了约5元每斤,但是成本端的压缩也带来了销售端的收缩。

数据显示,在小儿子执掌老干妈的2016年至2018年,老干妈的销量逐年下跌,从45.49亿元下滑到了43.89亿元。看到此状,陶华碧坐不住了,重出江湖开始力挽狂澜。

陶华碧重新回归后做的第一件事就是重新用贵州辣椒。事实证明,灵魂就是灵魂,老干妈的纯正风味还是被消费者认可的。换回原先的原材料后,2019年老干妈的销量重新抬升至50亿元。

原材料的回归正规让老干妈重新夺回了失去的份额,但随着原材料价格的不断上涨,老干妈的经营压力也日益吃紧,2022年2月,老干妈向经销商发布了调价公函,公函中表示老干妈将于2022年3月1日起对部分商品销售价格进行重新调整,为了保持风味,老干妈选择上调售价来应对成本上升。

老干妈直播折戟新渠道优势难建

老干妈在中国辣酱市场的占有率是有目共睹的,根据中商产业研究院的数据显示,老干妈在目前中国辣酱市场的占有率约为五分之一,而在茫茫的辣酱企业里,有80%的企业市占率合计不足一成。而这与老干妈在渠道端的强势密不可分。一向传统的老干妈在销售渠道的选择上也十分传统,只选择大区域经销商,且负责物流运输。对于经销商而言,单价大幅集中在15元以下的老干妈利润空间并不大,为了保持利润,他们不得不进行二次的开发布局。

就是靠着这样一级开发一级,老干妈形成了一张覆盖城市、乡镇、县区的强大经销网络,在线下拥有了强大的铺货能力,让辣酱变成了硬通货,以稳定的出货在利润空间有限的情况下稳定住了经销商们。

但是随着互联网经济的深入发展,电商、直播电商的强势增长也让老干妈在渠道端的优势不断被压缩。压力的逐级传导也让传统的老干妈终于意识到了"线上化"的重要性和迫切性。于是,老干妈这个初代网红也走向了直播。

但是,这个昔日的辣酱顶流在直播界的成绩可以用"惨淡"来形容。据灰豚数据显示,近3个月,老干妈抖音官方旗舰店新增粉丝数4.7万,直播销售额为80万元,如此的业绩和老干妈的品牌力存在着断层般的差距。

但是如果仔细分析老干妈的直播内容和账号运营,这种"惨淡"也是可以理解的。比起像罗永浩、俞敏洪这样努力经营个人IP的企业家,老干妈创始人的陶华碧上直播间可以用"敷衍"来形容,放个陶女士的个人采访视频就算是"亲临"直播间了。

没有创始人亲自上阵,在账号内容运营上也明显运营不足,还在走过去老传统的模式,并没有基于互联网生态做出任何改变,就如同老干妈多年不变的外观包装一样,如此一成不变、时代感缺失的老干妈确实在一定程度上给了竞争对手可乘之机。

辣酱新势力崛起老干妈发展失速

在老干妈深陷发展疲软的困境之时,极具互联网属性的虎邦辣酱横空出世,通过深挖和差异化竞争路径,牢牢抓住了辣酱消费升级的红利期,在短短几年时间里实现了从0到1的突破。

虎邦最初是以外卖场景介入辣酱江湖的激烈竞争的,以"外卖神器""凑单神器"的定位迅速占领了年轻消费者的心智,通过视觉化的包装和一份餐时搭配一小盒的模式"轻松上阵",快速达成了市场认知。

截至目前,虎邦已与超70家外卖连锁品牌、超3 000家商家达成合作,使得自己成为外卖界的"老干妈",而这也为虎邦带来了营收的暴涨,根据公司公开数据显示,自 2016 年开始,虎邦的营收年均复合增速可达到 300%。

"虎邦肉辣酱,有肉才更香",从虎邦辣酱的 slogan 我们不难看出,相比于老干妈的风味系列,虎榜选择了更为细分的肉辣酱赛道,在辣椒的搭档上做起了文章,而这也刚好契合了消费者对于辣酱消费升级的需求,无论是招牌的牛肉辣酱,还是新奇的鲍鱼辣酱、小龙虾辣酱,都噱头十足,极大满足了年轻人的猎奇需求。

虎邦也紧守互联网阵地,通过不断创新营销方式、生产独特的营销内容和消费者进行互动,深化用户黏性,将自己塑造成为一个更年轻、更时尚、更有趣的辣椒品牌,抓住了消费升级的关键窗口,成功让自己在竞争激烈的辣酱市场有了容身之处。

在辣酱市场,老干妈可以说是群狼环伺,竞品的增加、新兴销售渠道的弱势、营销能力的落后都使得老干妈的发展开始失速,已显颓势的老干妈能否加快转身,抵抗住新消费浪潮的洪流,让自己重焕升级,或许还要再给老干妈一段时间。

资料来源:徐立. 年轻人不爱老干妈了[EB/OL]. 微信公众号"营销头版",2022—11—01.

案例点评:

1. 老干妈为我们提供了一个生动的案例:传统品牌如何跟上现代消费者步伐,通过持续的品牌更新,保持活力与青春。

2. 结合本书的"任务设计",传统产品、品牌如何"现代化",是新时代中国市场的一个重要命题,也是挖掘中华文化潜力的关键环节。请大家聚焦这一问题深入探讨!

六、知识链接

(一)关系营销

1. 关系营销的概念

所谓关系营销,是把营销活动看成是一个企业与消费者、供应商、分销商、竞争者、政府机构及其他公众发生互动作用的过程,其核心是建立和发展与这些公众的良好关系。得克萨斯州 A&M 大学的伦纳德·L. 贝瑞(Leonard L. Berry)教授于 1983 年在美国市场营销学会的一份报告中最早对关系营销做出了如下的定义:"关系营销是吸引、维持和增强客户关系。"在 1996 年又给出更为全面的定义:"关系营销是为了满足企业和相关利益者的目标而进行的识别、建立、维持、促进同消费者的关系并在必要时终止关系的过程,这只有通过交换和承诺才能实现"。工业市场营销专家巴巴拉·B. 杰克逊(B. B. Jackson,1985)从工业营销的角度将关系营销描述为"关系营销关注于吸引、发展和保留客户关系"。摩根和亨特(Morgan and Hunt,1994)从经济交换与社会交换的差异来认识关系营销,认为关系营销"旨在建立、发展和维持成功关系交换的营销活动"。顾曼森(Gummesson,1990)则从企业竞争网络化的角度来定义关系营销,认为"关系营销就是市场被看作关系、互动与网络"。

(1)系统论把社会、组织及其他事物都看作是一个个的系统,而这些系统又是由若干子系统所构成的。整个系统的运转就依赖于这些子系统及其构成要素间的相互依赖和相互作用。依据系统论的观点,企业就是一个由子系统组成的并与其所处环境有可确认的边界的系统,研究者和管理者需要了解子系统内部和子系统之间以及企业与环境之间的相互关系,以便确定关系的模式或各变量之间的结构,并采取有效措施以保证系统的有效率运行。果真如此的话,企业营销就需要处理和管理好上述各种关系。

(2)协同论认为,系统的性质的改变是由于系统中要素子系统之间的相互作用所致。任何系统运动都有两种趋向,一种是自发地倾向无序的运动,这是系统瓦解的重要原因;另一种是子系统之间的关联引起的协调、合作运动,这是系统自发走向有序的重要原因。而协同本身是一种自组织能力,这种组织能力是以信息联系为基础、通过反馈控制来实现的。当系统与环境进行物质、能量、信息交换时,自组织能力就体现在控制与调整环境系统内各子系统,使之协同动作,保持系统的和谐有序运转。协同论的这一原理对于研究企业内部及企业与外部环境之间的关系具有重要意义。实际上,协同正是关系营销所要追求的利益。因为系统虽具有自组织能力,但如何减少无序的状态和无序状态保持的时间,对于关系营销来说无疑是一个具有实践意义的课题。

(3)传播是关系双方借以交换信息的符号传递过程。在这一过程当中,传播的最终目的是使信息的发送者和接收者的认识趋于一致。传统营销中,广告等大众传播方式(单向传播方式)是企业与消费者进行沟通的主要渠道,这一方式之所以能够实现沟通目标,是因为厂商控制着大部分的产品信息,依靠这些有限的信息也可以进行决策。现代传播将是一种双向沟通,企业与消费者之间的信息交换将经历这样一个过程:首先企业要了解消费者所拥有的信息形态和信息内容,然后通过某种渠道和方式明确消费者对信息的需要,最后才以适当的方式传递信息。整合营销传播就是对传统营销理论和传播学的抽象和升华,在这个概念里,广告、促销、公共关系、直销、CI、包装以及媒体计划等一切营销活动构成传播的全部含义,并用一致的信息与消费者沟通,即"用同一种声音说话"。从这个意义上说,传播就等于营销,营销的过程也就是传播的过程。其次是对传统营销理念的有力拓展。传统的市场营销理论,以单个企业为分析单元,认为企业营销是一个利用内部可控因素来影响外部环境的过程。对内部可控因素的总结4P,即产品、价格、分销、促销策略,营销活动的核心即在于制定并实施有效的市场营销组合策略。但是实践证明,传统的营销理念越来越难以直接有效地帮助企业获得经营优势,这是因为任何一个企业都不可能独立地提供营运过程中所有必要的资源,而必须通过银行获得资金、从社会招聘人员、与科研机构进行交易或合作、通过经销商分销产品、与广告公司联合进行促销和媒体沟通;不仅如此,企业还必须被更广义的相关成员所接受,包括同行企业、社区公众、媒体、政府、消费者组织、环境保护团体等等,企业无法以己之力应付所有的环境压力。因此,企业与这些环境因素息息相关,构成了保障企业生存与发展的事业共同体,共同体中的伙伴建立起适当的关系,形成一张巨型的网络。对于大多数企业来说,企业的成功正是充分利用这种网络资源的结果。这样,对企业资源的认识,就从企业"边界"以内,扩展到了企业边界以外,即包括所有与企业生存和发展具有关联的组织、群体和个人,以及由这些"节点"及其相互间的互动关系所构成的整个网络。而这些关系是否稳定并能给网络的成员带来利益的增长,即达到"多赢"的结果,则依赖于有效的关系管理,包括利益的共享、通过"感情投资"在伙伴间建立亲密的关系等。

(4)信息技术对关系营销发展的驱动。现代信息技术的发展为各种营销伙伴关系的建立、维护和发展提供了低成本、高效率的沟通工具,它解决了关系营销所必需的基本技术条件。

正是在上述诸因素的作用下,关系营销自20世纪80年代后期以来得到了迅速的发展。贝瑞率先提出和讨论了如何维系和改善同现有顾客之间关系的问题。随后,杰克逊提出要与不同的顾客建立不同类型的关系。北欧诺迪克学派的代表人物葛劳罗斯、舒莱辛格和赫斯基则论证了企业同顾客的关系对服务企业市场营销的巨大影响。今天,人们对关系营销的讨论和关系营销的实践,已从单纯的顾客关系扩展到了企业与供应商、中间商、竞争者、政府、社区等的关系。这样,关系营销的市场范围就从顾客市场扩展到了供应商市场、内部市场、竞争者市场、分销商市场、影响者市场、招聘市场等,从而大大地拓展了传统市场营销的涵义和范围。

2. 关系营销的层次

(1)一级关系营销

指企业通过价格和其他财务上的价值让渡吸引顾客与企业建立长期交易关系。如对那些频繁购买以及按稳定数量进行购买的顾客给予财务奖励的营销计划。

(2)二级关系营销

指企业不仅用财务上的价值让渡吸引顾客,而且尽量了解各个顾客的需要和愿望,并使服务个性化和人格化,以此来增强公司和顾客的社会联系。二级关系营销的主要表现形式是建立顾客俱乐部。

(3)三级关系营销

指企业和顾客相互依赖对方的结构发生变化,双方成为合作伙伴关系。三级关系营销的建立,在存在专用性资产和重复交易的条件下,如果一方放弃关系将会付出转移成本,关系的维持具有价值,从而形成"双边锁定"。这种良好的结构性关系将会提高客户转向竞争者的机会成本,同时也将增加客户脱离竞争者而转向本企业的利益。

3. 关系营销的基本模式

发现正当需求—满足需求并保证顾客满意—营造顾客忠诚,构成了关系营销中的三部曲。

(1)企业要分析顾客需求,顾客需求满足与否的衡量标准是顾客满意程度,满意的顾客会对企业带来有形的好处(如重复购买该企业产品)和无形产品(如宣传企业形象)。有营销学者提出了导致顾客全面满意的七个因素及其相互间的关系:欲望、感知绩效、期望、欲望一致、期望一致、属性满意、信息满意。欲望和感知绩效生成欲望一致,期望和感知绩效生成期望一致,然后生成属性满意和信息满意,最后导致全面满意。

(2)从模式中可以看出,期望和欲望与感知绩效的差异程度是产生满意感的来源,所以,企业可采取下面的方法来取得顾客满意:提供满意的产品和服务;提供附加利益;提供信息通道。

(3)顾客维系:市场竞争的实质是争夺顾客资源,维系原有顾客,减少顾客的叛离,要比争取新顾客更为有效。维系顾客不仅仅需要维持顾客的满意程度,还必须分析顾客产生满意感的最终原因。从而有针对性地采取措施来维系顾客。

4. 关系营销的实施

(1)筛选合作伙伴

企业首先从所有的客户中筛选出值得和必须建立关系的合作伙伴,并进一步确认要建立关系营销的重要客户。选择重要客户的原则不仅仅是当前的盈利能力,而且包括未来的发展前景。企业可以首先选择5个或10个最大的客户进行关系营销,如果其他客户的业务有意外增长也可入选。

(2)指派关系经理

对筛选出的合作伙伴指派关系经理专人负责,这是建立关系营销的关键。企业要为每个重要客户选派干练的关系经理,每个关系经理一般只管理一家或少数几家客户,并派一名总经理管理关系经理。关系经理对客户负责,是有关客户所有信息的汇集点,是公司为客户服务的动员者,对服务客户的销售人员应当进行关系营销的训练。总经理负责制定关系经理的工作职责、评价标准、资源支持,以提高关系经理的工作质量和工作效率。

(3)制订工作计划

为了能够经常地与关系对象进行联络和沟通,企业必须分别制订长期的和年度的工作计划。计划中要确定关系经理职责,明确他们的报告关系、目标、责任和评价标准。每个关系经理也必须制订长期和年度的客户关系管理计划,年度计划要确定目标、策略、具体行动方案和所需要的资源。

(4)了解关系变化

企业要通过建立专门的部门,用以跟踪顾客、分销商、供应商及营销系统中其他参与者的态度,由此了解关系的动态变化。同时,企业通过客户关系的信息反馈和追踪,测定他们的长期需求,密切关注合作伙伴的变化,了解他们的兴趣。企业在此基础上,一方面要调整和改善关系营销策略,进一步巩固相互依赖的伙伴关系;另一方面要及时采取措施,消除关系中的不稳定因素和有利于关系各方利益共同增长的因素。此外,通过有效的信息反馈,企业将会改进产品和服务,更好地满足市场的需要。

5. 关系营销的市场模型

关系营销的市场模型概括了关系营销的市场活动范围。在"关系营销"概念里,一个企业必须处理好与下面六个子市场的关系:

(1)供应商市场

任何一个企业都不可能独自解决自己生产所需的所有资源。在现实的资源交换过程中资源的构成是多方面的,至少包含了人、财、物、技术、信息等方面。企业与供应商必须结成紧密的合作网络,进行必要的资源交换。

(2)内部市场

内部营销起源于这样一个观念,即把员工看作是企业的内部市场。任何一家企业,要想让外部顾客满意,它首先得让内部员工满意。只有工作满意的员工,才可能以更高的效率和效益为外部顾客提供更加优质的服务,并最终让外部顾客感到满意。内部市场不只是企业营销部门的营销人员和直接为外部顾客提供服务的其他服务人员,它包括所有的企业员工。因为在为顾客创造价值的生产过程中,任何一个环节的低效率或低质量都会影响最终的顾客价值。

(3)竞争者市场

在竞争者市场上,企业营销活动的主要目的是争取与那些拥有与自己具有互补性资源竞争者的协作,实现知识的转移、资源的共享和更有效的利用。例如,在一些技术密集型行业,越来越多的企业与其竞争者进行了研究与开发的合作,这种方式的战略联盟可以分担巨额的产品开发费用和风险。种种迹象表明,现代竞争已发展为"协作竞争",在竞争中实现"双赢"的结果才是最理想的战略选择。

(4)分销商市场

在分销商市场上,零售商和批发商的支持对于产品的成功至关重要。IBM公司曾花费一亿美元为其个人电脑产品PCjr做广告,结果还是以失败而告终,原因在于作为第三方的供应商和零售商反对该产品,IBM公司投入了大量的资源去争取顾客,而忽略了与零售商、经销商等对产品的销售起关键作用的个人或组织建立积极的关系,扼杀PCjr的正是分销商一类的市场基础设施。

(5)顾客市场

顾客是企业存在和发展的基础,市场竞争的实质是对顾客的争夺。最新的研究表明,企业在争取新顾客的同时,还必须重视留住顾客,培育和发展顾客忠诚。例如,争取一位新顾客所需花的费用往往是留住一位老顾客所花费用的 6 倍。企业可以通过数据库营销、发展会员关系等多种形式,更好地满足顾客需求,增加顾客信任,密切双方关系。

(6)影响者市场

金融机构、新闻媒体、政府、社区,以及诸如消费者权益保护组织、环保组织等各种各样的社会压力团体,对于企业的生存和发展都会产生重要的影响。因此,企业有必要把它们作为一个市场来对待,并制定以公共关系为主要手段的营销策略。

6. 关系营销与传统营销的不同

(1)营销核心不同。传统营销的核心是交易,关心如何实现交易和吸引新顾客;关系营销的核心是关系,强调如何保持与客户友好关系,获取忠诚客户。

(2)营销对象不同。传统营销的营销对象只是顾客;关系营销的营销对象则包括顾客、供应商、员工、分销商等与企业利益相关的多重市场。

(3)营销部门不同。传统的营销部门职责就是完成企业的营销任务,其他的部门很少直接参与企业营销活动;奉行关系营销思想的企业,其营销任务不仅仅由营销部门完成,许多部门都积极参与和各方建立良好关系,营销部门成了关系营销的协调中心。

(二)绿色营销

绿色营销是一种能辨识、预期及符合消费的社会需求,并且可带来利润及永续经营的管理过程。绿色营销观念认为,企业在营销活动中,要顺应时代可持续发展战略的要求,注重地球生态环境保护,促进经济与生态环境协调发展,以实现企业利益、消费者利益、社会利益及生态环境利益的协调统一。从这些界定中可知,绿色营销是以满足消费者和经营者的共同利益为目的的社会绿色需求管理,以保护生态环境为宗旨的绿色市场营销模式。

1. 绿色营销的概念

概念一:所谓绿色营销是指企业在生产经营过程中,将企业自身利益、消费者利益和环境保护利益三者统一起来,以此为中心,对产品和服务进行构思、设计、销售和制造。

概念二:绿色营销是指企业以环境保护为经营指导思想,以绿色文化为价值观念,以消费者的绿色消费为中心和出发点的营销观念、营销方式和营销策略。它要求企业在经营中贯彻自身利益、消费者利益和环境利益相结合的原则。

概念三:所谓"绿色营销",是指社会和企业在充分意识到消费者日益提高的环保意识和由此产生的对清洁型无公害产品需要的基础上,发现、创造并选择市场机会,通过一系列理性化的营销手段来满足消费者以及社会生态环境发展的需要,实现可持续发展的过程。

绿色营销的核心是按照环保与生态原则来选择和确定营销组合的策略,是建立在绿色技术、绿色市场和绿色经济基础上的、对人类的生态关注给予回应的一种经营方式。绿色营销不是一种诱导顾客消费的手段,也不是企业塑造公众形象的"美容法",它是一个导向持续发展、永续经营的过程,其最终目的是在化解环境危机的过程中获得商业机会,在实现企业利润和消费者满意的同时,达成人与自然的和谐相处,共存共荣。

概念四:关于绿色营销,广义的解释是指企业营销活动中体现的社会价值观,伦理道德观,充分考虑社会效益,自觉维护生态平衡,自觉抵制各种有害营销。

经济发达国家的绿色营销发展过程已经基本上形成了绿色需求—绿色研发—绿色生产—绿色产品—绿色价格—绿色市场开发—绿色消费为主线的消费链条。

2. 绿色营销特点

(1)综合性特点

绿色营销综合了市场营销、生态营销、社会营销和大市场营销观念的内容。市场营销观念的重点是满足消费的需求,"一切为了顾客需求"是企业制定一切工作的最高准则;生态营销观念要求企业把市场要求和自身资源条件有机结合,发展也要与周围自然的、社会的、经济的环境相协调;社会营销要求企业不仅要根据自身资源条件满足消费者需求,还要符合消费者及整个社会目前需要及长远需要,倡导符合社会长远利益,促进人类社会自身发展;大市场营销,是在传统的市场营销四要素(即产品、价格、渠道、促销)基础上加上权力与公共关系,使企业能成功地进入特定市场,在策略上必须协调地施用经济、心理、政治和公共关系等手段,以取得国际市场或地方有关方面的合作和支持。绿色营销观念是多种营销观念的综合,它要求企业在满足顾客需要和保护生态环境的前提下取得利润,把三方利益协调起来,实现可持续发展。

(2)统一性特点

绿色营销强调社会效益与企业经济效益统一在一起。企业在实施战略决策时,既要考虑到产品的经济效益,同时又必须考虑社会公众的长远利益与身心健康,这样,产品才能在大市场中站住脚。人类要寻求可持续发展,就必须约束自己,尊重自然规律,实现经济、自然环境和生活质量三者之间的相互促进与协调。社会公众绿色意识的觉醒,使他们在购买产品时不仅考虑对自己身心健康的影响,也考虑对地球生态环境的影响,谴责破坏生态环境的企业,拒绝接受有害于环境的产品、服务和消费方式,只有国家、企业和消费者三者同时牢牢树立绿色意识并付诸实施,绿色营销才能蓬勃发展。

(3)无差别性特点

绿色标准及标志呈现世界无差别性。绿色产品的标准尽管世界各国不尽相同,但都是要求产品质量、产品生产及使用消费、处置等方面符合环境保护要求、对生态环境和人体健康无损害。

(4)双向性特点

绿色营销不仅要求企业树立绿色观念、生产绿色产品、开发绿色产业,同时也要求广大消费者购买绿色产品,对有害产品进行自觉抵制,树立绿色观念。绿色营销也是降低资源消费、提高经济效益的重要途径。

新能源、双碳技术的推广普及,"绿水青山就是金山银山"的发展理念,都提醒我们只有发展清洁技术,生产绿色产品,推进生产全过程控制和预防,才能建立节能、降耗、节水、节地的资源节约型经济,实现生产方式的变革,加速经济发展模式的全面转换,实现以尽可能小的代价和最少的能源、资源消耗,获得最大的经济发展效益。

国际商会和联合国环境规划署联合在巴黎召开的可持续发展商务宪章委员会提出的第一条基本原则就明确指出,要把可持续发展和保护环境作为企业发展的首要目标,只有"绿色企业"才有竞争力。绿色营销的兴起与发展,进一步培育消费者的环保观念。大量绿色食品的出现,已掀起热爱绿色食品的浪潮,促进了绿色消费意识的形成;可降解餐饮用具的使用,不仅减少了"白色污染",也增强了人们保护环境、防止污染的意识;可回收电池的应用也大大促进了人们节约资源、回收废物的观念……消费者环保观念的进一步培育与加强又直接作用于可持续发展的进程。

3. 绿色营销管理

绿色营销管理包括以下五个方面的内容:

(1)树立绿色营销观念

绿色营销观念是在绿色营销环境条件下企业生产经营的指导思想。传统营销观念认为，企业在市场经济条件下生产经营，应当时刻关注与研究的中心问题是消费者需求、企业自身条件和竞争者状况三个方面，并且认为满足消费需求、改善企业条件、创造比竞争者更有利的优势，便能取得市场营销的成效。而绿色营销观念却在传统营销观念的基础上增添了新的思想内容。

企业生产经营研究的首要问题不是在传统营销因素条件下，通过协调三方面关系使自身取得利益，而是与绿色营销环境的关系。企业营销决策的制定必须首先建立在有利于节约能源、资源和保护自然环境的基点上，促使企业市场营销的立足点发生新的转移。

对市场消费者需求的研究，是在传统需求理论基础上，着眼于绿色需求的研究，并且认为这种绿色需求不仅要考虑现实需求，更要放眼于潜在需求。

企业与同行竞争的焦点，不在于传统营销要素的较量，争夺传统目标市场的份额，而在于最佳保护生态环境的营销措施，并且认为这些措施的不断建立和完善，是企业实现长远经营目标的需要，它能形成和创造新的目标市场，是竞争制胜的法宝。

与传统的社会营销观念相比，绿色营销观念注重的社会利益更明确定位于节能与环保，立足于可持续发展，放眼于社会经济的长远利益与全球利益。

(2)设计绿色产品

产品策略是市场营销的首要策略，企业实施绿色营销必须以绿色产品为载体，为社会和消费者提供满足绿色需求的绿色产品。所谓绿色产品是指对社会、对环境改善有利的产品，或称无公害产品。这种绿色产品与传统同类产品相比，至少具有下列特征：

①产品的核心功能既要能满足消费者的传统需要，符合相应的技术和质量标准，更要满足对社会、自然环境和人类身心健康有利的绿色需求，符合有关环保和安全卫生的标准。

②产品的实体部分应减少资源的消耗，尽可能利用再生资源。产品实体中不应添加有害环境和人体健康的原料、辅料。在产品制造过程中应消除或减少"三废"对环境的污染。

③产品的包装应减少对资源的消耗，包装和产品报废后的残物应尽可能成为新的资源。

④产品生产和销售的着眼点，不在于引导消费者大量消费而大量生产，而是指导消费者正确消费而适量生产，建立全新的生产美学观念。

(3)制定绿色产品的价格

价格是市场的敏感因素，定价是市场营销的重要策略，实施绿色营销不能不研究绿色产品价格的制定。一般来说，绿色产品在市场的投入期，生产成本会高于同类传统产品，因为绿色产品成本中应计入产品环保的成本，主要包括以下几方面：

①在产品开发中，因增加或改善环保功能而支付的研制经费。

②在产品制造中，因研制对环境和人体无污染、无伤害而增加的工艺成本。

③使用新的绿色原料、辅料而可能增加的资源成本。

④由于实施绿色营销而可能增加的管理成本、销售费用。

但是，产品价格的上升会是暂时的，随着科学技术的发展和各种环保措施的完善，绿色产品的制造成本会逐步下降，趋向稳定。企业制定绿色产品价格，一方面当然应考虑上述因素，另一方面应注意到，随着人们环保意识的增强，消费者经济收入的增加，消费者对产品可接受的价格观念会逐步与消费观念相协调。所以，企业营销绿色产品不仅能使企业盈利，更能在同行竞争中取得优势。

（4）绿色营销的渠道策略

绿色营销渠道是绿色产品从生产者转移到消费者所经过的通道。企业实施绿色营销必须建立稳定的绿色营销渠道，策略上可从以下几方面努力：

①启发和引导中间商的绿色意识，建立与中间商恰当的利益关系，不断发现和选择热心的营销伙伴，逐步建立稳定的营销网络。

②注重营销渠道有关环节的工作。为了真正实施绿色营销，从绿色交通工具的选择，绿色仓库的建立，到绿色装卸、运输、贮存、管理办法的制定与实施，认真做好绿色营销渠道的一系列基础工作。

③尽可能建立短渠道、宽渠道，减少渠道资源消耗，降低渠道费用。

（5）搞好绿色营销的促销活动

绿色促销是通过绿色促销媒体，传递绿色信息，指导绿色消费，启发引导消费者的绿色需求，最终促成购买行为。绿色促销的主要手段有以下几方面：

①绿色广告。通过广告对产品的绿色功能定位，引导消费者理解并接受广告诉求。在绿色产品的市场投入期和成长期，通过量大、面广的绿色广告，营造市场营销的绿色氛围，激发消费者的购买欲望。

②绿色推广。通过绿色营销人员的绿色推销和营业推广，从销售现场到推销实地，直接向消费者宣传、推广产品绿色信息，讲解、示范产品的绿色功能，回答消费者绿色咨询，宣讲绿色营销的各种环境现状和发展趋势，激励消费者的消费欲望。同时，通过试用、馈赠、竞赛、优惠等策略，引导消费兴趣，促成购买行为。

③绿色公关。通过企业的公关人员参与一系列公关活动，诸如发表文章、演讲、影视资料的播放，社交联谊、环保公益活动的参与、赞助等，广泛与社会公众进行接触，增强公众的绿色意识，树立企业的绿色形象，为绿色营销建立广泛的社会基础，促进绿色营业的发展。

这是创造绿色消费载体的过程。企业进行绿色营销的前提是企业要拥有绿色经营管理理念，只有在这种先进理念的指导下，才可能真正实现绿色营销，引导绿色消费，创造绿色效益。传统企业的各种流程都是比较封闭的，只有营销和服务过程是公开进行的。而绿色营销要求企业从绿色研发、绿色生产到绿色营销都是公开的，必须显现出其绿化的特征，并在理念上进行本质改变。比如研发工作的基本前提是产品要绿色。目前，许多企业已经在此方面进行了诸多工作，并取得了诸多成果。像绿色电视、环保节能冰箱、环保节能汽车、绿色食品、绿色健康内衣等等，都已经有声有色地进入了人们的生活。许多企业更是建设了绿色研发实验室，拥有一批专业素质极高的绿色工程师，这对人类社会的绿色进程无疑是一巨大推动。

4. 绿色营销组合策略

（1）绿色营销计划

实施绿色营销战略是与企业的长期发展规划和战略分不开的。企业对于绿色营销的实施和开展必须要有充足的准备，以便为绿色营销提供必要的条件。这些都要求企业深入地进行目标市场调研的基础之上，将企业产品和品牌进行合理的市场定位，分析潜在市场容量和潜在顾客购买能力，对绿色营销资源有效整合，发挥绿色营销独特的作用，扬长避短，实现绿色营销的综合效益最大化。

针对绿色营销的战略意义，要求企业有一个明确的绿色发展计划，作为绿色营销计划的实施基础。其中应该详细表述产品绿色发展周期、绿色品牌实施计划、绿色产品研发计划、绿色营销推广计划、绿色营销服务通道计划、绿色商流物流价值流计划、绿色营销管理方案等绿色计划。

另外，企业在实施绿色营销前，要对企业实行绿色营销的过程管理、人力资源管理、资金流和价值流的管理进行系统的计划，确保营销过程中各种资源适时的有效整合，推动整个绿色营销进程的实施，为最终实现各种利益体的共赢打下坚实基础。

(2) 绿色产品和品牌策略

营销理论的发展已经给大家一个共识：营销从采购开始。绿色营销的开端更是要从源头抓起。只有这样，才能保证绿色产品供应链的有效运转，最终实现绿色消费，达到对生态环境保护并减少污染的目的。

首先，绿色产品设计成为重中之重。要求采取绿色营销的企业从材料的选购、产品结构、功能性能、设计理念、制造过程开始层层把关，加强生态、环保、节能、资源利用等方面的控制与遴选，确保绿色消费的达成。除此之外，在产品的包装、运输、储存及使用、废弃物的处理等都要考虑各种有可能受到影响的绿色因素。

其次，绿色产品讲究综合成果。即绿色产品要能够体现健康、安全、环保，体现对社会的一种责任意识，将原本属于社会职能的内容考虑进企业的经营管理当中，并认真负责地承担起解决这些社会问题的义务。

另外，企业只有对外树立起良好而健康的企业形象，才能够真正实现打造绿色品牌的任务。企业在进行品牌战略时，要切实抓紧绿色产品这一载体，赋予绿色品牌更多的内涵，体现绿色经营管理文化，灌输绿色经营管理观念，丰富品牌承载量，扩展品牌深度，从而实现品牌价值最优化、最大化。绿色品牌策略包括如下内容：一是具有高度责任意识的绿色品牌定位；二是精细而健康的绿色品牌维护；三是科学系统的绿色品牌经营管理；四是长期不懈地进行绿色品牌修正。

(3) 绿色产品的价格策略及市场定位

首先，绿色产品具有较高附加值，拥有优良的品质，无论从健康、安全、环保等诸多方面具有普通产品无法比拟的优势。因此，在其市场定位上应该着眼于较高的消费需求。企业可以根据市场环境因素，对不同市场进行不同的产品定位。研究表明，在欧美发达国家，即使普通的消费也都倾向于绿色消费，所以绿色产品在那里，已经非常普通，其市场定位当然也较为普通；但在发展中国家，绿色产品的消耗量还很小，对于普通消费者来说还是奢侈品，因此其必须要在一个较高基点上进行市场定位。

其次，在价格策略上，绿色产品由于支付了相当昂贵的环保成本，在产品选材及设计上的独特性和高要求，使其具有普通产品无法比拟的高附加值，因此其价格比一般普通产品高是极其正常的。消费者也很愿意接受这样的一种价格。因此，企业在为绿色产品进行定价时，要充分地将环保成本、研发设计成本、其他诸如绿色包装、绿色材料、绿色渠道、绿色服务等等的成本考虑在内，从而制定出对于企业和消费大众都是比较合理的市场价格。逐步在消费者心目中灌输一种"污染者付费""环境有偿使用"的现代观念。

另外，企业在对绿色产品进行定价时，应该遵循一般产品定价策略。根据市场需求、竞争情况、市场潜力、生产能力和成本、仿制的难易程度等因素综合考虑。切不可盲目完全采取撇脂定价策略，亦不宜完全应用渗透定价策略。注重市场信息收集和分析，分析消费者的绿色消费心理，制定合理可行的绿色价格方案是完全必要的。

(4) 绿色渠道策略

企业开展绿色营销，其绿色营销渠道的畅通是关键。企业只有充分保障绿色产品物流、商流、价值流、信息流在渠道中畅通无阻，才能最终实现绿色消费。在绿色渠道建设中，企业要结合产品特点,充分发挥产品的绿色特质,实现渠道绿化。

第一,建设属于绿色营销的专用渠道。我们知道,企业在进行绿色营销过程中,不可能完全排斥非绿色产品。通常一个企业的主导产品是非绿色产品,而绿色产品仅仅是企业的一部分。这种情况下,企业可能为了节省成本和渠道费用,将绿色产品放入普通渠道进行销售。这样做,表面上看可以节约许多成本费用,但从长远考虑,会使企业的绿色产品价值降低,消耗企业绿色品牌美誉度和品牌价值,部分绿色品牌或产品因此而退出绿色营销领域。显然,将绿色营销和普通营销的渠道混为一谈的做法是不明智的,也是不可取的。缘于此,我们建议企业要进行绿色营销就要单独建设纯绿色渠道。

第二,绿色代表着健康向上,绿色中间商或经销商也要具有良好的绿色本质和气质。一方面,绿色经销商或中间商要具有良好的绿色信誉,能够并愿意为绿色事业做出贡献;另一方面,能够接受并秉承绿色营销理念,要求其在日常的经营过程中已经注意绿色环保的重要性,并通过其绿色经营已从中获取相当可观的绿色收益;再就是,绿色经销商或中间商在日常经营过程中愿意接受企业相关的绿色指导,采取正当可行的绿色竞争手段,实施可持续发展的绿色健康竞争秩序。

第三,作为辅助,企业可以开设一些绿色专营店,确保专营店"纯绿色经营",对于建立产品良好的绿色信誉,确保消费者的对于绿色产品的认知,都将发挥较大作用。

(5)绿色促销策略

绿色促销就是围绕绿色产品而开展的各项促销活动的总称。其核心是通过相关活动,达到树立企业绿色健康形象,丰富企业绿色营销内涵,促进绿色产品推广和消费。这样,企业可以巩固其绿色产品市场地位,开拓绿色市场容量。

企业开展绿色促销要严格与传统促销活动区分开来。绿色促销要重点开展具体的营销和推广活动,将企业的绿色行动付诸实施。企业可以通过一些媒体宣传自己在绿色领域的所作所为,并积极参与各种公益及环保活动,大力提倡绿色环保产品的推广和使用,并带头推动一些有意义的环保事业。

另外,绿色营销本身就是一项具有高度责任感的事业。企业必须时刻以对自然、对他人、对未来、对竞争对手负责的态度,来奉献自己的绿色爱心,提高公众的绿色意识,引导绿色消费需求。

因此,制定绿色促销策略,不但要突出爱心、责任、奉献等人文因素,而且也要具有长期的战略眼光,将企业的长期利益与企业的短期目标结合起来,要有重点、有秩序地层层推进,切不可虚张声势、不讲实际。

(6)绿色服务

随着经济的不断发展,服务已经由原来的营销辅助功能转为创造营销价值的主要营销功能。而针对绿色营销而开展的绿色服务更是必不可少,它将为绿色营销最终价值的实现发挥极其重要的作用:一是传播绿色消费观念,减少绿色消费误区;二是真正从专业化的角度解决消费者在绿色消费中出现的问题,指导消费者进行纯绿色消费;三是实现绿色产品价值再造。通过绿色服务,减少资源浪费、节约物质消耗、减少环保成本、实施资源综合利用,实现绿色产品在绿色服务中价值最大化。

(7)绿色管理

企业在对外推行绿色观念的过程中,也要将绿色观念融入企业的生产经营管理活动中。目前,国际比较通行的做法是"5R"原则:研究(Research),就是把环保纳入企业的管理决策中来,重视对于环保的研究及相关的环境对策;减消(Reduce),通过采用新技术、新工艺、新材料,减少或消除有害废异物的排放;再开发(Rediscover),积极进行科研活动,变普通产品为绿色产品,积极创造绿色品牌;循环(Recycle),对废旧产品进行回收处理,循环利用;保护(Reserver),积极参与环境整治活动,培养员工环保意识,树立企业绿色形象。

企业通过绿色管理原则,建立绿色发展战略,实施绿色经营管理策略,制定绿色营销方案,才能加快企业绿色企业文化的形成,推动企业绿色技术、绿色生产,生产出满足公众绿色需求的产品,实现社会和企业经济的可持续发展。

绿色营销观要求企业家要有全局、长远的发展意识。企业在制定企业发展规划和进行生产、营销的决策和管理时,必须时刻注意绿色意识的渗透,从"末端治理"这种被动的、高代价的对付环境问题的途径转向积极的、主动的、精细的环境治理。在可持续发展目标下,调整自身行为,从单纯追求短期最优化目标转向追求长期持续最优化目标,将可持续性目标作为企业的基本目标。

参考文献

[1]加里·阿姆斯特朗,菲利普·科特勒,王永贵.市场营销学[M].北京:中国人民大学出版社,2017.
[2]张启明,杨龙志.市场营销学[M].北京:机械工业出版社,2020.
[3]艾·里斯.定位:争夺用户心智的战争[M].北京:机械工业出版社,2017.
[4]菲利普·科特勒,凯文·莱恩·凯勒.营销管理(第14版)[M].北京:中国人民大学出版社,2012.
[5]迈克尔·波特.竞争优势[M].北京:华夏出版社,2001.
[6]斯科特.新规则:用社会化媒体做营销和公关[M].北京:机械工业出版社,2011.
[7]菲利普·科特勒,阿姆斯特朗.市场营销原理[M].郭国庆等译.北京:清华大学出版社,2007.
[8]卡尔·迈克丹尼尔等.营销学精要[M].北京:电子工业出版社,2007.
[9]肯尼思·克洛,唐纳德·巴克.广告、促销与整合营销传播(第8版)[M].北京:中国人民大学出版社,2021.
[10]黄劲松.整合营销传播[M].北京:清华大学出版社,2016.
[11]伯特罗森布洛姆.营销渠道:管理的视野(第8版)[M].北京:中国人民大学出版社,2020.
[12]陆和平.渠道管理就这样做[M].北京:北京燕山出版社,2022.
[13]任慧娟,王磊.互联网背景下企业品牌整合营销传播策略研究[J].全国流通经济,2020(10):23-26.
[14]许蔓菁."互联网+"视域下企业市场营销策略转型研究[J].湖北开放职业学院学报,2019(22):18-21.
[15]高伟,刘益,李雪.全渠道购物体验与品牌忠诚、品牌资产关系研究——全渠道一致性与无缝性的调节作用[J].工业工程与管理,2019(04):33-35.
[16]刘益,崔海涛,束晟.移动互联网情境下的全渠道营销研究[J].营销科学学报 2023(1):28-31.
[17]张华,李莉,朱星圳,等.考虑促销长期效应的网络零售促销策略研究[J].管理学报.2022(8):35-38.
[18]张启尧,郑爱青.促销刺激对消费者绿色品牌价值共创意愿的影响[J].湖南工业大学学报(社会科学版),2022(10):22-24.
[19]常珊,汪婷婷.考虑促销努力的供应链产能策略及其协调[J].系统管理学报,2022(7):15-17.
[20]晋洋洋,蔡文颖.大型零售商联合促销策略研究[J].投资与创业,2022(7):23-25.
[21]周航.花西子化妆品公司营销策略研究[D].沈阳:沈阳大学,2022.
[22]刘益,王锐,邹鹏.可持续发展与绿色营销专栏介绍[J].管理科学,2022(7):30-32.